Beate U. M. Strobel

Einführung in die Heilpädagogik für ErzieherInnen

2., überarbeitete Auflage

Ernst Reinhardt Verlag München Basel

Beate U. M. Strobel, Dipl.-Psychologin, Zusatzausbildung in Klientzentrierter Gesprächspsychotherapie, Psychologische Psychotherapeutin, Dozentin an einer Fachakademie für Sozialpädagogik in München

Cover unter Verwendung eines Fotos von Jack Jones / F1 online

Bibliografische Information der Deutschen Bibliothek

Die Deutsche Bibliothek verzeichnet diese Publikation
in der Deutschen Nationalbibliografie; detaillierte bibliografische Daten
sind im Internet über ‹http://dnb.ddb.de› abrufbar.
ISBN 978-3-497-02078-2

2. Auflage

Printed in Germany
Reihenkonzeption Umschlag: Oliver Linke, Augsburg
Satz: KompetenzCenter, Mönchengladbach
Druck und Bindung: Friedrich Pustet, Regensburg

Ernst Reinhardt Verlag, Kemnatenstr. 46, D-80639 München
Net: www.reinhardt-verlag.de Mail: info@reinhardt-verlag.de

Inhalt

Vorwort zur 2. Auflage

In seinem Buch „Seelenhunger" zitiert der Autor Daniel Hell Barbara Herzog mit den Worten: „Wenn ein Mensch nicht spürt, dass er geliebt und angenommen ist, nützt alle Weisheit nicht, ihn glücklich zu machen" (Hell 2007, 126).

Passender kann ich nicht ausdrücken, was das Anliegen meines Buches ist, nämlich ErzieherInnen einerseits Einblick ins heilpädagogische Grundwissen zu gewähren und andererseits zu verdeutlichen, wie angewandtes Wissen erst auf der Basis von menschlicher Wärme, Zuwendung und Akzeptanz hilfreich werden kann. Gewiss ein hoher Anspruch an angehende und in der Berufspraxis stehende ErzieherInnen!

Die erfreuliche Nachfrage nach diesem Buch scheint mir aber zu bestätigen, dass dieser Grundgedanke bei meinen LeserInnen auf Interesse gestoßen ist, ja sogar Zustimmung gefunden hat. Umgekehrt habe ich deren Anregungen gerne aufgenommen und umgesetzt, indem ich kleine Erweiterungen vorgenommen habe, z. B. bei den Themen geistige Behinderung und Hörbehinderung oder die Tipps zum Weiterlesen durch Bilder- bzw. Kinderbuchempfehlungen ergänzt habe.

München, im Februar 2009   Beate U. M. Strobel

Vorwort zur 1. Auflage

Stellen Sie sich vor, Sie schlendern durch die Pädagogik- oder Psychologieabteilung einer Buchhandlung. Schnell stellen Sie fest, dass es eine Vielzahl von Büchern über die Erziehung von Kindern gibt. Große Buchhandlungen bieten daneben eine eigene Abteilung oder ein Regal zu „Heilpädagogik" an: So zum Beispiel Bücher zum Thema ADS / ADHS – dem derzeitigen „Renner" – bis hin zum Thema Behinderungen. Jedoch gibt es relativ wenige Bücher, die Heilpädagogik als Gesamtes darstellen. In der Regel handelt es sich hierbei eher um Studienbücher, die für die Alltagsbedürfnisse von Erzieherinnen zu praxisfern sind; Fragen der Erzieherinnen bleiben oft unbeantwortet.

Im Rahmen meines Heilpädagogikunterrichts an einer bayerischen Fachakademie für Sozialpädagogik entstand im Laufe der Jahre ein Unterrichtsmanuskript. Fachliches Grundwissen, Anregungen meiner Studierenden sowie eigene praktische Erfahrungen als Psychologin konnten hier zusammenfließen. Meine Studierenden haben es daher zur Unterrichtsbegleitung gerne herangezogen, besonders auch im Berufsanerkennungsjahr. Regelmäßig erreichten mich Anfragen von außerhalb, ob man das Unterrichtsmanuskript erwerben könne. Diesem vielfach geäußerten Wunsch will ich mit diesem Buch nachkommen. Zugleich erhalte ich damit die Möglichkeit, Inhalte anzusprechen, die im Unterricht zu wenig Platz finden.

Ich möchte jedoch darauf hinweisen, dass dieses Buch einerseits gerade so viel Theorie enthält, wie für ein kompetentes Verständnis nötig ist. Andererseits will es die Theorie in Bezug zur Praxis setzen. Diesen Praxisbezug liefern so genannte Situationsbeschreibungen, in deren Mittelpunkt Kinder stehen, die auf die eine oder andere Art mit Beeinträchtigungen zu kämpfen haben. Diese Situationen habe ich in meiner Berufspraxis erlebt. Es versteht sich dabei von selbst, dass ich die Lebensdaten der Kinder so verändert habe, dass diese nicht mehr identifizierbar sind. Sollten Sie dennoch glauben, das eine oder andere Kind zu kennen, dann mag dies daran liegen, dass wir Menschen uns in unserer Art und unseren Lebensgeschichten ähnlich sein können und es gleich liegende Fälle gibt.

Bezüglich der inhaltlichen Informationen habe ich mich von alltäglichen Fragen der Erzieherinnen leiten lassen, wie zum Beispiel: „Was muss ich über eine Auffälligkeit wissen, und wie gehe ich damit um?". Ziel dieses Buches ist es, angehende und praktisch tätige Erzieherinnen bei der Erweiterung ihres Wissens und ihrer Handlungskompetenzen zu unterstützen.

Gestatten Sie mir, im Folgenden durchgehend von „Erzieherinnen" zu sprechen und zu schreiben, da es doch zu einem sehr hohen Prozentsatz Frauen sind, die diesen Beruf ausüben. Trotzdem sind natürlich auch männliche Erzieher angesprochen!

München, im Juli 2005   Beate U. M. Strobel

Einleitung: Der Beruf der Erzieherin – Herausforderung oder Überforderung?

Vor kurzem fand an unserer Fachakademie ein „Tag der offenen Tür" statt. Viele junge Interessentinnen hatten sich eingefunden, um sich über den Beruf der Erzieherin näher zu informieren. Auf die Frage, weshalb sie gerade diesen Beruf ergreifen möchten, erhielt ich regelmäßig die Antwort: „Weil es mir Spaß macht, mit kleinen Kindern zu spielen, zu singen, zu basteln und Ausflüge zu machen!".

Ein Blick zurück ...

Diese Aussagen erinnerten mich an meine eigene Kindergartenzeit: Ich fühlte mich wohl in meiner zahlenmäßig überschaubaren Gruppe, die den Vormittag mit Spiel, Gesang und Spaziergängen verbrachte. Wir waren freundlich, ausgeglichen und zufrieden mit dem, was unsere beiden „Tanten" uns anboten. Aber ich erinnere mich auch noch gut an zwei Kinder, die aus dem Rahmen fielen: Zwillingsbrüder, die sich wie ein Ei dem anderen glichen. Als Zwillinge waren sie schon etwas Besonderes. Der eine hatte zudem die Angewohnheit, bei allen ruhigen Tätigkeiten so lange auf seinem Stuhl zu schaukeln, bis er mitsamt Stuhl nach hinten umfiel. Wir Kinder waren begeistert und befremdet zugleich. Unsere „Tanten" hingegen waren empört: Als Ermahnungen und eine Ohrfeige nichts halfen, wurde das Problem kurzerhand aus der Welt geschafft, indem sie die „ungezogenen Buben" hinauswarfen. Wir „braven" Kinder bedauerten dies – schließlich hatten sie für Abwechslung und Unterhaltung gesorgt. Gleichzeitig war aber auch Erleichterung spürbar, denn keiner hatte verstanden, was mit dem eigenartigen Zwilling los war. Heute frage ich mich, ob ich damals einem hyperaktiven Kind begegnet bin.

Den Fachbegriff „Hyperaktivität" kannte man damals noch nicht. Es gab allenfalls Kinder, die, solange sie noch klein waren, als schwer erziehbar oder verhaltensgestört bezeichnet wurden. Im Jugendalter galten sie dann als Rowdys. Erziehung schien damals noch klarer und einfacher zu sein: Autorität stand hoch im Kurs und, wenn nötig, bediente man sich strenger Regeln und harter Strafen. Die Kinder konnten sich somit an klaren Regeln und Geboten orientieren.

Ein Blick in die Gegenwart ...

Heute ist die erzieherische Situation durch Verhaltensunsicherheiten geprägt, sowohl seitens der Eltern als auch der Erzieherinnen. So tauchen zum Beispiel Fragen auf wie: „Wie gehe ich mit Kindern um?", „Was darf ich verlangen, sogar durchsetzen?", „Ist es uncool, streng zu sein?". Die jungen Erzieherpraktikantinnen, lediglich ausgestattet mit dem Wissen ihrer eigenen Erziehung, stehen den Kindern in ihren Einrichtungen manchmal ratlos gegenüber: „Wie kann das Spielen, Singen und Basteln für alle zufriedenstellend gelingen, wenn Kinder anwesend sind, die nicht spielen, singen und basteln wollen?".

Herausforderungen im Arbeitsfeld ...

Erst zum Zeitpunkt der Suche nach einer Erzieherpraktikantenstelle wird den jungen Bewerberinnen deutlich, wie groß und vielfältig das Arbeitsfeld der Erzieherin inzwischen geworden ist: Natürlich zieht es viele Praktikantinnen zunächst in den Arbeitsbereich Kindergarten oder Kindertagesstätte – auch die Kinderkrippe und der Hort werden als attraktive Arbeitsbereiche angesehen. Jugendfreizeitbereiche und stationäre Kinder- und Jugendhilfe werden in der Regel erst zu einem späteren Zeitpunkt Wunschbereiche. Dass es parallel zu den Regeleinrichtungen auch noch den heilpädagogischen Bereich mit Tagesstätten, schulbegleitenden Einrichtungen und schließlich die Werkstätten für Behinderte gibt, nehmen die meisten mit Interesse und Offenheit zur Kenntnis.

Auch diejenigen, die ihre Zeit im „Sozialpädagogischen Seminar" nicht im heilpädagogischen Bereich oder in integrativen Einrichtungen verbringen, realisieren schnell, dass es in den so genannten Regeleinrichtungen immer mehr Kinder gibt, die Schwierigkeiten haben mit sich und ihrer Umwelt klarzukommen. Eine immer weniger kindgerechte Lebensumwelt trägt wesentlich zu sozialen und psychosomatischen Störungen aller Art bei. Dazu wird es immer selbstverständlicher, dass behinderte oder von Behinderung bedrohte Kinder den Regelkindergarten besuchen können. Somit ist es heute beinahe schon Normalität, wenn Erzieherinnen berichten, dass es in ihrer Gruppe Kinder gibt, bei denen sie Auffälliges beobachtet haben:

- Kinder, die über keine innere Ruhe verfügen
- Kinder, die ständig andere schlagen
- Kinder, die sich nicht trauen, auf andere zuzugehen

- Kinder, die nicht in der Lage sind, altersgemäß zu sprechen
- Kinder, die sich nicht altersgemäß bewegen oder mit Gegenständen hantieren können
- Kinder, die vieles nicht essen oder anfassen dürfen, weil sie sonst allergisch reagieren

Problematisches Verhalten bei Kindern erkennen und angemessen darauf reagieren ...

Die angehende Erzieherin wird in ihrer Ausbildung theoretisch und praktisch darauf vorbereitet, mit den vielfältigsten Problemen des Kindes- und Jugendalters angemessen umgehen zu können. Sie soll in die Lage versetzt werden, problematisches oder von der Norm abweichendes Verhalten von Kindern rechtzeitig zu erkennen, einzuordnen und angemessen darauf zu reagieren. Außerdem soll die angehende Erzieherin lernen, wie sie diesen Kindern, wenn auch in beschränktem Umfang, hilfreiche Unterstützung zukommen lassen kann. Des Weiteren soll sie Eltern beraten können oder sie ermutigen, zusätzliche, eventuell therapeutische Hilfe in Anspruch zu nehmen. In Gesprächen mit KinderpsychologInnen und KinderärztInnen soll sie als Fachfrau ihre Beobachtungen kompetent darlegen und somit Anstöße für weitere diagnostische oder therapeutische Schritte geben können.

Die Erzieherin als „Vertraute" der Eltern ...

Während KinderärztInnen darüber klagen, dass Eltern mit zunehmendem Alter ihrer Kinder leider immer häufiger auf die empfohlenen Vorsorgeuntersuchungen verzichten und somit manche Frühwarnzeichen überhaupt nicht erkannt werden können, berichten Erzieherinnen, dass sich besorgte Mütter vertrauensvoll an sie wenden, wenn ihnen bei ihrem Kind irgendetwas „verdächtig" erscheint. Die Erzieherin ist dann nicht selten vermittelndes Bindeglied zwischen einem Kleinkind mit besonderen Bedürfnissen und einer Frühförderstelle. Die Wichtigkeit von Frühförderung ist heutzutage unumstritten. Auch wenn Erzieherinnen in diesem Arbeitsfeld weniger anzutreffen sind, darf ihre Bedeutung für Früherkennung und Früherfassung keinesfalls unterschätzt werden.

Die Vielfältigkeit der Fragestellungen, die auf die moderne Erzieherin zukommt, stellt somit eine echte Herausforderung dar – sowohl an ihre fachliche als auch ihre menschliche Kompetenz. Manchmal sind Situationen und Fragen derart problembehaftet, dass die Erzieherin an ihre Grenzen stößt. Sie weiß dann, dass sie interdisziplinäre Hilfe suchen und nutzen muss.

Der „Bayerische Bildungs- und Erziehungsplan für Kinder in Tageseinrichtungen bis zur Einschulung" stellt dazu fest:

„Die Umsetzung eines integrativen Konzepts von Bildung, Erziehung und Betreuung für Risikokinder und Kinder mit (drohender) Behinderung macht es notwendig, dass Kindertageseinrichtungen eng mit anderen Hilfesystemen kooperieren, in deren Zuständigkeit schon bisher Hilfen für diese Kinder angeboten werden (Behindertenhilfe, Jugendhilfe, Förderschulbereich). Dabei bringen beide Kooperationspartner, Kindertageseinrichtungen einerseits und spezifische Hilfesysteme andererseits, ihre jeweils besonderen Leistungen und Möglichkeiten in die Zusammenarbeit ein ..." (Bayerisches Staatsministerium für Arbeit und Sozialordnung, Familie und Frauen 2007, 154).

Insofern ist ihr Beruf zugleich bereichernd und spannend. In der Zusammenarbeit mit Ärzten, Psychologen, Physiotherapeuten, Ergotherapeuten, Heilpädagogen, Logopäden und anderen, bietet sich die Chance, täglich Neues zu lernen. Menschliches wird neu erfahren, will verstanden und integriert sein. Damit bleibt die Erzieherin in einem lebendigen Entwicklungsprozess. Um die Vielfalt der kindlichen Verhaltensformen und Verhaltensweisen etwas überschaubarer werden zu lassen, gewissermaßen als „Handlauf" – dafür habe ich dieses Buch geschrieben.

Zur Aufteilung dieses Buches ...

In Kapitel eins stelle ich dar, warum jede Erzieherin heilpädagogisches Grundwissen benötigt.

Die Frage danach, welche Merkmale Verhaltensauffälligkeiten kennzeichnen, werde ich in Kapitel zwei beantworten und diese Auffälligkeiten an zahlreichen Beispielen in Kapitel drei vertiefen.

Legt man bei Auffälligkeiten die Annahme zu Grunde, dass sie bei angemessener Begleitung und Hilfe wieder vergehen, so gibt es daneben die Möglichkeit der Verfestigung und Chronifizierung. Aus einer Verhaltensauffälligkeit würde dann eine seelische Behinderung werden. Letztere möchte ich in Kapitel vier, am Beispiel der Depression im Kindes- und Jugendalter, verdeutlichen.

Es gibt Lebensumstände, die trotz aller Erschwernis bewältigt werden, wenn der Lebensrahmen, in dem sich das betroffene Kind bewegt, den erforderlichen Halt vermittelt. Dies trifft sowohl auf chronisch erkrankte und hochbegabte Kinder als auch auf solche mit Abweichungen in der Wahrnehmungsverarbeitung zu, welchen ich die Kapitel fünf bis sieben gewidmet habe. Die Besonderheit an sich muss nicht zwangsläufig Verhaltensauffälligkeiten hervorrufen – Auffälligkeiten könnten eine Folge werden.

Da das Krankheitsbild des Autismus sowohl auffälliges Verhalten als auch Störungen der Wahrnehmungsverarbeitung enthält, und sich dies derart beeinträchtigend auswirkt, dass von einer Behinderung die Rede ist, habe ich dem Thema Autismus in Kapitel acht einen eigenen Platz zwischen den übrigen Gruppen von Abweichungen eingeräumt.

Kapitel neun beschäftigt sich mit Sprach- und Sprechproblemen von Kindern, in Kapitel zehn schließe ich die verschiedenen Formen von Behinderungen bei Kindern an. Da die oben angesprochenen Auffälligkeiten häufig mit „Wortlosigkeit" verbunden und Behinderungen oftmals mit Sprachproblemen gekoppelt sind, denke ich, dass diese Reihenfolge sinnvoll sein könnte.

Zum Abschluss des Buches gebe ich einen Überblick über die Bedeutung von Frühförderung und Integration sowie einen Ausblick auf Möglichkeiten der Gesprächsführung im Rahmen von Elternarbeit.

Jedes Kapitel wird von Literaturempfehlungen ergänzt, die ich persönlich für geeignet halte, die zuvor dargestellte Thematik zu vertiefen. Zudem benenne ich Bilderbücher, Kinder- und Jugendbücher, die nach meiner Erfahrung hilfreich sind, mit einem Kind oder einer ganzen Gruppe taktvoll eine Problematik anzusprechen und Lösungen aufzuzeigen. Da es sich teilweise um Klassiker handelt oder weil sie mir besonders lesenswert erscheinen, benenne ich sie auch dann, wenn sie im Buchhandel vergriffen sind.

1 Wozu brauchen Erzieherinnen heilpädagogisches Grundwissen?

In einer Kindertagesstätte, am Rande einer Großstadt, treffen wir Kinder wie die fröhliche, selbstbewusste Lina oder die eher schüchterne, aber verschmitzte Christina. Christina hat eine beste Freundin, die immer wieder wegen ihres infektabhängigen Asthmas fehlt. Wenn diese wieder einmal krank ist, spielt Christina intensiver mit Ayshe, deren Deutsch inzwischen besser ist als das ihrer türkischen Familie. Lina spielt besonders gerne mit den Jungen, wobei Gregor, für ihren Geschmack, zu wild und unberechenbar ist. Schon so manches Mal hat sie Gregor eine Ohrfeige verpasst, weil dieser sie zu grob angefasst hat.

Da auch die anderen Kinder von seiner spürbaren inneren Anspannung abgeschreckt sind, ist die Erzieherin besonders gefordert, Gregor die notwendige Aufmerksamkeit zukommen zu lassen, ohne dabei die anderen Kinder zu vernachlässigen. Es ist ihr ganz großes Anliegen, bei den Kindern Verständnis für Gregor zu wecken, indem sie ihnen hilft, ihn besser zu verstehen. Dabei ist ihr der Berufspraktikant Matthias eine wertvolle Hilfe. Gregor und andere „vaterlose" Jungen haben Matthias nämlich längst als eine Art großen Bruder angenommen, von dem sie sich lieber „etwas sagen lassen" als von der Erzieherin.

An diesem Beispiel wird deutlich, wie vielschichtig die Arbeitswelt von modernen Erzieherinnen geworden ist. Auch im so genannten Regelbereich begegnen ihnen auf „Schritt und Tritt" Kinder, die „anders" sind:

- Kinder, die mit chronischen Krankheiten leben müssen.
- Kinder, die zwischen zwei Kulturen hin- und herpendeln.
- Kinder, die Verhaltensweisen zeigen, welche nicht altersgemäß oder normentsprechend sind.

Man könnte beinahe sagen, Normalität sei heute sehr vielfältig. „Ein Teil der Kinder in Tageseinrichtungen sind in ihrer Entwicklung auffällig, gefährdet oder beeinträchtigt; sie haben einen erhöhten Bedarf an Unterstützung und Förderung." (Bayerisches Staatsministerium für Arbeit und Sozialordnung, Familie und Frauen 2007, 153). Um damit angemessen umgehen zu können, ist es schon selbstverständlich geworden, dass sich kompetente Erzieherinnen als Pädagoginnen sicher im Umfeld von klinischer Kinderpsychologie, Pädiatrie und Heilpädagogik bewegen. *Pädagogik* vermittelt Theorie und Praxis von Erziehung und Bildung im weiteren Sinne. *Psychologie* stellt Basiswissen über die menschliche Entwicklung und Wahrnehmung sowie das Verhalten und Lernen zur Verfügung. Die klinische Psychologie beschäftigt sich mit Verhaltensabweichungen und seelischen Erkrankungen. Hinzu kommt aus der Pädiatrie, der Kinderheilkunde, Fachwissen über chronische Erkrankungen oder Anfallsleiden. *Heilpädagogik,* vielerorts auch Sonderpädagogik genannt, liefert der Erzieherin das theoretische und praktische Wissen über die Betreuung und Erziehung von Menschen, deren Entwicklung von der Norm abweicht und unter erschwerten Bedingungen verläuft.

Erschwerte Bedingungen erleben alle Kinder, die in irgendeiner Weise „behindert" sind. Dabei ist es gleichgültig, ob sie mit einer Körperbehinderung, einer Sinnesbehinderung, einer Beeinträchtigung der Wahrnehmung, der Sprache oder sogar der Intelligenz leben müssen. Des Weiteren sind damit auch alle Lebensumstände gemeint, welche Kindern das Leben schwer machen können: So kann ein Kind an chronischem, massivem Bewegungsmangel leiden und darauf mit nervöser Anspannung sowie Schlaf- und Konzentrationsstörungen reagieren. Oder ein Kind beginnt im Grundschulalter wieder einzunässen, da sich die Eltern scheiden lassen. Verhaltensauffälligkeiten und Behinderungen können in direktem Bezug zueinander stehen, wenn die Umwelt mit der Behinderung eines Menschen nicht angemessen umzugehen vermag. Dies kann den betroffenen Menschen derart verletzen, dass er durch Verhaltensauffälligkeiten unbewusst auf sich und seine seelische Not aufmerksam machen will.

Erzieherinnen wissen, dass es nicht Aufgabe und Zweck der *Heil*pädagogik ist, zu *heilen* im Sinn des Gesund-Machens. Nach entsprechender Ausbildung und Schulung ist ihnen aber auch bewusst, wie sehr sie durch ihr *empathisches und kompetentes Handeln* die vorhandenen Selbstheilungskräfte eines Kindes unterstützen können. In diesem Zusammenhang wird neuerdings immer wieder der so genannte „Resilienzaspekt" diskutiert: Dabei handelt es sich um die faszinierende Frage, warum es auch unter widrigsten Lebensbedingungen immer wieder Kinder gibt, die seelisch gesund und stabil bleiben. Eine Antwort scheint zu sein, dass schon *eine* verlässliche Bezugsperson – also möglicherweise auch die Erzieherin – stabilisieren-

15

den und stärkenden Einfluss auf die Persönlichkeitsentfaltung eines Kindes haben kann. In diesem Sinne heilpädagogisch zu handeln bedeutet für die Erzieherin und ihre Kolleginnen, dass sie immer wieder versuchen, die Stärken „ihrer" Kinder zu entdecken. Erst wenn sie diese Stärken erkennen, kann es ihnen auch gelingen, diese für die anderen sichtbar zu machen.

Bezogen auf das Eingangsbeispiel, würde dies bedeuten: Erst dann, wenn der kleine Gregor wiederholt erlebt hat, dass die Betreuer neben seinen Auffälligkeiten und Unzulänglichkeiten seine positiven Seiten sehen, wird der Junge offener für Angebote sein, die sein Verhalten beeinflussen oder verändern sollen. Die Bemühung, Gregors Verhalten zu kompensieren, also auszugleichen, indem beispielsweise den anderen Kindern vermittelt wird, dass Gregor möglicherweise überhaupt nicht richtig spüren kann, wie er andere Menschen anfasst, wird dann zu wachsendem Verständnis füreinander führen können.

Das heißt jedoch nicht, dass heilpädagogisches Handeln eine einseitige Sichtweise darstellt, indem für jedes Verhalten nur nach Gründen gesucht und Verständnis gezeigt wird: Verständnis ist die eine Seite – *Orientierung geben* durch klare Strukturen und deutlich erkennbare Grenzen, ist die andere unerlässliche Seite. In der Praxis heißt das: Die Kinder erleben ihre Erzieherin als einfühlsam, warmherzig und als jemand, der über eine Panne auch lachen kann; gleichzeitig jedoch nehmen die Kinder sie als stabil und zuverlässig wahr. Letzteres setzt voraus, dass die Erzieherin sich zutraut, Grenzen zu setzen und einzuhalten, um gerade Kindern, die in einem inneren Chaos leben, den nötigen psychischen Halt zu geben. Die erfahrene Erzieherin weiß, dass Grenzen einem Geländer gleichen können: Dieses lädt zum Festhalten ein, wenn Sicherheit erwünscht ist. Wo ein Geländer vorhanden ist, kann man sich auch einmal auf unbekanntes Gelände wagen.

In allen deutschen Bundesländern nimmt die Tendenz zu, Integrationseinrichtungen zu fördern. So ist es gut vorstellbar, dass zur im Eingangsbeispiel beschriebenen Gruppe noch ein Kind gehören könnte, welches durch seine besondere emotionale Stärke die Gruppe bereichern würde. Ich denke hier insbesondere an ein Kind mit Down-Syndrom. Auch für ein solches Kind sind *Klarheit und Eindeutigkeit im Handeln* wichtig. Wie jedes Kind braucht es permanente Begleitung und Unterstützung, um soweit wie möglich selbständig und, in ferner Zukunft, weitgehend unabhängig zu werden. Wenn die Erzieherinnen es auf ein Leben vorbereiten, in dem seine verlangsamten Lernfähigkeiten einen guten Platz haben, dann wird es zunehmend erleben, dass es, genau so wie es ist, in Ordnung ist! Und ein Mensch, der sich selbst anzunehmen vermag, der seine Schwächen und seine Stärken kennt und akzeptiert, der kann einerseits für sich selbst einstehen, und andererseits andere neben sich als gleichwertig und bereichernd erleben.

Neben den Regel- und Integrationseinrichtungen gibt es noch solche, in denen man nur Kinder findet, deren Beeinträchtigungen des Lernens, Erlebens und Verhaltens so massiv sind, dass sie einer besonderen Umgebung bedürfen, um ihren Lebensalltag bewältigen zu können. Dazu zählen:

- Frühförder-Einrichtungen
- Heilpädagogische Tagesstätten, Schulvorbereitende Einrichtungen
- Förderschulen, Schulen zur individuellen Lernförderung (für Kinder mit Lernbehinderung), Schulen zur individuellen Lebensbewältigung (für Kinder mit geistiger Behinderung)
- Heime, das Betreute Wohnen

Kurz: Es wird überall dort heilpädagogisch gearbeitet, wo Menschen mit Behinderungen betreut werden, integrative Maßnahmen erforderlich sind oder Kinder bzw. Jugendliche durch auffälliges Verhalten auf sich aufmerksam machen. Heilpädagogisches Denken und Helfen sind aber auch in zunehmendem Maße dort erforderlich, wo Kinder, beispielsweise durch Bewegungsmangel und fehlende Anregung, in ihrer Wahrnehmung, Motorik und sprachlichen Entwicklung auffällig geworden sind. Letzteres wird in beunruhigendem Ausmaß im so genannten Regelbereich beobachtet.

Buchempfehlungen zum Weiterlesen:

Kinder- und Jugendbuch:
Cave, K., Riddell, C. (1994): Irgendwie anders. Oetinger, Hamburg
Ab 4 Jahre. Thema: Ausgrenzung und Freundschaft

2 Wann gelten Kinder als verhaltensauffällig?

Die Mutter von Svenja hat das Gespräch mit deren Erzieherin gesucht. Verlegen hat sie ihr anvertraut, dass Svenja seit der Geburt des kleinen Bruders völlig verändert ist. Obwohl Svenja stolz darauf ist, mit dreieinhalb Jahren schon ein großes Kindergarten-Kind zu sein, möchte sie jetzt nur noch bei der Mama bleiben und auch ein Baby sein. Außerdem nässt sie seit einiger Zeit jede Nacht mehrmals ein.

Die Erzieherin berichtet, dass Svenja zwar weint, wenn sie morgens in die Gruppe kommt, sich dann aber leicht beruhigen lässt. Insbesondere genießt sie es, dass einige große Mädchen sich ihrer angenommen haben, und sie ein wenig „bemuttern". Die Erzieherin und die Mutter besprechen die Situation und finden gemeinsam kleine Hilfen für Svenja.

Die Erzieherin macht sich um die „stille" Verhaltensauffälligkeit von Svenja weniger Sorgen, als um das Verhalten eines anderen Kindes: Der fünfjährige Tobias erschreckt und beeindruckt die Kinder mit seinen gewalttätigen Sprüchen und Erzählungen. Besonders aufgedreht ist er nach dem Wochenende. Voller Stolz berichtet Tobias, welche Filme er sich ansehen durfte. Die Bilder, die er im Kopf hat, versucht er durch wilde Spiele umzusetzen. Stellt die Erzieherin kein ausgewogenes Angebot aus Bewegung, Aggressionsabbau und anschließender Entspannung zur Verfügung, droht die Stimmung in der Gruppe in aggressives Gebrüll und Geschrei umzukippen. Ein Teil der Kinder findet Tobias cool und schließt sich ihm an, die anderen sind hilflos und verschreckt.

Die Erzieherin versucht immer wieder vergeblich mit seinen Eltern ins Gespräch zu kommen. Diese meinen nur, „sie suche wohl einen Sündenbock – denn zu Hause sei Tobias der bravste Junge!".

Angesichts derartiger Situationen wird sich eine Erzieherin fragen: „Habe ich es hier mit beginnenden Verhaltensauffälligkeiten zu tun? Wann spricht man überhaupt von Verhaltensauffälligkeit? Und wie gehe ich damit um?"

Begriffsbestimmung und -abgrenzung:
Störung und Verhaltensauffälligkeit

Es existiert eine verwirrende Vielfalt an Begriffen, um auf Kinder und Jugendliche hinzuweisen, deren Verhalten sich vom üblichen Verhalten Gleichaltriger unterscheidet, also von der Norm abweicht und folglich Eltern, Erzieher und Lehrer stört. In Literatur und Praxis finden sich hierfür noch immer unterschiedliche, zum Teil auch veraltete, Bezeichnungen, wie zum Beispiel: Verhaltensgestörte, Verhaltensschwierige, Lernschwierige, Schulschwierige, Erziehungsschwierige, Verhaltensbehinderte, psychosozial Gestörte, psychisch Kranke, Anpassungsschwierige.

Der Begriff *Störung* wird in der Kindermedizin und der Kinderpsychologie dann gebraucht, wenn es sich bei dem vorliegenden Verhalten, wie bei einer Krankheit, um deutliches bis massives Abweichen von der Norm handelt.

Es ist einfach, eine Störung zu erkennen, wenn beispielsweise Schmerzen oder erhöhte Körpertemperatur einen Hinweis dafür liefern, dass sich ein Normalzustand verändert hat. Schwieriger dagegen wird es, wenn es um Verhaltensweisen geht. Nicht alles, was einen Menschen an einem anderen stört, ist bereits eine Störung. Vielmehr bedarf es sorgfältiger und langwieriger Beobachtung um im Rahmen eines Diagnoseschemas bestimmen zu können, ob eine Störung vorliegt oder nicht.

Betrachtet man den Störungsbegriff aus heilpädagogischer Sicht, fällt zunächst eine negative Bedeutung auf. Einerseits sieht man auch hier die Abweichung vom Normalen, unter der der Betroffene und meist auch seine Umgebung leiden. Andererseits beinhaltet das Wort eine Abwertung. In der Anklage: „Du störst uns!", steckt eine Abwertung durch die Umgebung. Das betroffene Kind sagt von sich: „Ich bin gestört!". Oder: „Ich bin ein Störenfried!" – womit es sich selbst abwertet.

Um eine solche Abwertung zu vermeiden, bemühte man sich, treffendere Begriffe zu finden – ob dies mit „verhaltensoriginell" allerdings wirklich gelungen ist? „Original" (lateinisch „origio") und originell (französisch „originel") bedeuten nämlich ursprünglich: echt, einzigartig und komisch. Bei der Verwendung des Begriffs wird dem Umstand zu wenig Raum gegeben, dass die betroffenen Kinder unter ihren Beeinträchtigungen und Besonderheiten im Verhalten und Lernen leiden. Sie finden sich selbst weder zum Lachen noch erleben sie sich als kreative Bereicherung (und in aller Regel tut dies die Umgebung ebenfalls nicht).

Die moderne Kinderpsychologie und die Heilpädagogik möchten die Gefahr des Abwertens umgehen. Daher spricht man hier bevorzugt von „auffälligen Kindern und Jugendlichen", und versteht Verhaltensauffälligkeiten als versteckte Hilferufe von Kindern und Jugendlichen, die bewusst oder unbewusst in großer seelischer Not sind und Schwierigkeiten mit der Bewältigung ihres Lebens haben. Dabei spielen Ursachen und Umstände eine Rolle, für die ein betroffenes Kind nicht verantwortlich gemacht werden kann, wie beispielsweise hirnorganische Veränderungen oder veränderte Umwelt- und Aufwachsbedingungen.

Neuerdings taucht in der Literatur der Begriff *Verhaltensbeeinträchtigung* wiederholt auf. Dieses Wort ist wertneutral. Es weist darauf hin, dass hier jemand in Bedrängnis ist, und somit nicht über das volle Repertoire an Handlungs- und Verhaltensmöglichkeiten verfügen kann, wie beispielsweise: Ärger angemessen äußern können, und sich danach wieder „in den Griff bekommen", Ängstlichkeit aushalten können, um dann wieder selbstsicher und selbstbewusst mit Situationen umgehen zu können. Wenn das nicht mehr möglich ist, wenn also nur noch einseitiges Handeln beobachtbar ist – Ängstlichkeit oder Aggressivität – dann ist das breite Spektrum an möglichen Verhaltensweisen beeinträchtigt.

Es gibt eine Reihe von Verhaltensweisen, die als „auffällig" bezeichnet werden, vorausgesetzt, dass das Verhalten

- über einen längeren Zeitraum hinweg regelmäßig auftritt,
- sich in massiver Form zeigt
- und das Kind sowie seine Umgebung darunter leiden!

Wenn also Kinder bei einer spannenden Geschichte vor Aufregung am Daumen lutschen oder an den Nägeln kauen, dann sind sie noch lange nicht verhaltensauffällig!

Es existiert eine Vielzahl unterschiedlichster Definitionen von Verhaltensauffälligkeit. Ich möchte an dieser Stelle auf die Definitionsempfehlung des Deutschen Bildungsrates von 1976 zurückgreifen, die Schmutzler zitiert:

„Als verhaltensgestört gilt, wer aufgrund organischer, vor allem hirnorganischer Schädigungen oder eines negativen Erziehungsmilieus in seinem psychosozialen Verhalten gestört ist und in sozialen Situationen unangemessen reagiert und selbst geringfügige Konflikte nicht bewältigt." (Schmutzler 1999, 305)

Einmaliges oder ab und zu auftretendes abweichendes Verhalten stellt also noch keine Verhaltensauffälligkeit dar. Dies gilt für aggressives Verhalten, Ängstlichkeit und Schüchternheit ebenso wie für Daumenlutschen und Nägelkauen. Ein Kind, das einmal ins Bett nässt, ist ebenso wenig verhaltensauffällig wie ein Kind, das hin und wieder den Clown spielt. Gelegentliche Eifersucht, vorübergehende Machtkämpfe in Form von Essstörungen, vorübergehende Frechheit oder Fremdeln, kurzzeitige Konzentrationsstörungen, Schlafstörungen, Tagträumen, Trotzverhalten, Unruhe und Unselbständigkeit können einmalig, oder in großen Abständen auch wiederholt, auftreten – dennoch erfüllen sie dann noch nicht die Voraussetzungen einer Verhaltensauffälligkeit.

Erst dann, wenn das Verhalten regelmäßig und intensiver auftritt, und die Erzieherin beobachtet, dass das Kind bedrückt, angespannt und unglücklich wirkt, muss an eine beginnende Verhaltensauffälligkeit im Sinne eines seelischen Hilferufs gedacht werden.

Es gibt allerdings Ausnahmen. Bei so schwerwiegenden Verhaltensweisen wie Weglaufen, Stehlen oder beharrlicher Sprechverweigerung (psychogener, also seelisch bedingter Mutismus), sollte bereits bei ihrem ersten Auftreten sorgfältig hingesehen und sich die Frage gestellt werden, ob das betreffende Kind oder der Jugendliche derzeit mit Lebensproblemen zu kämpfen hat. Braucht es therapeutische Hilfe?

Mögliche Ursachen von Verhaltensauffälligkeiten

Die Erzieherinnen aus unserem Beispiel würden sich also zunächst darüber Gedanken machen, und sich in einem Teamgespräch über die möglichen Hintergründe und Ursachen der Auffälligkeiten von Svenja und Tobias austauschen. Sie würden verstehen wollen, was den Kindern Probleme in ihrer Lebenswelt bereitet. Dabei kann das Erziehungsmilieu durchaus normal und liebevoll sein. Es kann genügen, dass ein Geschwisterchen geboren wurde, und ein sensibles Kind sich, trotz aller Zuwendung, dadurch zurückgesetzt fühlt. Unbewusst ändert es sein Verhalten, und macht auf sich aufmerksam.

Wir wissen aus eigener Erfahrung, wie Lebensveränderungen, Einschnitte und Übergänge uns verunsichern können. Kommt dann noch irgendetwas hinzu, wie beispielsweise eine Erkältung oder Ärger mit einer wichtigen Person, dann können wir vorübergehend aus der Bahn geworfen werden, und anders als üblich reagieren. Wir geben dann schon einmal zu, dass wir zurzeit eine Krise durchleben. Kindern geht es genauso, nur sind sie, altersbedingt, nicht so wortgewandt.

Es gibt aber auch durchaus Kinder, die ein Trauma, also eine seelische Verletzung, erleben mussten: Einen schweren Verkehrsunfall überlebt zu haben, einen Elternteil oder ein Geschwister plötzlich zu verlieren, Kriegsgewalt durchgemacht zu haben oder Opfer sexueller Übergriffe gewesen zu sein – all dies kann als Einzelereignis ein Kind derart verstören, dass es mit auffällig verändertem Verhalten um Hilfe ruft.

Das „multifaktorielle Ursachengeflecht":
Praktische Vorgehensweise bei der Ursachensuche

Die Erzieherinnen unseres Beispiels wissen auch, dass bei der Entstehung des auffälligen Verhaltens unterschiedliche Einflussfaktoren eine Rolle spielen. In der Regel müssen mehrere oder sogar viele Faktoren zusammenkommen, bis ein Kind durch auffälliges Verhalten einen Hinweis dafür liefert, dass es mit seiner Lebenssituation nicht mehr zurechtkommt. Wir sprechen hier von einem „multifaktoriellen Ursachengeflecht", in dem biologische, medizinische, psychologische, pädagogische und soziologische Aspekte eine Rolle spielen.

Wie wenden nun Erzieherinnen ihr Wissen über das „multifaktorielle Ursachengeflecht" bei ihren Überlegungen an?

1. Biologische Aspekte: Die Erzieherinnen werden überlegen, ob biologische Ursachen bei Tobias eine Rolle spielen könnten, die auf Entwicklungsstörungen im frühen Stadium der körperlichen oder hirnorganischen Entwicklung hinweisen. Hierunter fallen zum Beispiel leichte Hirnfunktionsstörungen, die sich später als Hyperkinetisches Syndrom mit Hyperaktivität und Aufmerksamkeitsstörung bemerkbar machen können. Einzelsymptome sind: Aggressivität, Reizbarkeit, Konzentrationsstörungen, Schlafstörungen, Ungeschicklichkeit, vermehrtes Redebedürfnis und mehr. Biologische Aspekte können manchmal medizinisch geklärt werden.

2. Zu den **medizinischen Aspekten** zählen akute oder chronische Erkrankungen, die einem Kind vorübergehend oder wiederholt das Leben erschweren können.

Zur besonderen Problematik chronisch kranker Kinder möchte ich auf Kapitel 5 verweisen. Doch können auch harmlosere Erkrankungen, ein kleiner Unfall, eine Mandeloperation ein Kind aus der Bahn werfen. Es wird aus seinem vertrauten Tages- und Wochenrhythmus herausgerissen, fehlt möglicherweise länger im Kindergarten und vermisst seine Freunde. Kommen Krankenhausaufenthalt oder Erholungsmaßnahmen dazu, wird es eventuell vorübergehend von seiner Familie getrennt. Beunruhigt und verunsichert kann es dementsprechend reagieren.

3. Psychologische Aspekte: Die Erzieherin und ihre Kollegin wissen, dass bei der Entstehung von Auffälligkeiten immer unerfüllte Grundbedürfnisse eine ausschlaggebende Rolle spielen. Ihnen ist bewusst, dass zum Überleben Essen, Trinken und Schlafen notwendig sind. Ebenso wichtig ist daneben, dass ein Kind Sicherheit, Geborgenheit, Liebe, Aufmerksamkeit und Anerkennung erlebt. Werden all diese Bedürfnisse gleichmäßig erfüllt, kann ein Kind zufrieden und ausgeglichen aufwachsen. Der Anthropologe Tzvetan Todorov nennt das Grundbedürfnis nach Liebe und Wertschätzung sogar den „Sauerstoff der Seele" (GEO 03/2004).

Das Problem an der Sache ist, dass jüngere Kinder noch nicht in der Lage sind, mit Worten darauf hinzuweisen, wenn sie – wie im Fall von Svenja – traurig und zutiefst beunruhigt sind. Ihnen fehlen die Worte um auszudrücken, dass sie sich zum Beispiel durch den Familienzuwachs in ihrer inneren Sicherheit bedroht fühlen. Oder sie trauen sich nicht über ihre Empfindungen zu sprechen, da sie die Eltern nicht traurig stimmen, enttäuschen oder belasten möchten. Je jünger ein Kind ist, desto leichter gerät es in einen Konflikt: „Wenn ich sage was los ist, haben sie mich dann noch lieb?". Die Verunsicherung ist so tief, dass vieles lieber „hinuntergeschluckt" wird.

Dabei gibt es eine ganze Reihe durchaus alltäglicher Lebenssituationen, welche für uns Erwachsene normale Hürden darstellen. Einem Kind aber können sie das Leben unerträglich machen. Hierzu zählen:

- Spannungen und Konflikte in der Familie.
- Trennungs- und Scheidungssituationen.
- Der Tod eines Familienmitglieds.
- Die Geburt eines Geschwisterchens.
- Der plötzliche Säuglingstod.
- Chronische Krankheit oder Behinderung eines Familienmitglieds.
- Arbeitslosigkeit der Eltern.
- Beruflich bedingte Abwesenheit eines Elternteils.
- Alkoholismus oder andere Suchterkrankung eines Elternteils.
- Psychische Krankheit eines Elternteils.

Kurz, es kann sich um belastende Situationen handeln, in denen sich ein Kind alleingelassen fühlt und verängstigt ist.

Aber auch an sich erfreuliche Ereignisse, wie zum Beispiel Familienzuwachs, erster Kindergartentag und Einschulung, bringen ein Kind und seine Familie zuerst einmal aus dem vertrauten Rhythmus und Gleichgewicht. Zur Verdeutlichung können Sie sich folgendes Bild vorstellen: Ein Kind, Mutter und Vater, legen ausgeglichen und gleichmäßig ihren Weg zurück. Mal reicht man sich die Hand, mal nehmen die Erwachsenen das Kind zwischen sich, mal schlendert, hüpft oder läuft jeder für sich. Nun erschüttert ein Naturereignis den Weg. Jeder ist im ersten Schrecken damit beschäftigt, wieder festen Boden unter die Füße zu bekommen. Dabei rudert jeder mit den Armen durch die Luft, macht ungleiche Schritte und bemüht sich, die Balance wiederzufinden. Es ist vorstellbar, dass das Kind kurzfristig von den Eltern losgelassen wird, und dieses sich daraufhin als allein gelassen wahrnimmt! Schnell kann sich sein Schrecken in Angst verkehren. Es bedarf der Hilfe von außen, damit es wieder aufgefangen wird – so lange, bis die Eltern ihr Gleichgewicht wiedergefunden haben und sich ihres Kindes annehmen können.

Bleibt der Zustand des Ungleichgewichts länger bestehen, so wird ein Kind Wege finden, um auf sich aufmerksam zu machen: Häufig wird es aus Verzweiflung und Frustration naschen oder übermäßig essen, so genanntes „Frustfuttern". Möglicherweise verschlägt es ihm aber auch den Appetit, und es hat überhaupt keinen Hunger mehr, mag überhaupt nichts mehr essen. Ein anderes Kind mag provozieren, indem es nicht hört, Dinge zerstört, andere beschimpft, verpetzt, schlägt. Wie Tobias, im Beispiel, kann es vor Wut außer sich geraten oder sogar in Ohnmacht fallen. Bei Mädchen beobachtet man die Neigung zu Autoaggressionen, also Aggressionen, die sich gegen die eigene Person richten, wenn sie zum Beispiel Fingernägel bis auf das Fleisch abbeißen. Speziell bei behinderten Kindern können Bewegungsstereotypien auftreten, wie zum Beispiel sich hin- und herwiegen.

4. Soziologische Aspekte: Hier denkt man an die wirtschaftliche Lage der Familie – die Wohnverhältnisse und die Wohnumgebung kommen in Betracht. Fragen nach der Beziehung zu Verwandtschaft, Freunden, Bekannten und Nachbarschaft sowie nach kultureller Zugehörigkeit tauchen auf.

5. Pädagogische Aspekte: Da die Erzieherinnen an der Erziehung der Kinder teilhaben, machen sie sich über ihre eigene pädagogische Haltung, wie auch die der Eltern, Gedanken: Sie fragen sich, wie die emotionale Einstellung der Erwachsenen zum Kind ist. Ist sie

Exkurs: Erziehungsstile

Tabelle 1

Bezeich-nung	charakterisiert durch	Auswirkung auf Kind/Jugend-lichen	Zusammenhang mit der Ent-stehung von Aggressionen
demo-kratisch	■ Klarheit, Regeln, Grenzen ■ gegenseitiger Respekt ■ Erwachsene werden als Autorität er-lebt; berück-sichtigen kindliche Wünsche und Bedürfnisse	■ ermutigt/ positives Selbstwert-gefühl ■ Selbstak-zeptanz ■ Selbständig-keit ■ gesundes Selbst-bewusstsein	■ angemesse-ner Umgang mit Ärger, Wut wird erlernt
autoritär	■ übermäßige Strenge ■ starre Regeln und Grenzen ■ Unter-drückung ■ Strafe bis Gewalt ■ manipulie-rend, liebevoll erpresserisch	■ entmutigt ■ verängstigt ■ verunsichert	■ Fremdaggres-sion durch Lernen am Modell ■ Autoaggres-sion durch Angst vor Strafe ■ In Pubertät: explosions-artige Aggressions-entladung möglich
laisser-faire	■ Grenzenlosig-keit ■ Erwachsener greift nur bei Gefahr ein	■ verunsichert ■ übersteiger-tes Selbst-bewusstsein („Ich darf alles!")	■ Fremdaggres-sion im Sinne von Provo-kation/Hilfe-ruf („Wo sind Grenzen?")

Bezeich-nung	charakterisiert durch	Auswirkung auf Kind/Jugend-lichen	Zusammenhang mit der Ent-stehung von Aggressionen
unberechen-bar	■ Orientie-rungslosig-keit seitens des Erziehen-den ■ Wechsel von Stilen	■ entmutigt ■ verunsichert ■ misstrauisch	■ Autoaggres-sion/Aggres-sionshem-mung
vernach-lässigend	a) emotional (fehlende Wärme, Zuneigung, Aufmerk-samkeit = Deprivation) b) sozial (Regeln und Werte werden nicht vermittelt) c) materiell (unangemessene Unterkunft, Kleidung etc.)		
	■ Gleichgültig-keit ■ Grenzenlosig-keit	■ beschämt ■ verunsichert eventuell: übersteiger-tes Selbst-bewusstsein	■ Fremdaggres-sion, auch als Provokation/Hilferuf ■ Gewalttätig-keit bis Jugend-kriminalität
verwöhnend	■ übermäßige emotionale, materielle Zuwendung	■ einengend, Unselbstän-digkeit ■ Egoismus	■ Fremdaggres-sion
überbe-hütend (overpro-tection)	■ Überängst-lichkeit, Un-sicherheit seitens des Erwachsenen (besonders häufig bei behindertem oder chro-nisch kran-kem Kind)	■ verunsichert, entmutigt, ■ fehlendes Selbstver-trauen, ■ Unselbstän-digkeit, ■ Egozentris-mus	■ Autoaggres-sion oder unterdrückte Aggressionen (Aggressions-hemmung)

eher liebevoll, bejahend oder feindlich, vielleicht sogar ablehnend? Eine Erzieherin sollte sich aufrichtig Gedanken darüber machen, ob das Kind sie anspricht, oder ob es etwas gibt, das sie eventuell abstößt. Auch ein Blick auf die eigene Biographie ist nützlich. Sie kann nämlich das Erzieherverhalten negativ beeinflussen: So gilt es als erwiesen, dass derjenige, der als Kind geschlagen wurde, später auch leichter und schneller zum Schläger wird, oder aber gesunde Aggression angstvoll meidet und sich lieber manipulativ verhält.

Des Weiteren sollte Klarheit hinsichtlich der Schwerpunkte in der Erziehung bestehen: Werden soziale oder intellektuelle Fähigkeiten eines Kindes einseitig betont, oder achten Eltern und Erzieher auf ganzheitliche Förderung des Kindes?

Sinnvoll ist es auch, im Rahmen eines Elterngesprächs zu klären, ob Eltern und Erzieher ähnliche Erziehungsvorstellungen haben, oder ob möglicherweise grundlegende Unterschiede zur Verunsicherung des Kindes geführt haben.

Und schließlich sollte über die folgenden Fragen bezüglich des Erziehungsstils nachgedacht werden: Welche Erziehungsstile überwiegen? Wird das Kind eher autoritär, anti-autoritär, demokratisch, gleichgültig, vernachlässigend oder überbehütend erzogen? Wird antiautoritär mit laisser-faire verwechselt?

Welche Auswirkungen haben Erziehungsstile auf die Persönlichkeitsentwicklung von Kindern? Einen Überblick gibt Tabelle 1 (S. 25f), wobei die Einteilung der Erziehungsstile künstlich getroffen ist. In der Realität vermischen sich häufig mehrere Erziehungsstile, wobei einer in der Regel überwiegt und ausschlaggebend ist. In Anlehnung an Tausch und Tausch (1990) wird daher auch von erzieherischer Grundhaltung gesprochen.

Erzieherische Hilfen

Bevor wir zur Situationsbeschreibung von Svenja und Tobias zurückkehren, möchte ich noch auf ein neues Screeningverfahren hinweisen, welches speziell für Erzieherinnen entwickelt worden ist. Die ausdrückliche Genehmigung der Eltern vorausgesetzt, erlaubt es ihr, sich bei drei- bis sechsjährigen Kindern einen genaueren Überblick über motorische, sprachliche, kognitive und soziale Fertigkeiten zu verschaffen. Es handelt sich bei diesem Screening um das „Dortmunder Entwicklungsscreening für den Kindergarten" (DESK 3–6) von Tröster u. a. (2004).

Wäre dieses neue Verfahren von der Erzieherin zu ihren Verhaltensbeobachtungen ergänzend herangezogen worden, so könnte sie nun bei Svenja und Tobias gewissermaßen dreigleisig arbeiten:

Schon, um die Einwilligung für DESK 3–6 zu erlangen, hätte die Erzieherin die Eltern als Gesprächspartner gewinnen müssen. Das Wohl des Kindes, seine Chancen für eine möglichst optimale Entwicklung stellen in der Regel eine genügend große Motivation dar, um gemeinsam Lösungen zu suchen und zu finden. Die Ergebnisse von DESK 3–6 können nun im Elterngespräch als Basis genutzt werden, um besondere Fähigkeiten des Kindes hervorzuheben oder um angesichts drohender Auffälligkeiten gemeinsam abzuwägen, welche pädagogischen Hilfen sinnvoll und notwendig wären.

Gleichzeitig wird auch die Erzieherin Svenja und Tobias im Gruppenalltag individuelle Hilfen anbieten.

Bei Svenja steht unverkennbar ein tiefes Bedürfnis nach Geborgenheit im Vordergrund. Bevor das Mädchen „groß" sein kann, bevor es also seine neue Rolle als älteres Kind in der Familie ausfüllen kann, muss es noch einmal erleben dürfen, wie angenehm und zugleich eintönig es sein kann, „klein" zu sein, Baby zu sein. Hier sind also Spiele gefragt, die ihren diesbezüglichen Bedürfnissen Raum bieten. Die großen Mädchen aus der Gruppe haben wohl instinktiv die Situation erfasst und genau das angeboten, was Svenja derzeit braucht.

Daneben ist es nötig, Svenja wieder mehr in die Gruppe zu integrieren. Sie wird wohl kaum das einzige Kind sein, das derartige Verlust- und Veränderungserfahrungen durchgemacht hat. So können Ereignisse, wie beispielsweise „die Geburt eines Geschwisterchens" oder „die Familie verändert sich", thematisiert werden. Hier bieten sich Gesprächskreise an, wobei durch entsprechendes (Bilder-) Buchmaterial die Kinder schnell ins Erzählen kommen. Dabei erfahren sie, was andere aushalten müssen und wie sie mit schwierigen Situationen klarkommen – Hilfen werden ausgetauscht. Ähnlich, wie beim Märchen erzählen, geben die Erfahrungen der anderen Hinweise und Anregungen. Beim Zuhören entscheidet jedes Kind für sich, welche Idee einsetzbar und anwendbar ist. Oft handeln die Kinder hierbei intuitiv oder „aus dem Bauch heraus".

Entscheidend ist, dass Svenja erfährt, dass sie verstanden und mit ihren Sorgen ernst genommen wird. Erst dann kann sie sich nach und nach den positiven Perspektiven zuwenden, die die neue Familiensituation bietet. Bildlich gesprochen könnte man sagen, Svenja muss erst ihre Hände lösen, leeren wollen, bevor sie etwas Neues ergreifen kann. Und nur sie allein weiß, wann sie das Altvertraute aus der Hand geben kann. Wenn sie so weit ist, kann die Erzieherin Svenjas Fähigkeiten nutzen, um ihr, und der Gruppe, immer wieder vor Augen zu führen, wie „groß", das heißt selbständig und unabhängig, sie schon ist.

Damit wäre das dritte „Gleis" erreicht – die Gruppe. Sie kann durch die Eigenarten eines auffälligen Kindes genervt sein und ungeduldig werden: „Schon wieder die!", heißt es rasch. Je mehr die Kinder von der Problematik des Einzelnen verstehen, desto verständnisvoller werden sie mit ihm oder ihr umgehen können. Das fordert die Kreativität der Erzieherin. Nämlich, das Problem zu thematisieren, ohne das einzelne Kind dabei bloßzustellen. Ähnlich wie oben beschrieben, ist es hilfreich, eine Thematik zum Projekt zu machen, in der sich möglichst viele Kinder wiederfinden. Für Tobias gilt die gleiche Dreigleisigkeit:

Zunächst sollte die Erzieherin davon ausgehen, dass die Aussage der Eltern – „Daheim ist er ganz ‚brav'"! – zutrifft. Die interessante Frage ist, weshalb es einen so auffälligen Unterschied in seinem Verhalten gibt: Traut er sich zuhause nicht, oder braucht er dort sein Verhalten nicht? Kann er sich also in der Gruppe freier fühlen, oder irritiert ihn in der Gruppe etwas dermaßen, dass er damit nicht mehr angemessen umgehen kann? Der Austausch mit den Eltern, und sorgfältige Verhaltensbeobachtung in der Gruppe, können hier sicherlich weiterhelfen.

Gleichzeitig müssen Gespräche stattfinden, einmal allein mit Tobias, und zusätzlich mit der Gruppe. Inhaltlich muss mit ihm in der Gruppe anders gearbeitet werden als mit Svenja, auch wenn seine zu Grunde liegenden Bedürfnisse ähnlich sind: So gilt es, gemeinsam Regeln aufzustellen, und zu überlegen, welche Konsequenzen folgen, wenn die Regeln gebrochen werden. Hierbei sind alle Kinder gefragt, sowohl mit ihren Erfahrungen, als auch mit ihren Wünschen und Ideen.

Für Tobias, wie für alle anderen, wären Angebote günstig, bei denen sie aus sich herausgehen und sich auspowern können. Bewegungsspiele und spielerischer Aggressionsabbau sind wirkungsvoll.

Ein weiteres Thema wäre „Vorbild sein" – daraus würde sich ein ganzes Projekt gestalten lassen: Jedes Kind könnte hierdurch erfahren, wann und wie es für die anderen als Vorbild dient. Eine wichtige Erkenntnis, die dazu beitragen kann, das eigene Verhalten bewusster wahrzunehmen, und auch einmal ein bisschen stolz auf sich sein zu dürfen.

Buchempfehlungen zum Weiterlesen:

Myschker, Norbert (2005): Verhaltensstörungen bei Kindern und Jugendlichen. Kohlhammer, Stuttgart / Berlin / Köln

Sagi, Alexander (1994): Verhaltensauffällige Kinder im Kindergarten. Herder, Freiburg

Tröster, H., Flender, J., Reineke, D. (2004): DESK 3–6. Dortmunder Entwicklungsscreening für den Kindergarten. Hogrefe, Göttingen / Bern / Toronto / Seattle / Oxford / Prag

Kinder- und Jugendbuch:

Baumbach, M. (2006): Und Papa seh ich am Wochenende. Gabriel Verlag, Stuttgart
Ab 4 Jahre. Thema: Scheidung

Härtling, P. (2000): Lena auf dem Dach. Beltz, Weinheim
Ab 10 Jahre. Thema: Scheidung

MacLachlan, P. (2005): Schere, Stein, Papier. Süddeutsche Zeitung (Bibliothek), München
Ab 10 Jahre. Thema: Abschied, Trennung, Tod

Pressler, M. (2001): Nun red doch endlich! Beltz, Weinheim
Ab 12 Jahre. Thema: Überforderung einer 13-Jährigen durch die häusliche Situation

Steinhöfel, A. (2004): Trügerische Stille. Carlsen, Hamburg
Ab 12 Jahre. Thema: Häusliche Gewalt

3 Spezielle Formen von Verhaltensauffälligkeiten

3.1 „Meinst du, heute Nacht bleibt mein Bett trocken?" – Enuresis und Enkopresis

Internationale Diagnoserichtlinien, wie z. B. die ICD-10, sprechen von Enuresis (Einnässen), wenn ab einem Alter von fünf Jahren, und einer Dauer von mindestens drei Monaten, bei normaler Blasentätigkeit unwillkürlicher Harnabgang geschieht. Zudem wird unterschieden zwischen primärer und sekundärer Enuresis. Primär bedeutet, ein Kind war noch nie trocken. Sekundär heißt, es war bereits mindestens sechs Monate lang trocken und nässt nun wieder ein (International Compendium of Diagnoses). Erzieherinnen wissen, dass es

- Tagnässen (Enuresis diurna),
- Bett- oder Nachtnässen (Enuresis nocturna) und
- „Spieleifer-Nässen" (Enuresis diurna)

gibt. Das sogenannte Spieleifer-Nässen ist vor allem im Kindergartenalter zu beobachten. Das Kind hat Angst, etwas zu verpassen, wenn es auf die Toilette geht. Oder es ist so sehr ins Spiel vertieft, dass es den Blasendruck nicht bemerkt. Die erfahrene Erzieherin kennt die typischen Signale: Unruhiges Hin- und Herrutschen, Herumzappeln, Beine zusammenklemmen oder von einem Fuß auf den anderen trippeln. Spieleifer-Nässen gilt unter Kindern als „Kavaliersdelikt", da es die meisten Kinder schon erlebt haben.

Willkürliches, absichtliches und bewusstes Einnässen, zum Beispiel in die Kuschelecke oder in eine Schublade, gilt als Zeichen einer psychischen Störung, beispielsweise nach Misshandlungen oder bei Deprivation (Mangel an emotionaler Zuwendung wie Körperkontakt, Zärtlichkeit). Es handelt sich bei dieser Form des Einnässens um eine drastische Form von Verhaltensauffälligkeit, welche den Wunsch nach Aufmerksamkeit ausdrückt.

Nässt ein Kind tagsüber und nachts ein (Enuresis diurna et nocturna), so spricht man von Harninkontinenz. Hierbei liegt eine Störung der Blasenfunktion vor, welcher eine angeborene oder erworbene

Fehlbildung zu Grunde liegt. Da dies der Definition von Enuresis widerspricht, wird Harninkontinenz als eigenständige Störung betrachtet und behandelt.

Primäre Enuresis nocturna weist auf eine Störung von Reifungsprozessen im zentralen Nervensystem hin. Erkennungsmerkmale sind ein besonders tiefer Schlaf und große Urinmengen: „Wenn unser Kind einnässt, „schwimmt" das ganze Bett!", berichten Eltern. Inzwischen weiß man, dass hierfür, wie für das insgesamt verspätete Trockenwerden, Erbfaktoren verantwortlich sind. Befragt man die Eltern zur Sauberkeitserziehung, so erfährt man regelmäßig, dass es in der eigenen Ursprungsfamilie bereits typisch war, dass die Kinder später als üblich trocken wurden. Schweizer Langzeitstudien der Siebzigerjahre haben belegt, dass das Alter des Trockenwerdens biologisch bedingt ist! Denkbar wäre aber auch, dass primäre Enuresis eine schlechte Angewohnheit ist, oder als Folge unzulänglicher Sauberkeitserziehung, und somit fehlendem Wissen über die Funktion der Blase, auftritt.

Sekundäre Enuresis nocturna gilt als Ausdruck schwerer seelischer Belastung. Vorausgesetzt wird allerdings eine angeborene Veranlagung zum Einnässen. Risikofaktoren, die die Verhaltensauffälligkeit zum Ausbruch bringen können, sind familiäre Belastungen, insbesondere die Trennung der Eltern. Hier haben wir es dann wieder mit einem so genannten seelischen Hilferuf zu tun.

Eine Erzieherin sollte zunächst mit den Eltern des einnässenden Kindes besprechen, ob es sich um biologisches oder familiär bedingtes späteres Trockenwerden handelt. Der Kinderarzt oder ein Urologe kann klären, ob eine Blasenerkrankung vorliegt. Daran ist zu denken, wenn das Kind über Schmerzen beim Wasserlassen und über Rückenschmerzen klagt, allgemein kränklich wirkt, auffallend häufig zur Toilette muss und der Urin trüb oder stark verfärbt ist.

Einnässen sollte auch als ernsthaftes psychologisches Problem betrachtet werden. Auch wenn ein Kind „nur" aufgrund biologischer oder körperlicher Ursachen einnässt, ist es ihm in der Regel äußerst unangenehm. Schnell können dadurch ein hoher Leidensdruck und wachsende Selbstwertprobleme entstehen. Enttäuscht über sich selbst und seine Fähigkeiten, beginnt das Kind an sich zu zweifeln. Wird es darüber hinaus noch ausgelacht oder ausgegrenzt, kann es zu psychosomatischen Störungen oder echten Verhaltensauffälligkeiten kommen. Da die Blase zudem als sehr sensibles Organ gilt, kann ein Teufelskreis entstehen.

Psychologische Ursachen von Enuresis

Wir wissen bereits, dass über längere Zeit unerfüllt gebliebene Grundbedürfnisse des Kindes ursächlich sein können. Dadurch entsteht massive Verunsicherung und Angst, welche aber nicht gezeigt oder geäußert werden können. So mag sich das Kind fragen: „Ob Mama und Papa mich überhaupt noch lieb haben?". Enuresis muss dann als unbewusste Ausdrucksmöglichkeit eines psychischen Konflikts verstanden werden. Damit liegt ein sinnvolles und intelligentes seelisches Handeln vor, das auch nicht einfach „wegtherapiert" werden darf – nur weil es unbequem ist! Vielmehr muss nach den Auslösern dieser Verunsicherungen gesucht werden, damit diese beseitigt werden können.

Zu diesen Auslösern zählen typischerweise *Konfliktsituationen.* Insbesondere zurückhaltende, schüchterne oder ängstliche Kinder, könnten unbewusst Auflehnung gegen eine Person oder eine Situation ausdrücken wollen. Möglicherweise äußert sich dadurch aber auch der unbewusste Wunsch nach mehr Freiraum, bei einem eher einengenden, strengen oder sogar strafenden Erzieherverhalten.

Für Einzelkinder ist die *Geburt eines Geschwisterchens* der häufigste Auslöser einer Enuresis. Die vertraute Rolle als Einzelkind geht verloren. In der Tiefenpsychologie verwendete man in diesem Zusammenhang den Begriff der „Entthronung": Schon während der Schwangerschaft erlebte das Einzelkind, dass sich die Aufmerksamkeit seiner Mutter von ihm abwendete und mehr auf ihren eigenen Körper gerichtet war – eine völlig neue Erfahrung! Ohne ältere Geschwister, die dasselbe schon erlebt haben und es trösten könnten, fühlt sich das Kind unter Umständen allein gelassen.

Die Geburt bringt Unruhe, Veränderung und Aufregung mit sich. Die Mutter verlässt zur Entbindung plötzlich die Familie. Möglicherweise ist dies die erste Trennung des Erstgeborenen von der Mutter. Ein tiefes Gefühl von Verlassenheit kann gerade bei sehr jungen Kindern entstehen. Aber auch die Rückkehr der Mutter bringt Enttäuschung mit sich: Sie hat viel weniger Zeit als zuvor, und, statt des angekündigten Spielgefährten, hat sie ein, meist brüllendes, „Bündel" mitgebracht. Das Erstgeborene stellt sich folglich die Frage, warum die Eltern ein anderes Kind wollten: „Waren sie mit mir nicht zufrieden?". Die Phantasie, das Baby solle ein Ersatz sein, wird als bedrohlich empfunden.

Nun zieht das Neugeborene auch noch alle Aufmerksamkeit auf sich. Damit entsteht unvermeidlich eine, zwar vorübergehende, Frustrationssituation, welche aber gerade von einem noch relativ kleinen Kind als subjektiv lange Zeit der Benachteiligung erlebt wird. In dieser Zeitspanne, wird das Grundbedürfnis nach Aufmerksamkeit anhaltend verletzt. Aus seiner Sicht wird das Neugeborene ständig bevorzugt: Seine Bedürfnisse haben Vorrang, das große Kind muss Rücksicht üben, und andere Familienmitglieder, Bekannte und sogar völlig Fremde, schauen voller Begeisterung auf das Neugeborene. Kleine Kinder, mit ihrem ausgeprägten Bedürfnis nach gerechtem Teilen, erleben subjektiv, dass sie in der neuen Lebenssituation zu kurz kommen. Eifersucht entsteht – manchmal wird sie offen gezeigt, meist aber verdrängt, aus Angst die Mama zur „Strafe" dann ganz zu verlieren. Im Unterbewusstsein wirken die Impulse jedoch weiter, werden unsteuerbar. Unbewusste, also seelisch bedingte Hilferufe, können die Folge sein: Durch regressives Verhalten, wie das erneute Einnässen, macht das Kind seine Sehnsucht deutlich, auch noch einmal ein Baby sein zu wollen, das die Mutter ganz für sich hat, ohne irgendetwas dafür tun zu müssen.

Vielen Vätern gelingt es in dieser Phase, einen Ausgleich zu schaffen, indem sie die Beziehung zum Erstgeborenen intensivieren. Dadurch gewinnt das ältere Kind etwas – es fühlt sich getröstet und somit kann ein neues Gleichgewicht im System Familie entstehen.

Auch wenn die seelische Bedürftigkeit eines einnässenden Kindes im Vordergrund stehen muss, sollte dem aggressiven Anteil, der in der Problematik verborgen liegt, genügend Aufmerksamkeit geschenkt werden. Da ist das Kind, welches aus den oben beschriebenen Gründen meint, seinen Ärger verbergen zu müssen. Auch die Eltern sind verständlicherweise irgendwann gestresst und verärgert – denn nasses Bettzeug und verschmutzte Wäsche bedeuten zusätzliche Arbeit. Leider bemühen sich viele Mütter, diesen Ärger hinunterzuschlucken, statt ihm Platz einzuräumen, und damit auch dem Kind ein Modell zu geben, wie man angemessen mit Enttäuschung und Wut umgehen kann. Dazu gehört auch die von Herzen kommende Aussage: „Ich mag dich – auch wenn mich das nasse Bettzeug ärgert!". Stattdessen tauchen seitens der Eltern Schuldgefühle in Verbindung mit der Frage auf: „Was habe ich bloß falsch gemacht oder unterlassen?".

Wie immer, wenn man emotional mitten im Geschehen steht, wird leicht vergessen, dass „Schuld" an vorsätzliches Handeln mit der Absicht Schaden zuzufügen, geknüpft ist. Es gibt aber im Leben Situationen, einschneidende Lebensereignisse, die die Eltern nicht „verschuldet" haben, wie zum Beispiel den Tod der geliebten Oma, den beruflich bedingten Umzug in eine fremde Stadt oder die Geburt eines weiteren Kindes. Trotzdem könnte sich ein hochsensibles Kind in einer derartigen Ausnahmesituation vorübergehend alleingelassen fühlen, und entsprechend auffällig reagieren, obwohl sich die Erwachsenen liebevoll um es bemühen. Eine Frage sollten sich Eltern und Erzieherinnen allerdings stellen: Weshalb wagt es das Kind nicht, seinen Ärger offen zu zeigen? Wozu muss es ihn verstecken? Mögliche Gründe können sein: Das Kind traut sich nicht, eine eigene Meinung zu haben oder aufzubegehren. Es hat möglicherweise Angst vor Strafe. So verursachen Bemerkungen wie: „Wir sind so enttäuscht, traurig!", wenn es sich trotzig widersetzt, Schuldgefühle und Verlustangst. Oder das Kind erlebt Spannungen in der Familie, eventuell im Zusammenhang mit einer Trennungssituation. Es ist sehr verunsichert, fürchtet alleingelassen zu werden. Zudem geben kleinere Kinder sich schnell selbst die „Schuld" an familiären Reibereien.

Erzieherische Hilfen

Natürlich wird eine Erzieherin im Rahmen eines *Elterngesprächs* nach angemessenen Hilfen suchen. Im Vordergrund dieses gemeinsamen Gesprächs sollte alles stehen, was das Kind stark machen kann. Doch auch mögliche biologische oder körperliche Ursachen müssen angesprochen werden. Wird eine umfassendere Problematik sichtbar, dann sollte gemeinsam über *ärztliche und psychologische Diagnose und Behandlung* nachgedacht werden, wie beispielsweise die Behandlung einer Harninkontinenz; zusätzlich sollten Erziehungsberatung, Verhaltens- oder Familientherapie den Eltern als unterstützende Maßnahmen vermittelt werden. Des Weiteren sind es ganz *praktische Hilfsmaßnahmen:*

- Das Kind sollte in der Lage sein, von seinem Bett aus das Licht einzuschalten. Der Weg zur Toilette, sollte beleuchtet sein. Ist das nicht möglich, wäre es ratsam, unter sein Bett ein Töpfchen zu stellen.
- Wenn es bereits groß genug ist, könnte es nach einer „Panne" sein Bett selbst frisch beziehen, und die nasse Wäsche in die Waschmaschine stopfen.
- Hat es tagsüber eingenässt, sollte es seine Kleider wechseln können, ohne dass viel Aufhebens davon gemacht wird.
- Strafen sind sinnlos, sie erhöhen lediglich die ohnehin vorhandene seelische Spannung und verstärken das Bettnässen.
- Auch ist das Vorenthalten von Getränken äußerst ungesund, und wird vom Kind als schlimme Strafe erlebt. Dies ist zudem nutzlos, da die Verdauungsorgane im Schlaf besonders aktiv sind und die Blase sich trotzdem füllt.

- Ebenso fühlt sich insbesondere ein älteres Kind massiv bestraft, ja sogar gedemütigt, wenn es nachts wieder Windeln tragen soll. Sie machen auch keinen Sinn, da sie dem Zweck dienen, hineinzumachen!
- Zusätzliches Aufwecken und „aufs Töpfchen" setzen, gilt ebenfalls als sinnlos: Das Kind überlässt damit seine Blasensteuerung der Kontrolle des Erwachsenen. Auch ist es hierbei nicht richtig wach, und übt somit das Wasserlassen im Schlaf sogar noch ein!
- Klingelsysteme sollten nur im Rahmen apparativer Verhaltenstherapie angewandt werden, da sie den Schlaf des Kindes stören, und die zu Grunde liegende seelische Ursache ignorieren. Ein „Erfolg" ist daher häufig nur vorübergehend, oder führt zu einer Symptomverschiebung.

Wenn das Kind in einem verwahrlosten Milieu aufwächst, ist es in seinem Verhalten den dort gültigen Normen angepasst. Diese Kinder müssen liebevoll angeleitet werden. Das heißt, sie müssen lernen, sich zu waschen, angemessen zu essen, und auch die Blase zu kontrollieren. Dabei kann eine einfache Erklärung des Zusammenspiels von Gehirn und Blase, oder ein Sauberkeitstraining mit Hilfe eines „Smiley-Kalenders" für die trockenen Zeiten, sehr hilfreich sein.

Klärende, begleitende *Gespräche mit dem betroffenen Kind*, sollten grundsätzlich stattfinden. Ist das Verhalten bereits „Gruppenthema" geworden, sollte mit Hilfe von geeigneten Geschichten und Bilderbüchern darüber gesprochen werden. Die meisten Kinder haben zum Thema Einnässen eigene Erfahrungen gemacht, und können sich darüber austauschen: „Wie ging es mir damals? Was oder wer hat mir geholfen?".

Enkopresis

Dauerhaftes Einnässen kann sich durchaus als leichte Geruchsbelästigung bemerkbar machen, die eine schwache Nase dennoch ignorieren könnte. Nicht zu übergehen ist aber das Einkoten (Enkopresis), welches vom Verursacher als Eigengeruch zwar kaum oder überhaupt nicht wahrgenommen wird, den Menschen der Umgebung aber umso unangenehmer in die Nase steigt.

Man spricht von Einkoten bei Kindern, die älter als fünf Jahre sind, und öfter als einmal pro Woche ihren Kot in die Hose entleeren. Dies geschieht meistens tagsüber und vorwiegend bei Jungen. Dabei sind Kotflecken in der Hose ebenso möglich, wie das komplette Absetzen des Stuhlgangs in die Hose. Die schwerste Form, das lustvolle Kotschmieren, ist entweder an eine schwere geistige Minderbegabung geknüpft oder aber Ausdruck einer schweren seelischen Störung.

Ursachen der Enkopresis

Als Hauptursache gilt *anhaltende Verstopfung* (Obstipation). Sie ist meist mit Einnässen verbunden, da der zurückgehaltene Darminhalt gegen die Blase drückt und somit deren Funktionen stört. Wenn die Darmentleerung schmerzhaft geworden ist, hält das Kind den Stuhl weiter zurück, wodurch dieser verhärtet. Hier ist ärztliche Hilfe nötig! Ansonsten sollte das Kind für mehrere Wochen andere Nahrung zu sich nehmen, und zwar ohne Milch, Eis, Gelatine, Bananen und Limonade – also zuckerarm. Stattdessen sollte es viel Mineralwasser oder ungesüßten Tee trinken sowie Obst, Gemüse und Vollkornprodukte essen.

Tritt die Enkopresis ohne Obstipation auf, so sind die Ursachen häufig unklar. In der Regel wird der Kinderarzt dann eine gründliche Diagnostik vor eine Behandlung stellen.

Sind die einkotenden Kinder jedoch „schmuddelig", distanzlos oder auffallend sauber und ausgeprägt kontaktscheu, so muss an Vernachlässigung, beziehungsweise äußerst rigide Erziehung gedacht werden. Tiefenpsychologisch könnte das Einkoten als Hilferuf an die Eltern gesehen werden, nämlich als Wunsch nach mehr emotionaler Zuwendung und Wärme, oder aber als Machterleben des Kindes, indem es, im übertragenen Sinn, nichts hergibt. Wie bei Enuresis, sollte mit den betroffenen Kindern sehr taktvoll umgegangen und Strafe vermieden werden.

Buchempfehlungen zum Weiterlesen:

Gotard, A. von, Lehmkuhl, G. (2002): Enuresis. Hogrefe, Göttingen
Kinder- und Jugendbuch:
Bauer, J., Boie, K. (2005): Juli und das Monster. Beltz, Weinheim
  Ab 4 Jahre. Thema: Angst vor dem Klo(-Monster)
Masini, B., Valentitis, P. (2004): Da ist ein Nilpferd in meinem Bettchen. Ennsthaler Verlag, Steyr (A)
  Ab 4 Jahre. Thema: Bettnässen
Spathelf, B., Szesny, S. (1999): Der kleine Zauberer Windelfutsch. Albarello, Wuppertal
  Ab 3 Jahre. Thema: Von der Windel zum Töpfchen

3.2 „Wo bist du bloß immer mit deinen Gedanken?" – Konzentrationsstörungen

Stefan, acht Jahre alt, geht gerne in den Hort. Dort hilft ihm die Erzieherin bei seinen Hausaufgaben. Er gibt sich auch große Mühe und übt sogar extra. Trotzdem sind seine Leistungen im Diktat und in Mathematik mangelhaft. Immer wieder weist ihn die Lehrerin auf Flüchtigkeitsfehler hin und fragt: „Junge, Junge, wo bist du bloß immer mit deinen Gedanken?". Stefan ist niedergeschlagen und will sich „zusammenreißen". Trotzdem erleben Lehrerin und Erzieherin ihn als unruhig. Er rutscht auf seinem Stuhl hin und her, „verliert schnell den Faden" und wechselt zusammenhangslos zu einem anderen Thema. Oft schaut er in sich versunken aus dem Fenster. Die Pädagoginnen wissen, dass Stefans Vater einen schweren Unfall hatte und seit Wochen im Krankenhaus liegt.

Unter Konzentration versteht man die Fähigkeit, sein Erleben und Wahrnehmen soweit einzuengen, bis nur noch ein Teilbereich wahrgenommen wird. Es erfolgt eine willentliche Ausrichtung auf eine Sache, Beschäftigung oder Aufgabe. Bewusst erleben wir diese Fähigkeit, wenn wir, vertieft in ein spannendes Buch, in einem öffentlichen Verkehrsmittel, alles andere um uns herum vergessen.

Konzentration entwickelt sich langsam im Kleinkindalter, bis, zum Zeitpunkt der Einschulung, über eine Dauer von 20 bis 30 Minuten willentlich eine gestellte Aufgabe verfolgt und gleichzeitig unwichtige Reize ausgesondert werden können. Wie im Beispiel von Stefan, kann aber die Konzentrationsfähigkeit gestört sein. Jedoch ist sie mit geeigneten Mitteln auch zu schulen und zu steigern.

Mögliche Ursachen von Konzentrationsstörungen

1. Physische Ursachen: Hier muss man sich fragen, ob das Kind zurzeit kränkelt oder sogar unter einer dauerhaften Erkrankung leidet. Gibt es Hinweise auf eine gestörte Wahrnehmungsverarbeitung? Sind hirnorganische Schäden denkbar oder bekannt?

2. Ursachen aus Alltag und Umfeld: Ist die Umgebung zu eng, zu laut oder zu hektisch? Hat das Kind überhaupt genügend Zeit und Raum für Spiel und Bewegung? Ist in der Lern- und Hausaufgabensituation zu viel Ablenkung, zum Beispiel durch Spielzeug, vorhanden? Besucht das Kind die geeignete Schulart? Wurde es zu früh eingeschult? Fühlt sich das Kind in seiner Gruppe wohl?

3. Psychologische Ursachen: Um diese Auslöser zu entdecken, sollte beobachtet oder nachgefragt werden, ob es etwas gibt, was das Kind so massiv bewegt, dass eine innere Unruhe entstanden ist: Gibt es in der Familie Spannungen? Ist, wie im Fall von Stefan, das Kind in tiefer Sorge um ein Elternteil? Welches Verhältnis haben Kind und Eltern? Darf es selbständig sein, ausprobieren und eigene Lösungen finden, ohne ständig unterbrochen zu werden? Oder, wird es mit Hilfe überschüttet? Wird ihm wenig zugetraut? Wird das Kind überfordert, wenn es, beispielsweise in einer häuslichen Krisensituation, nicht altersgerechte Aufgaben übernehmen muss? Ist es grundsätzlich überfordert? Haben Eltern und Erzieher genügend Zeit für das Kind? Erlebt es ähnliches Erzieherverhalten, sowohl in der Einrichtung wie auch Zuhause? Ist das ältere Kind zum ersten Mal verliebt oder durchlebt es den ersten Liebeskummer?

Es ist deutlich geworden, dass es nahezu unendlich viele Möglichkeiten gibt, die vorübergehend oder anhaltend die Konzentration negativ beeinflussen können. Doch lässt sich manches tun, um die Situation zu verbessern.

Erzieherische Hilfen

Je jünger das Kind, desto dringender ist ein *Elterngespräch* angezeigt. Wie immer sollte es der gegenseitigen Unterstützung dienen, sollten gemeinsam Lösungen gefunden werden.

Wenn das Kind in einer schwierigen Lebensphase ist, sind Ermutigung und *Vermittlung von Geborgenheit* wichtige emotionale Stützen. Zur Entlastung dienen Gesprächsangebote, in denen verdeutlicht wird, dass die Erwachsenen die Probleme erkennen und ernst nehmen. Vor allem bei gravierenden Problemen wie Todesfall, Trennung oder Scheidung, sollte der Erziehende das Kind entlasten, indem er ihm vermittelt, dass es Aufgabe der Erwachsenen ist, Lösungen zu finden. Dabei darf ruhig auch zugegeben werden, dass man spontan keine Lösung weiß. Hier vermittelt der Hinweis, zuerst einmal die Angelegenheit überschlafen und sich danach mit einer anderen Person beraten zu wollen, Zuversicht und eine aktive, positive Lebenseinstellung. Für Schwierigkeiten beim Lernen oder Hausaufgaben machen gilt:

■ Zum ruhigen Arbeiten sollte ein eigener Raum oder eine bestimmte Raumecke zur Verfügung stehen. Ist das nicht organisierbar, sollte das Kind einen festen und aufgeräumten Arbeitsplatz haben.

- ■ Hausaufgaben sollten ohne akustische „Berieselung" stattfinden.
- ■ Die Zeiteinteilung wird mit dem Kind festgelegt. Dabei kann es anfangs schätzen, wie lange es wozu brauchen wird. – Auch bestimmt es die Reihenfolge der Aufgaben, und arbeitet selbständig in der vorgegebenen Zeit.
- ■ Hilfe wird nur gegeben, wenn es danach fragt. Diese sollte unbedingt auf die konkrete Fragestellung begrenzt sein.
- ■ Zum Schluss wird nur das Ergebnis angesehen.
- ■ Vor und auch zwischen den einzelnen Aufgaben sind Pausen mit Bewegung oder Entspannung notwendig. Dabei entscheidet das Kind mit, ob es lieber etwas spielt, eine spannende Geschichte weiterliest, Musik macht oder einmal nur seinen Gedanken nachhängt. Computerspiele oder Fernsehen sind hier jedoch ungeeignet.

Für Kinder, die insgesamt angespannt sind, eventuell zusätzlich noch Schlafstörungen haben, sind regelmäßige Schlafenszeiten und verlässliche „Bettgeh-Rituale" hilfreich. Außerdem sollte möglichst wenig ferngesehen werden. Unmittelbar vor dem Schlafengehen entfällt das Fernsehen ganz, da es ein Kind zu sehr aufwühlt.

Spezielle konzentrationsfördernde Spiele sind: Puzzle, Memory, alle Spiele, die die Geschicklichkeit fördern, wie zum Beispiel Mikado, Origami, Auffädelspiele, Hämmerchenspiel. Kreuzworträtsel sind für ältere Kinder und Jugendliche interessant. Auch begeistert es die meisten Kinder, wenn sie selbst Musik machen und ihren Rhythmus, beispielsweise in Form von Percussion, trainieren können. Bewegungsspiele und sportliche Aktivitäten schulen die Konzentrationsfähigkeit. Danach sind Entspannungsübungen, wie zum Beispiel Autogenes Training, hervorragend zur Förderung von Achtsamkeit und Konzentration geeignet.

3.3 Wenn es nicht mehr schmeckt … – Essstörungen

Appetit zu haben und nach Essen zu verlangen, sind natürliche Bedürfnisse. Empfindungen wie Hunger und Sättigung regulieren ein ausgeglichenes Verhalten. Dabei sind Hunger und Durst natürlichen Schwankungen unterworfen. Sie sind abhängig von inneren und äußeren Einflüssen, wie zum Beispiel beunruhigenden Gefühlen, Hitze, zu wenig Bewegung oder Krankheit.

Formen und Ursachen von Essstörungen

In unserer Gesellschaft prägen zwei gegensätzliche Formen von Essstörungen die öffentliche Diskussion:

1. So sind auf der einen Seite die Kinderärzte beunruhigt über die erschreckend große Anzahl von Kindern und Jugendlichen mit Übergewicht. Als Ursachen der Esssucht in Verbindung mit **Fettleibigkeit (Adipositas)** werden Bewegungsmangel, falsche Ernährung und falsche Ernährungserziehung genannt. Oftmals wird ein Kind regelrecht zu übermäßigem Essen erzogen, weil nach wie vor ein „guter Esser" immer noch mit einem „wohlerzogenen" Kind gleichgesetzt wird. Daraus ergibt sich eine Problemsituation für Eltern und Erzieher, wenn nämlich mit dem Essverhalten gezeigt werden soll, ob ein Kind „folgt". Die erziehende Person hat es dann „richtig" erzogen, und folglich „ihre Sache gut gemacht", wenn das Kind seinen übervollen Teller leer gegessen hat. Essen wird hier zu Stress für alle Beteiligten.

2. Dem gegenüber steht die **Anorexia** nervosa, auch **Magersucht** genannt. Sie ist eine ernst zu nehmende Essstörung, die häufig in der Pubertät ihren Anfang nimmt. Anorexie kann in reiner Form, als zunehmende Unfähigkeit angemessen Nahrung zu sich zu nehmen, auftreten.

3. Sie kann aber auch kombiniert sein mit **Bulimie – Essattacken** verbunden mit anschließendem, herbeigeführtem **Erbrechen.**

Diese drei Formen von Essstörungen gehören unbedingt fachärztlich und psychologisch behandelt. Die Erzieherin kann natürlich mit angemessenen, vertrauensvollen Beziehungsangeboten die Kinder stützen und sie ermutigen, Hilfe zu suchen. Ansonsten besteht ihre Hauptaufgabe jedoch darin, beharrlich die Eltern aufmerksam zu machen, und bei der Therapiesuche zu unterstützen.

Essstörungen im Kindesalter

Im Folgenden möchte ich kurz auf Essstörungen im Kindesalter eingehen, die häufig nur vorübergehende Erscheinungen innerhalb einer ansonsten normal verlaufenden Entwicklung sind. Sie treten zum Beispiel auf, wenn sich ein Kind innerhalb der Autonomie- oder auch Trotzphase abgrenzen oder selbst behaupten will.

Dabei gibt es die so genannten „schlechten Esser". Möglicherweise handelt es sich hier um Kinder, die bereits im Säuglingsalter zum „richtigen" Essen erzogen wurden, und nun gegen starre Vorstellungen und Regeln bezüglich des richtigen Essverhaltens rebellieren. Oft spielt es sich in Form von nervtötender Trödelei ab, die ein gemeinsames Essen unerfreulich werden lässt.

Überbesorgte Erziehende wissen gerne besser als das Kind, wie viel Essen es braucht und wann es satt ist. Essen als Muss macht allerdings keinen Spaß mehr. Dazu kommt, dass das Kind lernt, wie es durch sein Essverhalten eine gewisse Macht ausüben kann – manchmal sogar mit Essensstreik. Einerseits zieht das Kind damit alle Aufmerksamkeit auf sich, andererseits rebelliert es gegen starre Regeln und Einengung seiner Selbständigkeit.

Den Essensverweigerern stehen die übermäßigen Esser gegenüber. Sie haben allerlei Gründe zum übermäßigen „Futtern": Essen, insbesondere Süßigkeiten, können als Trost, als Ersatz dienen. Mit Essen kann man sich „etwas Gutes" tun. Andere Kinder neigen zum übermäßigen Essen, weil sie etwas „in sich hineinfressen". Das kann Trauer, genauso wie Angst oder Enttäuschung sein. Auf alle Fälle ist niemand da, mit dem man ernsthaft darüber sprechen könnte, bei dem man „ausspucken" könnte, was einem so sehr nahe geht.

Manche übergewichtigen Kinder erleben ihr Dicksein sogar als „dickes Fell", als Schutz: Ausgegrenzt und links liegen gelassen zu werden, tut sehr weh. Deshalb ist es ihnen häufig sogar lieber, negative Aufmerksamkeit in Form von Spott zu erhalten, oder auch ausgelacht zu werden.

Was kann eine Erzieherin tun? Sie sollte darauf achten, dass immer freiwillig und mit Freude und Genuss gegessen wird. Dabei sollte man daran denken, dass alle Sinne mitessen: Riecht das Essen lecker, sieht es verlockend aus? Läuft einem schon das Wasser im Mund zusammen, wenn man hört wie der Tisch gedeckt wird?

Der Esser bestimmt seine Menge. Dabei gilt, lieber häufiger nachschöpfen, als „unüberwindbare Berge" auf dem Teller vor sich zu sehen. Natürlich darf ein Kind, sobald wie möglich, selbst schöpfen. Und, wer satt ist, hört auf zu essen!

Angemessenes Essverhalten kann gelernt werden. Die Erziehenden sind dabei immer Vorbild. Wenn möglich, sollten regelmäßige Essenszeiten eingehalten werden, bei denen man gerne gemeinsam am Tisch sitzt. Wenn ein Problem einem buchstäblich auf den Magen schlägt, den Appetit verdirbt, sollte es lieber zu einem anderen Zeitpunkt diskutiert werden.

Eine angenehme Essensatmosphäre kann für ein kleineres Kind etwas anderes als für den Erwachsenen bedeuten: Ein hübsch gedeckter Tisch, an dem „Kleckern" zur Katastrophe wird, schnürt einem Hals und Magen zu! Wer „mäkelige" Esser in seiner Gruppe hat, weiß, dass es ihnen eher oder besser schmeckt, wenn sie bei der Gestaltung des Speiseplans mithelfen dürfen.

Ein Wort noch zu den Süßigkeiten. Essen sollte immer im normalen Rahmen der Nahrungsaufnahme bleiben, das gilt auch für Süßes. Ganz auf Süßigkeiten zu verzichten, fällt vielen sehr schwer. Wer sie vorenthalten bekommt, verschafft sie sich möglicherweise heimlich und in großen Mengen. Daher sollten sie lieber offiziell als Nachtisch gereicht werden, wobei auch derjenige, der wenig gegessen hat, einen Nachtisch erhält – allerdings nicht die doppelte Menge! Nachtisch ist schließlich keine Belohnung, sondern er rundet die Mahlzeit ab.

Buchempfehlungen zum Weiterlesen:

Gerlinghoff, M., Backmund, H., Mai, N. (2004): Magersucht und Bulimie. Verstehen und bewältigen. Beltz, Weinheim

Gerlinghoff, M., Backmund, H. (2001): Was sind Ess-Störungen? Ein kleines Handbuch zur Diagnose, Therapie und Vorbeugung. Beltz, Weinheim

Kinder- und Jugendbuch:

Pressler, M. (2006): Bitterschokolade. Beltz, Weinheim

Ab 12 Jahre. Thema: Übergewicht, Esssucht

3.4 Dissoziales Verhalten aus heilpädagogischer Sicht: Kinder, die lügen, stehlen, weglaufen

In der Heilpädagogik versteht man unter „dissozialem Verhalten" lügen, stehlen und weglaufen (eventuell auch noch zündeln). Damit gemeint ist ein soziales Fehlverhalten, das die Gemeinschaft stört.

Die Mutter fragt Daniel, vier Jahre alt: „Wo warst du?". Daniel erzählt ausführlichst und mit leuchtenden Augen vom Wald der „Wilden Kerle", und vom siegreichen Kampf, den er und sein Freund geführt haben. Seine Worte werden von lebhaften Gesten begleitet. Als die Mutter erwidert: „Daniel, jetzt lügst du mich aber an!", ist Daniel gekränkt und beteuert, es sei wahr!

43

Die zehnjährige Clara war heimlich im Kino. Daheim hat sie erzählt, sie ginge zur Freundin um Hausaufgaben zu machen. Als sich die Mutter streng erkundigt, ob die Hausaufgaben erledigt seien, gibt Clara mit gesenktem Blick eine ausweichende Antwort. Misstrauisch hakt die Mutter sofort nach. Clara spielt gekränkt, und gibt eine patzige Antwort.
Frage: Wer von den beiden Kindern lügt?

Begriffsbestimmung und mögliche Ursachen: Lügen

Man unterscheidet zwischen Lügen, im Sinne von Übertreiben, und einer bewussten Falschaussage. Hält man sich entwicklungspsychologisch an die Erkenntnisse von Jean Piaget, so geht man davon aus, dass in der Stufe des anschaulichen Denkens (ungefähr 2 bis 7 Jahren) ein Kind die Welt ausschließlich aus seiner Perspektive wahrnimmt und erlebt. Es kann naturwissenschaftliche Zusammenhänge noch nicht erklären, weswegen es sich mit eigenen und naiven Deutungen behilft. So glaubt es, dass Veränderungen durch magische Kräfte herbeigeführt werden. Zauberer, Hexen, Feen, der Weihnachtsmann sind für es real (Hobmair, 1997). Es gibt aber mittlerweile Untersuchungen, nach denen Kinder bereits mit vier Jahren als glaubwürdige Zeugen anerkannt werden, da sie zwischen dem, was sie sich vorstellen, und dem, was sie erlebt oder beobachtet haben, zu trennen scheinen.

So wird niemand Daniel, aus unserem Eingangsbeispiel, als „Lügner" betrachten. Vielleicht wünscht er sich einfach, als großer, mutiger Junge gelobt zu werden.

Anders sieht es bei Clara aus. Sie zeigt deutlich, dass sie sich des Lügens bewusst ist. Weshalb lügt Clara, wird man sich fragen. Für die bewusste Falschaussage dienen oftmals die Erwachsenen als Lernmodell. Wenn sie sich beispielsweise in Gegenwart von Kindern damit brüsten, dass sie jemanden mit Erfolg „übers Ohr gehauen" haben, ist es nahe liegend, dass Kinder dieses „bewundernswerte" Verhalten imitieren wollen. Im Extremfall könnten regelmäßige, „knüppeldicke" Lügen, Hinweise auf Verwahrlosung geben, wenn nämlich ein Kind überhaupt keine Grenzen und Regeln kennen gelernt hat.

Bewusstes Lügen tritt häufig aber gerade dort auf, wo durch zu strenge Erziehung zu enge Grenzen gesetzt werden. Lügen aus Angst vor Strafe, also zum Selbstschutz, sind dann die Folge. Grundsätzlich kann man – etwas vereinfacht – sagen, dass Lügen dort wuchern, wo Vertrauen fehlt!

Zu erwähnen wäre noch der Begriff der Pseudologie. Darunter wird krankhaftes Lügen verstanden. Märchenhaft anmutende Erlebnisse werden ausgedacht und als wahre Ereignisse berichtet. Als Hintergrund für dieses Verhalten wird übertriebene Phantasie und extremes Geltungsbedürfnis vermutet. In einer Gesellschaft, in der Kinder und Jugendliche teilweise in Armut leben müssen oder unter massivem Leistungsdruck stehen, könnte ein solches Verhalten auch eine Schutzfunktion erfüllen. Und zwar, wenn Schamgefühle damit verleugnet, verschleiert oder kompensiert werden sollen.

Begriffsbestimmung und mögliche Ursachen: Stehlen

Unter Diebstahl wird bewusstes Wegnehmen verstanden. Das Bewusstsein setzt voraus, dass ein Kind den Begriff von Eigentum entwickelt hat, was etwa, entwicklungsabhängig, ab dem siebten Lebensjahr möglich scheint. Bei jüngeren Kindern spricht man daher vom Wegnehmen. Stehlen kann folgende Hintergründe haben:

- Der Begriff des Eigentums wurde in der Erziehung nicht vermittelt.
- Ein falscher Eigentumsbegriff wurde vermittelt, wie zum Beispiel, dass man sich beim Stehlen nicht erwischen lassen darf.
- Das Kind, der Jugendliche hat falsche Vorbilder, wenn zum Beispiel in einer Gruppe das Stehlen als cool gilt.
- Stehlen kann Ausdruck von Aggression sein, wenn man absichtlich jemandem Schaden zufügen möchte.
- Es kann als Ersatzbefriedigung und als Mittel zur Selbstbehauptung dienen oder, um negativ Zuwendung zu erlangen.

Von *Symboldiebstahl* spricht man, wenn ein Kind stiehlt, obwohl es keinen Mangel an materiellen Dingen hat. Es zeigt mit seinem Handeln, dass es etwas braucht – in der Regel sind das Zuneigung, Aufmerksamkeit und Anerkennung. Diese Form des Stehlens wird beobachtet bei so genannter Luxusverwahrlosung, bei Kindern also, die äußerlich betrachtet im Überfluss leben, emotional jedoch „zu kurz kommen". Die Hintergründe von *Kleptomanie* (Zwang zu Stehlen) können ähnliche „Hilferufe" darstellen.

Gerade im Arbeitsfeld „Hort" kann die Problematik des Stehlens sehr interessante Diskussionen mit den Kindern auslösen. Dann nämlich, wenn es um das Abschreiben bei schriftlichen Leistungsnachweisen geht. Es handelt sich dabei um nichts anderes, als um Diebstahl von geistigem Eigentum!

Begriffsbestimmung und mögliche Ursachen: Weglaufen

Beim Weglaufen wird zwischen einem spielerischen und einem ernst zu nehmenden Weglaufen unterschieden: Im Kindergartenalter „schnüren Kinder ihr Bündel", um als „Hänschen klein", in vertrauter Umgebung, ihre eigene Unabhängigkeit zu erproben. Sie ziehen beispielsweise mit gleichaltrigen Freunden durch die Nachbarschaft, um mit gesunder Selbstsicherheit zu erleben, dass sie „schon groß" sind. Diese Kinder melden sich vor ihrem Ausflug ab, denn sie brauchen die sichere Gewissheit, dass Mutter, Vater oder Erzieherin, sie sorgfältig aus der Ferne beobachten.

Ernsthaftes Weglaufen, im Sinne von Verschwinden oder Untertauchen, hat immer einen dramatischen, oft sogar traumatischen Hintergrund. Schwere Verwahrlosung oder Angst vor Strafe sind die Hauptursachen hierfür. Bezeichnend ist auch die Tatsache, dass zum Zeitpunkt der Zeugnisvergabe, besonders viele Kinder, aus Angst vor der Reaktion ihrer Eltern auf schlechte Zeugnisnoten, weglaufen.

Auslöser kann aber auch eine unerträglich gewordene Situation sein, die buchstäblich „zum Davonlaufen ist". Denkbar sind hier Scheidungssituationen, zu großer Erwartungsdruck, Angst vor Versagen oder Isolation durch Mobbing. Wie bedrückend muss die Lebenssituation des Betroffenen sein, wenn Folgen wie eine Vermisstmeldung bei der Polizei, oder die Einschaltung des Jugendamtes in Kauf genommen werden!

Im Jugendalter kann Weglaufen zudem ein Anzeichen für emotionale Verwahrlosung sein. Auch kann es Ausdruck von Protest, oder ein Zeichen für die Suche nach der eigenen Identität sein.

Buchempfehlungen zum Weiterlesen:

Kinder- und Jugendbuch:
Pressler, M., Timm, J. (2002): Das Ding. Heinrich Ellermann Verlag, Hamburg
Ab 4 Jahre. Thema: Stehlen.

3.5 Die Geschichte vom bösen Friederich – aggressives Verhalten

1835 schrieb der Psychiater Dr. Heinrich Hoffmann ein Bilderbuch für seinen Sohn Carl, um es ihm zu Weihnachten zu schenken (Mose-

bach 2002). Das Buch, nämlich „Der Struwwelpeter", wurde welt-
bekannt. Der berühmte „Zappelphilipp" könnte ein hyperaktives
Kind sein, während Hans mit ADS durchs Leben geht. Die be-
dauernswerte Pauline zündelt, und Kaspar leidet offenbar an Mager-
sucht. Ganz zu Anfang wird jedoch, „Die Geschichte vom bösen
Friederich" erzählt. Er wird als ein Junge geschildert, der herumwütet,
Tiere quält, Möbel zerschlägt und auf das große Gretchen mit einer
Peitsche losgeht.

Man kann den Eindruck gewinnen, dass sich vor nun bald zwei-
hundert Jahren, Kinder und Erziehende mit sehr ähnlichen Lebenssituationen wie heute abmühten. Es drängt sich die Frage auf, ob es
wohl Zufall ist, dass die Geschichte des aggressiven Friederich und
seiner schmerzhaften Bestrafung, am Anfang des Buches zu finden ist.
Heutzutage wird aggressives Verhalten, bis hin zu Gewalttätigkeit, als
zunehmendes Problem unter Kindern und Jugendlichen öffentlich
thematisiert. Es ist ein außerordentlich vielschichtiges Thema, sodass
ich mich bemühen möchte, es auf die Aspekte einzugrenzen, die für
Erzieherinnen besonders wichtig sein könnten.

Begriffsbestimmung: Aggression

Zu Anfang möchte ich daran erinnern, dass Aggression etwas Natür-
liches ist, eine angeborene Lebensenergie darstellt.

Das Wort „Aggression" leitet sich von einem lateinischen Verb ab,
welches neben „angreifen" und „überfallen", auch „sich (freundlich)
an jemanden wenden" bedeutet. Somit besitzt das Wort eine positive
und eine negative Seite:

1. Aggression im positiven Sinne ist für jede Entwicklung notwendig.
Sie ist gleichzusetzen mit Neugierverhalten. Ein Kind ist immer neugierig, es möchte doch die Welt kennen lernen, möchte sie erfahren.
Sein Wunsch zu lernen drückt sich in seinem natürlichen Bewegungsdrang aus, wenn es zum Beispiel krabbelnd ein Zimmer erforscht, oder
sich auf andere Personen zu bewegt. Sein Erfahrungsdrang, sein
Wunsch sich selbst zu behaupten und sich durchzusetzen, notfalls sich
zu wehren, sind weitere Seiten einer gesunden Aggression. Dadurch
erlebt das Kind, dass es etwas machen kann. Und wer etwas machen
kann, hat auch Macht und begreift, dass die Dinge und das Leben an
sich, machbar und zu bewältigen sind.

In einer gesunden, die Entwicklung fördernden Umgebung kann
sich also ein Kind zwischen der freudigen Erfahrung etwas machen zu

dürfen und zu können, und den Grenzen, die ihm zum Schutz und zur Orientierung gesetzt werden, bewegen.

2. **Aggression im negativen Sinne:** Diese zeigt sich bei Kindern, die radikal eingeengt sind, zum Beispiel durch zu knappen Lebens- und Erfahrungsraum, durch zu wenig Bewegung oder sogar durch Gewalterfahrungen. Andere Kinder erscheinen zwar freier, fühlen sich jedoch wegen Zeitmangels oder Desinteresse der Erziehenden an ihrer Person, verloren oder orientierungslos. Wenn Kinder also immer wieder fehlende Geborgenheit und Verlassenheit erleben oder sich aufgrund körperlicher Einschränkungen benachteiligt fühlen, dann können sie Aggressionen bis hin zu Gewalttätigkeit zeigen. Wir erleben dann destruktives Verhalten, dessen Ziel es ist, anderen Menschen oder Dingen, aber auch sich selbst, Schaden zuzufügen.

Im Rahmen eines Fortbildungsseminars für Erzieherinnen ging es genau um dieses Thema. Um sich einen Überblick zu verschaffen, wurden die eigenen Erfahrungen zusammen getragen. Dabei entstand folgender Überblick:

1. Einmal wurde nach Altersgruppen unterschieden:

■ Die Erzieherinnen aus dem Arbeitsfeld Kinderkrippe berichteten, dass bereits die ganz Kleinen, also Kinder im ersten Lebensjahr, ihren Ärger deutlich über Weinen und Schreien ausdrücken. Hierbei geht es allerdings ausschließlich darum, sich bemerkbar zu machen. Schädigungsabsichten sind in diesem Alter nicht zu beobachten.

■ Im Kleinkinderalter, also im zweiten und dritten Lebensjahr, wurde von Wutausbrüchen und Aggressionen gegen Erwachsene und Gleichaltrige berichtet, wobei es weniger zu Konflikten kommt zwischen Jungen und Mädchen, als vielmehr zwischen gleichgeschlechtlichen Kindern. Ein Höhepunkt in dieser Phase ist die so genannte Autonomiephase, früher auch Trotzphase genannt, in der ein Kind mit Staunen wahrnimmt, was es schon alles kann und gleichzeitig vor seinem eigenen Mut Angst bekommt. Verzweifelt bricht es in Wut aus. So sehr diese Zornausbrüche an unseren Nerven zerren können – sie sind versteckte Hilferufe, um sich mit Unterstützung der „Großen" wieder sicher fühlen zu können.

■ Im Vorschul- und Grundschulalter beobachteten die Erzieherinnen Unterschiede in der Äußerung von Aggression zwischen den

Jungen und den Mädchen. Während letztere eher zu „stillen" Aggressionsformen neigen, zeigen die Jungen körperliche Aggression.

- Im Jugendalter werden Aggressionen schließlich massiver, da größere Körperkräfte oder sogar Waffen eingesetzt werden können. Gewalttaten mit Verletzungen, oder sogar Todesfällen, kennen wir aus den Medien.

2. Im nächsten Schritt wurde gemeinsam überlegt, welchen Ausdrucksformen von Aggressionen Erzieherinnen im Berufsalltag begegnen. Dabei entstand folgende Einteilung:

- Von offener Aggression spricht man, wenn Kinder andere Kinder schlagen, zwicken, treten, kratzen, beißen, sie mit Worten angreifen, beleidigen und einschüchtern, oder, wenn sie ihnen etwas wegnehmen oder kaputt machen.
- Über nicht Anwesende herziehen, lästern, im Vorbeigehen „aus Versehen" etwas kaputt machen, gilt als versteckte Aggression.
- Sich selbst Schmerzen durch beißen, kratzen, schneiden oder ritzen zufügen, sowie sich innerlich selbst beschimpfen, gilt als Autoaggression.
- Des Weiteren unterschieden die Pädagoginnen noch zwischen geplanter, zielgerichteter, und impulsiver, affektiver Aggression. Letztere war bei Kindern mit fehlender Impulskontrolle zu beobachten, wie zum Beispiel bei ADHS, oder bei Kindern, die sich bedroht fühlten beziehungsweise sich wehren wollten.

Von der Aggressivität unterschieden wurde das so genannte oppositionelle Trotzverhalten. Hierzu zählen Verhaltensweisen wie sich streiten, Regeln missachten, anderen die Schuld zuschieben und beleidigt sein.

Ursachen von Aggression

1. Als eine Basistheorie gilt immer noch die **„Frustrations-Aggressions-Theorie"**, welche, vereinfacht ausgedrückt, folgendes besagt:

Das Handeln des Menschen ist meist zielgerichtet. Kann dieses Ziel nicht erreicht werden, erlebt der Mensch eine Frustration. Dieses Empfinden kann in eine Handlung umgewandelt werden, in irgendeine Form von Aggression. Frustrationen entstehen aus unerfüllten

Grundbedürfnissen, aus erlittener Aggression durch Personen mit Vorbildcharakter oder durch beobachtete Aggression in der Familie, bei Vorbildern in der Realität, oder auf der Leinwand. Diese Annahme wurde später um den Aspekt der Angst erweitert, als man nämlich feststellte, dass eine Frustration zuerst einmal Angst auslöst, und spontane Angstabwehr in der Regel aggressiv ist. Der Impuls des Menschen, bei Bedrohung zu kämpfen oder zu fliehen, ist angeboren.

Praxisbeispiel

Stellen wir uns dazu folgende Situation im Hort vor: Monika ist kürzlich neu in die dritte Klasse und die Hortgruppe gekommen. Als eher schüchternes Mädchen, hat sie bisher noch nicht richtig Anschluss gefunden. Ihr Grundbedürfnis nach Zugehörigkeit zur Gruppe bleibt vorläufig unerfüllt. Um wenigstens etwas Anerkennung zu erhalten, gibt sie sich im Unterricht besonders viel Mühe. Als sie einen kleinen Text freiwillig vorträgt, bleibt sie vor Aufregung hängen und weiß nicht weiter. Die Kinder kichern, während die von Monika bewunderte Lehrerin anteilnehmend lacht.

Nach den oben genannten Theorien ist gut vorstellbar, wie Monikas Bedürfnisse nach Dazugehörigkeit und Anerkennung frustriert werden, und in ihr ein Erleben von Ausgeschlossen sein, und somit Angst auslöst. Die Theorien können jedoch nicht verdeutlichen, dass Monika nun unterschiedliche Reaktionsmöglichkeiten hat. So könnte sie nach so viel „Frust" ihren Ärger zeigen, oder aber auch ruhig und gelassen bleiben, vielleicht sogar mitlachen. Sie könnte, wie Mädchen das gerne tun, ihre Enttäuschung, ihren Ärger und ihre mögliche Angst „hinunter schlucken", womit eine Hemmung ihrer Aggressionen entstanden wäre. Später, vielleicht zu Hause, könnte ihre Aggression auf ein anderes als das frustrationsauslösende Objekt verschoben werden, was bedeutet, sie könnte mit ihrer Mutter einen heftigen Streit anfangen. Sind Hemmung oder Verschiebung für das Kind nicht möglich, könnte es auch zu Selbstaggressionen kommen – ausgeführte Aggressionen bringen bekanntlich Erleichterung.

2. Zur Erklärung der Entstehung von Aggressionen dient heute das bereits vorgestellte **Modell des multifaktoriellen Ursachengeflechts:**

■ Zunächst spielen *biologische Faktoren* eine Rolle. Im Fall von Monika stellen sich hier die folgenden Fragen: Haben frühe Risikofaktoren, wie zum Beispiel Mangelernährung oder Alkoholmissbrauch der Mutter, zu einer „schwierigen" Persönlichkeit beigetragen? Oder haben Geburtskomplikationen unkontrollierbare Impulsivität hervorgerufen? Hat Monika eventuell eine niedrigere Frustrationstoleranz als andere Kinder ihres Alters?

▨ Hinzu kommen *psychologische Faktoren:* Wie sieht die Beziehung zwischen dem Kind und seinen Eltern aus? Wie erziehen die Eltern ihre Tochter? Wird Monika eher dazu ermutigt, ihre Wut zu zeigen oder angepasst, „brav" zu sein? Falls sie ihren Ärger ausleben soll – wird sie angehalten, dies unkontrolliert oder in sozial angemessener Form zu tun?

▨ *Soziologische Faktoren* beeinflussen das Ganze zusätzlich: In welchem Milieu wächst Monika auf? Spielen Alkohol- und Drogenprobleme eine Rolle? Musste Monika die Schule wechseln, weil Langzeitarbeitslosigkeit die Familie zwang, den Wohnort zu wechseln? Ist Monika vielleicht vom Land in die Großstadt, möglicherweise noch in ein „Brennpunktviertel", gezogen?

3. Als weiteres und letztes Entstehungsmodell muss noch das **Lernen am Modell** erwähnt werden. Während Sigmund Freud noch von Triebmodellen, und demzufolge von natürlichen Trieben als Auslösern sprach, weiß man heute, dass Aggression auch eine gelernte Reaktion ist (Nolting 1997). Dabei spielt das Lernen durch Beobachtung eine erhebliche Rolle. Kinder beobachten in der Familie, im Kindergarten, in der Schule und unter Freunden, wie andere mit Aggressionen umgehen. Immer sind darunter auch Vorbilder, die ein Kind selbstverständlich nachahmen möchte. Dies gilt sowohl für Personen in der Realität, wie auch für solche in Filmen und auf Videos. Aggression wird gerade dann imitiert, wenn ein frustriertes Kind, das sich schwach und machtlos fühlt, beobachtet, wie ein Aggressor (zum Beispiel im Film) für sein Verhalten belohnt wird – beispielsweise, wenn der Aggressor der „Boss" ist, und andere ihn fürchten und bewundern.

Das Resümee der Erzieherinnenrunde war: Wie und ob ein Mensch aggressiv reagiert, hängt von seiner biologischen Ausstattung ab. Diese wird durch Erfahrungen in der Familie und im Umfeld ergänzt. Zum Umfeld zählt auch der Einfluss der Medien.

Zur Fortführung und Vertiefung, zum Thema Umgang mit aggressivem Verhalten, siehe auch Kapitel 3.8 sowie 10.2!

Kinder- und Jugendbuch:
McKee, D. (2004): Du hast angefangen! Nein, du! Sauerländer, Düsseldorf
Ab 4 Jahre. Thema: Streit
Nöstlinger C., Nöstlinger, C. (2008): Anna und die Wut. Sauerländer, Düsseldorf
Ab 6 Jahre. Thema: Umgang mit Wut
Oram, H., Kitamura, S. (1993): Der wütende Willi. Verlag an der Ruhr, Mülheim a.d. Ruhr
Ab 3 Jahre. Thema: Wut und ihre zerstörerische Kraft
Pressler, M. (2002): Kratzer im Lack. Beltz, Weinheim
Ab 12 Jahre. Thema: Gewalterleben und tödliche Wut
Sendak, M. (1967): Wo die wilden Kerle wohnen. Diogenes, Zürich.
Ab 3 Jahre. Thema: Wut nimmt Gestalt an
Zöller, E. (2004): Und wenn ich zurückhaue? Carlsen, Hamburg
Ab 10 Jahre. Thema: Gewalt in der Schule

3.6 Angst gehört zum Leben – Umgang mit Angst und Phobien

Während aggressives Verhalten und Gewalttätigkeit schwer oder überhaupt nicht zu übersehen sind, fallen ängstliche Kinder und Jugendliche weniger auf. Sie gelten als „brav", ruhig, angepasst und stören kaum. Die Ausnahme sind kleine Kinder, die in Trennungssituationen über lautes Schreien und anhaltendes Weinen zeigen, dass hier etwas nicht stimmt. Wann spricht man überhaupt von Angst?

Das Wort Angst wird abgeleitet vom lateinischen „angustus", was „eng" bedeutet. Eng bezieht sich auf die physiologische Reaktion bei Angst, wenn einem nämlich eng in der Brust wird, wir also Anspannung wahrnehmen. Daneben äußert sich Angst körperlich durch Herzschlagbeschleunigung, hastiges Atmen, Angstschweiß, Blässe, Muskelanspannung um fliehen oder kämpfen zu können, und einer Erweiterung der Pupillen.

Obwohl unangenehm, ist Angst eine normale, und für die psychische Entwicklung des Kindes notwendige, Gefühlsqualität. Sie stellt nämlich eine Form von Selbstschutz dar, wenn angesichts neuer und ungewohnter Situationen aufmerksam und vorsichtig gehandelt wird. Schauspieler sind sich übrigens dieser Tatsache bewusst. Obgleich

Lampenfieber als lästig empfunden wird, möchten viele es nicht missen, vorausgesetzt, es ist noch erträglich, da es sozusagen alle Sinne schärft.

Bei Kindern unterscheiden wir Schüchternheit und Ängstlichkeit, welche auch als Persönlichkeitsmerkmale gelten können. Bei entsprechender Sozialisation finden wir, beinahe traditionsgemäß, diese Eigenschaften häufiger bei Mädchen.

Formen und Folgen von Angst

1. Angststörungen werden von den betroffenen Kindern oftmals rein körperlich wahrgenommen. Nämlich als **psychosomatische Missempfindungen** wie Übelkeit, Erbrechen, Bauch- oder Magenschmerzen, Schwindelgefühl, unregelmäßiger Herzschlag oder Kopfweh. Diese treten im Zusammenhang mit konkreten Situationen, wie zum Beispiel Angst vor einer Klausur, Angst vor einer bestimmten Person, auf. Der Angstanteil kann jedoch auch unbewusst sein, und sich hinter aggressivem Verhalten verbergen: Ein misshandeltes Kind kann dermaßen verängstigt sein, dass es Gesprächsangebote seitens einer einfühlsamen Erzieherin, zuerst einmal mit Schreien oder Beleidigungen abwehren wird. Auch gewalttätige, häufig rechtsradikale Jugendliche gelten als Beispiel. In zumeist unterprivilegierten Verhältnissen groß geworden, hatten sie keine Chance, sich, im Rahmen von Ferienreisen oder Schüleraustausch, mit fremden Ländern und Kulturen vertraut zu machen. Fremdes macht neugierig – oder Angst! Verbunden mit oftmals mangelhaften oder sogar keinen Schulabschlüssen, droht ihnen Arbeitslosigkeit. Die damit einhergehenden massiven Existenzängste verleugnen sie, oder sie sind ihnen tatsächlich nicht bewusst. Gewaltausbrüche bei männlichen Jugendlichen können die Folge sein, während weibliche Jugendliche eher zu depressiven Verstimmungen neigen.

2. Von **pathologischer Angst oder Phobie** ist die Rede, wenn Grad und Dauer einer Angstreaktion in einem groben Missverhältnis zu realen Ursachen stehen, und eine Tendenz zur Ausbreitung und Chronifizierung besteht. Diese Angst erlebt der Betroffene als äußerst bedrohlich. Eine Phobie schränkt das Denken und Handeln des Betroffenen übermäßig ein – er ist sozusagen „vor Angst erstarrt". Eine Phobie tritt anfallsartig auf, ist nicht kontrollierbar und auf spezielle Situationen konzentriert: Schulphobie, Angst vor engen Räumen oder großen, freien Plätzen, ungefährlichen Tieren, vor fremden Gruppen oder vor anderen Menschen zu reden.

Mit einigen Beispielen möchte ich den Unterschied zwischen sinnvoller, angemessener Angst und einer Phobie verdeutlichen: Wir vermitteln Kindern, dass sie sich bei einem nahenden Gewitter in den Schutz eines Gebäudes begeben sollen. Im Haus können sie entspannt das Gewitter vorbeiziehen lassen. Bei einer Gewitterphobie, genügt schon allein die Vorstellung eines möglichen Gewitters, um zu schwitzen, Herzrasen zu spüren oder „sich vor Angst in die Hosen zu machen".

Kinder sehen Prüfungen mit Bangen entgegen. Das veranlasst sie, sich durch sorgfältiges Lernen gut vorzubereiten, um mit einem einigermaßen sicheren Gefühl zur Prüfung gehen zu können. Bei einer Prüfungsphobie treten schon beim Gedanken an die noch in zeitlicher Ferne liegende Bewährungssituation, physiologische Reaktionen, wie oben beschrieben, auf. Ist der Prüfungstag gekommen, wird der Betroffene krank, oder findet einen triftigen Grund abzusagen.

Die Zeitschrift „Psychologie heute" lieferte die folgenden Zahlen: „In Deutschland leiden etwa 15 Prozent aller Grundschulkinder und zehn Prozent aller Jugendlicher an Angststörungen ... Bei einer Marburger Untersuchung von 3000 Schülern stellten Wissenschaftler bei etwa sechs Prozent der Probanden eine Angststörung fest, die sie als behandlungsbedürftig einstuften." (1997, Juli-Heft, 12)

Formen der Angst und ihr Auftreten bei Kindern

Man unterscheidet drei Gruppen von Ängsten – Existenzängste, soziale Ängste und Leistungsängste:

- Unter *Existenzangst* versteht man Angst vor Krankheit, Verletzung, dem Alter, dem Tod, finanzieller Not, Unheimlichem, wie Gewitter und Dunkelheit oder allem, was fremd ist.
- Die zweite Gruppe bilden die so genannten *sozialen Ängste*, wozu Scham oder Verlegenheit gegenüber anderen Einzelpersonen oder Gruppen ebenso zählen, wie die Angst, vor Publikum und Vorgesetzten zu versagen.
- Die letzte Gruppe wird als *Leistungsangst* bezeichnet. Sie tritt auf in Form von Schul- und Berufsangst, Prüfungsangst, Angst vor Sexualität.

Wann, welche Form von Angst auftritt, ist alters- und entwicklungsabhängig:

So wird bis ins Vorschulalter, Angst vor Trennung von der Mutter und der gewohnten Umgebung als ebenso charakteristisch angesehen wie Angst vor Fremden, Tieren und Märchenfiguren, wie beispielsweise Hexen oder Riesen.

Im Schulalter ist die Schulangst die am häufigsten auftretende Form. Sie kann zum „Schuleschwänzen" führen, und so den Hintergrund von Lernstörungen und Leistungsrückgang bilden. Die Kinder berichten häufig von psychosomatischen Beschwerden aller Art, und Schlafstörungen mit Angstträumen von furchteinflößenden Personen und Ereignissen des zurückliegenden Tages.

Im Jugendalter treten reale und existentielle Ängste in den Vordergrund: Die Sorge um das eigene Aussehen, die Attraktivität beim anderen Geschlecht, die Frage nach beruflichen Perspektiven und Lebensinhalten können im Extremfall zu Todesfurcht und Hypochondrie führen. Die Angst vor dem Erwachsensein mit all seinen Verantwortlichkeiten kann bei entsprechender Veranlagung Angst- und Zwangserkrankungen auslösen, z. B. Anorexia nervosa (Magersucht).

Ängste sind also einerseits Bestandteil einer ganz normalen Entwicklung und kommen folglich im Kindes- und Jugendalter häufig vor. Andererseits können daneben Angststörungen (Phobien) in jeder Altersstufe beginnen. Angst kann auch eine Depression als Hintergrund haben. Bei entsprechender biogenetischer Grundlage, können anhaltende Frustrationen in Verbindung mit Ohnmachtsgefühlen, aber auch kontinuierlich unterdrückte aggressive Impulse, den Ausbruch dieser Krankheit begünstigen.

Zum Beispiel kann ein Mädchen erleben, dass es immer dann bestraft wird, wenn es seine Wut äußert; es aber in Ordnung ist, wenn es weint und damit seine Hilflosigkeit demonstriert. Die Energien, die in seinem Ärger und seiner Wut stecken, werden dadurch unterdrückt. Sie bleiben somit erhalten, und werden sich irgendwann in einer Symptomatik ein Ventil suchen, oder zu einer explosiven Entladung führen.

Umgekehrt kann ein Junge, der weint statt zu kämpfen, ausgelacht und als „Schwächling" oder „Feigling" verspottet werden. Der ständige Druck, doch endlich „ein richtiger Kerl zu werden" und sich zu wehren, kann eine permanente Überforderung darstellen. Derartig ausgeprägte rollenspezifische Formen der Sozialisation können zu Auffälligkeiten und Störungen wie Angst, sozialer Gehemmtheit, Außenseitertum, Überangepasstheit, Lern- und Konzentrationsschwächen, Bedrücktheit und Passivität führen. Diese Symptome sind wiederzufinden bei Depressionen im Kindes- und Jugendalter. Mehr dazu folgt in Kapitel vier.

Wie entsteht Angst?

Über die Entstehung von Angst gibt es unterschiedliche Theorien: Die älteste stammt von Sigmund Freud, dem Vater der Psychoanalyse. Nach Freud existiert eine so genannte *Ur-Angst* von Anfang an: Ihr Ausgangspunkt ist das Geburtstrauma und sein physiologisches Erleben. Bei Bedrohung oder Gefahr werden diese körperlichen Veränderungen und Empfindungen wieder als Signal wahrgenommen. Wird dabei Hilflosigkeit erlebt, so verstärkt sich das Angstempfinden. Im weiteren Leben können Strafandrohungen oder sogar Liebesverlust, vorhandene Angst verstärken (nach Zimbardo 1995).

Dagegen sehen die Lerntheoretiker wie Albert Bandura *Angst als gelernte Reaktion.* Bandura demonstrierte, in einem inzwischen klassisch gewordenen Experiment, das Beobachtungslernen: „Kinder, die beobachteten wie erwachsene Modelle eine große Plastikpuppe boxten, schlugen und traten, zeigten im weiteren Verlauf des Experimentes häufiger derartige Verhaltensweisen als Kinder aus Kontrollgruppen, die die aggressiven Modelle nicht beobachtet hatten." (Zimbardo 1995, 295)

Es gilt als sicher, dass auf diesem Wege Ängste gelernt werden. Die Angst vor Gewittern oder Spinnen wird in der Regel vom Kind bei der Mutter beobachtet und dann übernommen. Von Haus aus sehr ängstliche Eltern, die zu einem überbehütenden Erziehungsstil neigen, verhindern, dass ihre Kinder mit gesunder Selbsteinschätzung und Selbstvertrauen an neue Situationen oder Aufgaben herantreten können. Die Wahrscheinlichkeit ist hoch, dass diese Kinder gehemmt, unsicher und ängstlich auftreten werden.

Aber auch *intensive und neue Reize*, die plötzlich auftreten, führen dazu, dass sich das Kind erschrecken und somit Angst bei ihm ausgelöst werden kann. Hierzu ein bekanntes Beispiel: Ein Kind möchte etwas aufsagen. Vor Aufregung fängt es an zu stottern. Das Lachen der anderen kann bei diesem Kind einen Schrecken, und somit Angst, auslösen. Fortan könnte das Kind Angst haben, vor der Gruppe zu sprechen. Es wird öffentliches Reden vermeiden, wodurch es zur Verstärkung der Angst kommt.

Ein weiterer Aspekt bei der Angstentstehung ist, wie an anderer Stelle schon erwähnt, der Umstand, dass zur gesunden Entwicklung eines Kleinkindes die Erfüllung der Grundbedürfnisse unerlässlich ist. Die Erfahrung, dass es Hilfe erhält, wenn es Unlust empfindet durch Hunger, Durst, Schmerz oder Alleinsein, führt zur Entwicklung von Vertrauen. Ist dies wiederholt nicht der Fall, so reagiert das Kind mit Schreien, Ängsten, Autoaggressionen, Apathie, Depression, Retardierung und, schlimmstenfalls, mit erhöhter Krankheitsanfälligkeit und vorzeitigem Sterben, wie wir aus den eindrucksvollen Untersuchungen von Rene Spitz über Hospitalismus wissen (Hagemann 2004).

Eine Erzieherin kennt viele Möglichkeiten und Wege, einem Kind aus seiner Angst heraus zu helfen (siehe auch Kapitel 3.8). Sie weiß, dass der Gegenpart von Angst Vertrauen ist: Das ist zum einen Vertrauen in sich selbst und in die eigenen Fähigkeiten, aber auch Vertrauen zu anderen Menschen. Ein Kind kann sich etwas trauen, wenn es Schutz und Geborgenheit erfahren konnte. Folglich wird sich dann seine Angst verringern bzw. auflösen. Dazu kann Trost, für's erste, die beste Medizin sein!

Vertrauen befähigt das Kind, langsam Frustrationstoleranz aufzubauen. Damit lernt es gleichzeitig, Angst zu bewältigen. Als Beispiel hierfür kann die magisch-symbolhafte Phase (Vorschulalter), und die in ihr zu beobachtende Beliebtheit von Märchen, gelten. Mit ihrer Hilfe konfrontiert sich das Kind mit Angst machenden Personen wie der Hexe, dem Wolf oder dem bösen Zauberer. Es lernt Spannung und Angst auszuhalten, da es sich gleichzeitig mit dem schlauen „Tapferen Schneiderlein" oder der listigen „Gretel" identifizieren kann. Angstbewältigung geschieht hier in Phantasien, welche dem Alter des Kindes angemessen sind.

Letztendlich kann gewohnheitsmäßige Ängstlichkeit als Persönlichkeitsmerkmal vererbt oder angeboren sein, wie aber oben schon erläutert, durch entsprechende Erziehung verstärkt werden. Dazu gehört nicht nur der überbehütende Erziehungsstil, sondern auch unberechenbares oder inkonsequentes Erzieherverhalten, welches Sicherheit vermissen lässt.

Buchempfehlungen zum Weiterlesen:

Kinder- und Jugendbuch:
Scheffler, A., Donaldson, J. (2007): Der Grüffelo. Beltz und Gelberg, Weinheim
Ab 3 Jahre. Thema: Angst und Mut

3.7 Ein Trauma – Sexuelle Gewalt gegen Kinder

Eines der heikelsten Themen für Erzieherinnen ist das der sexuellen Gewalt. Heikel deshalb, weil es hier gilt, sehr sorgfältig zu beobachten und Zusammenhänge zu erkennen, um dann bestimmt, jedoch auch mit viel Fingerspitzengefühl, eingreifen und weiteren Schaden vom Kind abwenden zu können. Bisher haben wir bei Auffälligkeiten im Verhalten immer wieder den Gedanken im Hinterkopf gehabt, dass viele Faktoren zusammenwirken müssen, bevor ein Kind durch sein verändertes Verhalten auf sich aufmerksam macht. Anders sieht es bei Gewalterlebnissen aus – und dazu zählt auch die sexuelle Gewalt. Hier ist bereits ein einzelnes Erlebnis derart massiv verletzend, sowohl körperlich als auch seelisch, dass das Opfer geschockt, verstört oder verändert wirkt. Es handelt sich hierbei um eindeutige Verhaltensänderungen, die es zu beobachten und verstehen gilt. Eine Erzieherin sollte wachsam werden, wenn ein Kind, welches sie bisher als vergnügt, unbeschwert, unkompliziert und mitteilsam erlebte, plötzlich oder nach und nach, mürrisch, verschlossen, einsilbig und bedrückt erscheint, oder sogar eindeutige Verhaltensauffälligkeiten zeigt. Auch sollte die Erzieherin ihrer eigenen Beobachtungsfähigkeit trauen, und sich auf ihr inneres mulmiges Gefühl verlassen, wenn sie „eigenartiges" Verhalten bei einem Kind wahrnimmt.

Es gibt diesbezüglich eine ganze Reihe so genannter „eigenartiger" Verhaltensweisen, die, wenn wir sie aufmerksam betrachten, eine deutliche Sprache sprechen: Besteht ein Kind darauf vollständig bekleidet zu schlafen? Möchte es nicht mehr alleine schlafen, sondern Geschwister, Freunde oder den Hund mit ins Bett nehmen? Baut es einen Schutzwall aus Spielzeug um sein Bett? Will es nur bei verschlossener Tür schlafen, oder schiebt es sogar Möbel vor die Tür? Möchte das Kind überhaupt nicht mehr schlafen, bemüht es sich verzweifelt wach zu bleiben? Geht es eindeutig einem Menschen aus dem Weg, oder hat es plötzlich Angst, mit dieser Person allein zu sein? Klagt es über Übelkeit und Schmerzen, muss es sich immer wieder übergeben? So eigenartig es zunächst erscheinen mag, wenn sich ein Kind plötzlich vor dem eigenen Onkel oder Opa „verbarrikadiert" – es handelt sich um ein durchaus sinnvolles, intelligentes Verhalten: Das Kind versucht sich zu schützen!

Damit gerade bei körperlichen Symptomen keine voreiligen Schlüsse gezogen werden, sollten diese immer im Zusammenhang mit den oben genannten Änderungen in der Gesamtstimmung und dem Sozialverhalten betrachtet werden. Hierdurch soll vermieden werden, dass ein Einzelsymptom in einem verzerrten Zusammenhang missinterpretiert wird. Dies ist schon mehrfach geschehen, als Erzieherinnen lediglich aufgrund einer scheinbar eindeutigen Kinderzeichnung glaubten, Hinweise auf sexuelle Gewalt entdeckt zu haben. Vorschnell wurden daraufhin vermeintliche Täter benannt und strafrechtlich belangt. Damit wurde nicht nur Unschuldigen großer, nicht wieder gut zu machender Schaden zugefügt, auch die Problematik der sexuellen Gewalt rückte dadurch in ein schiefes Licht. Plötzlich schien sie mehr ein Problem ausufernder Phantasie Einzelner zu sein, als das, was sie wirklich ist: Ein Verbrechen an einem Kind, welches einen irreparablen seelischen Schaden erleidet.

Was versteht man unter sexueller Gewalt? Sie ist immer dann gegeben, wenn ein Mädchen oder ein Junge von einem älteren Jugendlichen oder einem Erwachsenen zur Befriedigung dessen eigener sexueller Bedürfnisse benutzt wird. Der Täter befindet sich dabei immer in einer Machtposition gegenüber dem Opfer. Er ist körperlich stärker und setzt seine Kraft ein, um sein Opfer zu unterwerfen und zu demütigen. Oder er kann das Kind erpressen, wenn zwischen beiden eine Beziehung besteht, die von Zuneigung, Abhängigkeit und Vertrauen geprägt ist.

Täter behaupten gerne zynisch, das Opfer „habe gerne mitgemacht"! Weit gefehlt! Sexuelle Gewalt hat überhaupt nichts mit liebevollem, zärtlichem Umgang mit einem Kind zu tun. Vielmehr wird es brutal überrascht von sexuellen Handlungen, die ihm fremd sind und die es nicht verstehen kann, da sie seinem kognitiven und emotionalen Entwicklungsstand noch nicht entsprechen.

Es gestaltet sich außerordentlich schwierig festzulegen, bei welchen Handlungen es sich um eindeutige sexuelle Übergriffe handelt: Bereits bei sexistischen Blicken und dem Betrachten eines nackten Kindes? Bei Exhibitionismus oder dem Zeigen pornografischer Bilder und Filme? Oder die Aufforderung, bei sexuellen Handlungen zuzuschauen, spielerisch mitzumachen? Ist erst die Berührung oder Manipulation des Kindes im Intimbereich sexuelle Gewalt?

Wo sexuelle Belästigung beginnt, ist aus der Sicht des Erwachsenen manchmal nicht eindeutig festlegbar. Doch muss alles, was dem Kind Unbehagen bereitet, dazugezählt und ernst genommen werden. Auch ein zaghaftes „Nein" eines Kindes, heißt definitiv „Nein!". Erwachsene mögen sich „tolerant" über ihre innere Gewissensstimme hinwegsetzen, und ihr Handeln als harmlosen Spaß zu etikettieren versuchen. Doch muss die unterschiedlich große Sensibilität von Kindern, sorgfältig wahr- und ernst genommen werden.

Die besondere Perfidie sexueller Gewalt beruht auf der Tatsache, dass sie häufig gerade dort vorkommt, wo Kinder einen Schutzraum haben und vollkommen vertrauensvoll leben sollten, nämlich im häuslichen Bereich und Umfeld. So werden Mädchen vorwiegend von einer Vaterfigur, einem Großvater, Onkel, Bruder, Cousin, Babysitter, Erzieher oder Lehrer belästigt oder sogar missbraucht. Bei Jungen sind es eher so genannte Autoritätspersonen wie Erzieher, Lehrer, Gruppenleiter. Etwa 80 % der Täter sind Männer, aber der Rest sind Frauen! Weniger als 10 % der TäterInnen haben keine persönliche Beziehung zu ihrem Opfer! (Enders 1995) Es handelt sich in der Regel auch nicht um Menschen, die aus sexueller Not handeln – sie unterhalten meist gleichzeitig normale sexuelle Kontakte zu Erwachsenen. Vielmehr wird die sexuelle Gewalt immer als Waffe eingesetzt, um dem Schwächeren, Jüngeren, die eigene Macht und Überlegenheit zu demonstrieren.

Folgen sexueller Gewalt

Gerade jüngere Kinder sind durch das, was ihnen zugefügt wurde, verwirrt. Häufig werden sie vom Täter gezwungen zu schweigen, indem er sie überzeugend belügt, dass das Geschehene normal sei; oder, indem er dem Kind droht, die Eltern würden es nicht mehr lieben, verstoßen, verlassen, falls sie erfahren sollten, wobei es „mitgemacht" hat. Erfahrene Täter missbrauchen ihr Wissen um die Tatsache, dass Kinder ab dem Vorschulalter Geheimnisse lieben und gelernt haben, dass man diese nicht verrät!

Noch fataler wird es, wenn der Täter zur eigenen Familie gehört. Dann wird er dem Kind ohne weiteres einreden können, dass es die volle Verantwortung trägt, wenn es den Täter „verpetzt" und dieser dann ins Gefängnis muss. Die Vorstellung, es könne seine Familie zerstören, kann für ein Kind dermaßen beängstigend sein, dass es lieber schweigt und duldet.

Schlimmstenfalls verstummt ein Kind teilweise oder vollständig. Wir sprechen dann von Mutismus: Trotz vorhandener Fähigkeit, sich sprachlich angemessen auszudrücken, verstummt das Kind aus (unbewusster) Angst, sich aus Versehen zu „verplappern".

Doch auch, wenn das Kind nicht mutistisch reagiert, gibt es eine Reihe von Folgen, die aufmerksam wahrgenommen, für sich sprechen:

■ Sehr auffällig sind körperliche Male, Rötungen und Verletzungen an Bauch, Brust, Schenkeln und im Genitalbereich.
■ Psychosomatische Beschwerden kommen hinzu: Einschlafstörungen, Alpträume, Bauchschmerzen, Bettnässen, Kopfschmerzen und Konzentrationsstörungen.

- Besonders schwerwiegend wären Lähmungen, ähnlich einem Totstellreflex, Essstörungen wie Magersucht, oder sogar eine Spaltung der Persönlichkeit. Letzteres tritt auf, wenn sich die Gewalterlebnisse wiederholen und so schwerwiegend sind, dass die damit verbundenen Wahrnehmungen und Gefühle nicht auszuhalten sind, und folglich abgespalten werden müssen.
- Alle Formen von Verhaltensauffälligkeiten sind vorstellbar: So kann ein ehemals fröhliches, unkompliziertes Kind durch ängstliches, anklammerndes Verhalten genauso auffallen, wie durch geballte Aggressivität. Letztere ist vor allem bei Jungen zu beobachten, Mädchen neigen eher zu überangepasstem Verhalten, um ja nicht aufzufallen.
- Geringes Selbstwertgefühl ist ebenso beobachtbar wie ein Ablehnen der eigenen Geschlechterrolle.
- Scham und Schuldgefühle verbinden sich möglicherweise mit zwanghaftem, ständigem Hände waschen.
- Aber auch Distanzlosigkeit oder auffälliges, sexistisches „Gehabe" gegenüber bestimmten Typen von Erwachsenen, können sich zeigen.
- Altersunangemessenes Sexualverhalten sollte immer ein Anlass dafür sein, behutsam nachzuforschen, was ein Kind erlebt und auszuhalten hat. Wird dies zum Geheimnis erklärt, ist es unbedingt notwendig, über den Unterschied zwischen „guten" und „schlechten" Geheimnissen zu sprechen.
- Sollte ein Kind sogar eindeutige Gewalthandlungen schildern oder nachspielen, so muss immer nachgehakt werden. Im „harmlosesten" Fall hat es Filmmaterial zu Gesicht bekommen, das für sein Alter absolut unangemessen war.
- Halten die Gewalthandlungen an, oder erhält das Opfer keine angemessene Hilfe, kann es im Jugendalter zu Autoaggressionen kommen. Die ohnmächtige Wut, die sich gegen den Täter richtet, kehrt sich nun gegen sich selbst. Selbstzerstörungsimpulse können sich durch Alkohol- und Drogenabhängigkeit ebenso äußern, wie durch Selbstverstümmelung oder sogar Selbstmordversuche.

Auch wenn ein Kind nicht drastisch auf sich aufmerksam machen kann – Gewalterlebnisse aller Art führen zu einem Verlust von Vertrauen zu sich selbst, zu anderen Menschen und dem Leben an sich: Selbstzweifel, quälende Scham- und Schuldgefühle, Ängste, der Wunsch sich „verkriechen" zu wollen, und schließlich, offene oder unterdrückte Wut und Hass, plagen die Opfer oft jahrelang.

Erzieherische Hilfen, wenn sich das Kind anvertraut

Besteht lediglich ein Verdacht, so sollte diesem durch sorgfältiges weiter beobachten nachgegangen werden. Beobachtungen und Hinweise sollten schriftlich, mit Datumsangabe, notiert werden. Dadurch wird gesichert, dass wichtige Einzelheiten erhalten bleiben. Im Teamgespräch sollte mit den Kolleginnen und der Leitung der Einrichtung über den Verdacht gesprochen werden. Es muss dabei entschieden werden, ob die Auffälligkeiten beispielsweise durch bekannte Veränderungen in der familiären Situation erklärbar sind, oder ob es sich um spezielle Auffälligkeiten einer sexuellen Gewalterfahrung handelt, wenn beispielsweise eindeutige körperliche Anzeichen und deutliche Persönlichkeitsveränderungen zusammenkommen.

Die Mütter von Opfern sind häufig selbst Opfer ihrer eigenen Lebensumstände, den daraus hervorgehenden Ängsten, und der dadurch eingeschränkten Handlungsfreiheit. Die Vorstellung, der eigene Lebenspartner, Vater oder Bruder, könnte das eigene Kind sexuell missbrauchen, kann Mütter derart entsetzen, dass sie hilflos, wie gelähmt, wegschauen. Nicht immer finden die betroffenen Mütter das notwendige Verständnis und die Unterstützung, um sie stark und handlungsfähig zu machen.

Deshalb sollten Erzieherinnen unbedingt bei einem aufkommenden Verdacht und deutlichen Hinweiszeichen, nicht die Mutter, sondern Fachleute spezialisierter Beratungsstellen hinzuziehen! Es handelt sich hierbei um örtlich unterschiedliche Kontakt- und Informationsstellen für Mädchenarbeit, Selbsthilfegruppen für Mädchen und Frauen, Zufluchtsstellen für Mädchen und Frauen, Frauennotrufstellen, die Allgemeinen Sozialdienste und schließlich die Jugendämter. Hier finden sie Hilfe und Unterstützung durch professionelle Fachfrauen, die mit ihrer Erfahrung der Erzieherin zur Seite stehen, und weitere Schritte gemeinsam überlegen und in die Wege leiten werden.

Was aber, wenn ein Kind oder ein Jugendlicher sich der Erzieherin anvertraut, und über zugefügte sexuelle Gewalt berichtet? Hier wäre es durchaus nahe liegend, bestürzt, entsetzt oder sogar verschreckt zu reagieren, und zu äußern: „Das kann doch gar nicht sein!". Mit ziemlicher Sicherheit wird sich das Opfer daraufhin zurückziehen, denn der Schritt, sich zu öffnen und jemandem zu vertrauen, hat enorm viel Mut und Überwindung gekostet. Ich wünsche deshalb jedem betroffenen Kind oder Jugendlichen, sie mögen eine Erzieherin finden, die die Ruhe behält, und sich umgehend Zeit für ein vertrauliches Gespräch nimmt. Darin muss sie vermitteln, dass sie dem Kind oder Jugendlichen glaubt – auch dann, wenn das Berichtete unglaublich zu sein scheint! Sie sollte ihm zudem bestätigen, dass es richtig ist darüber zu sprechen, ohne es jedoch zu bedrängen, ausführlicher zu berichten. Je nachdem, wie viel das Opfer im Moment verkraften kann, wird es sich mehr oder weniger öffnen. Diese Berichte gehen häufig mit heftigen Gefühlsausbrüchen wie Tränen, Schreien und Wutausbrüchen einher. Die professionelle Gesprächspartnerin sollte durch ihr Verhalten zeigen, dass sie diese sowohl zulassen als auch aushalten kann. Auch wenn es Nichtbetroffene befremdet – es ist gut möglich, dass ein Täter trotz allem immer noch geliebt wird. Auch dies ist normal und sollte so stehen gelassen werden. Dabei muss dem betroffenen Kind aber versichert werden, dass es keinerlei Schuld am Vorgefallenen trägt.

Zusammengefasst heißt das, die Erzieherin sollte eine gute, sehr aufmerksame Zuhörerin sein, die das Berichtete unkommentiert akzeptiert und stehen lässt. Niemand erwartet von ihr, dass sie sofort „Handlungsrezepte" zur Hand hat. Zuerst einmal geht es ausschließlich darum, dem Opfer Zeit zu geben, etwas Schreckliches oder Unfassbares in Worte zu fassen und mit Hilfe eines Vertrauten zu betrachten.

Irgendwann im Laufe des Gesprächs wird sich die Frage stellen, wie es nun weitergehen soll. Kleinere Kinder sollten entlastet werden, indem der Erwachsene glaubhaft versichert, alles Weitere in die Hand zu nehmen und für Abhilfe zu sorgen. Ältere Kinder oder Jugendliche sollten zustimmen, dass weitere Hilfe in Anspruch genommen werden muss. Jeder Schritt sollte mit ihnen abgesprochen sein. Je älter das Kind, desto wichtiger ist es, ihm zu erklären, dass intensive fachliche Unterstützung benötigt wird, damit weitere Verletzungen ausgeschlossen werden können. Fachberaterinnen der oben genannten Stellen haben Handlungskompetenzen um zu erreichen, dass das betroffene Kind beispielsweise vom Täter getrennt wird und umgehend therapeutische Hilfe erhält. Die Frage nach einer Strafanzeige stellt sich erst später, und sollte sorgfältig bedacht werden.

Aus der psychologischen Forschung wissen wir, dass es jede Menge Untersuchungen zu Opfer- und Täterprofilen gibt. Auch die traurige Tatsache, dass manche Täter selbst ehemalige Opfer waren, die nie eine Chance erhielten das Erlittene aufzuarbeiten, ist bekannt.

Vorbeugende, erzieherische Maßnahmen

Kinder, vor allem kleine Mädchen, gilt es stark zu machen. Denn durch eine positive Ausstrahlung, mit der sie signalisieren: „Ich kann mich wehren", sind sie weniger attraktive Opfer als diejenigen, die „geknickt" und gebeugt „daherkommen", und somit den Eindruck erwecken, leicht „handhabbar" und verletzbar zu sein. Zunächst muss dabei an die – immer noch! – traditionellen Geschlechterrollen vom „starken, durchsetzungsfähigen" Jungen, und dem „braven, anpassungsfähigen, nachgiebigen" Mädchen gedacht werden. Diese Vorstellungen sind leider immer noch fest in unseren Köpfen verankert. Dem kann dadurch entgegengesteuert werden, wenn Jungen vermittelt wird, dass nur ein starker Mensch alle Gefühle zulassen und zeigen kann. Auch solche, welche fälschlicherweise als Schwäche interpretiert worden sind wie Traurigkeit, Hilflosigkeit und Verletzlichkeit. Es wird höchste Zeit, dass der „Indianer", der angeblich keinen körperlichen und seelischen Schmerz kennt, endlich und endgültig in der Versenkung verschwindet. Vielmehr müssen alle Kinder frühzeitig lernen, alle Gefühle bei sich wahrzunehmen, diese zu benennen und in angemessener Form zu äußern. Jungen dürfen weinen und auch ihren Wunsch nach Nähe und Geborgenheit ausdrücken. Mädchen müssen lernen, ihre Wünsche wahrzunehmen und auszudrücken – nicht durch hilfloses Weinen, sondern durch angemessenes Formulieren in Worten, nötigenfalls durch ein donnerndes „Nein!".

Dazu gehört auch, dass Kinder lernen, ihren Körper als etwas wahrzunehmen, von dem nur sie selbst wissen, wie er reagiert und sich anfühlt. Keine Erzieherin wird ein Kind im T-Shirt in den Schnee laufen lassen, weil draußen die Sonne scheint! Vielmehr sollte sie nachfragen, weshalb das Kind sich nicht warm anziehen will. Die mögliche Antwort des Kindes: „Weil die Sonne scheint; und wenn die Sonne scheint, ist es warm", hat nichts mit Wahrnehmung zu tun, sondern mit den typischen Denkprozessen eines Vorschulkindes. Beharrt ein Kind aber darauf, dass der Pullover kratzt, obwohl er sich für den Erwachsenen weich anfühlt, dann beruht dies auf der unterschiedlichen taktilen Wahrnehmung zweier Menschen. Wessen Haut hat Recht? Kinder sollten immer wieder erleben, dass man ihnen ihre Empfindungen nicht ausreden will – wie beispielsweise mit der Standardaussage: „Die Großen wissen besser, was gut für dich ist!".

Das Gleiche gilt für gefühlsmäßige Empfindungen. Ist ein Kind über das, was ein anderes zu ihm sagte, gekränkt, dann muss das so stehen bleiben dürfen, auch wenn ein Dritter sich darüber amüsieren könnte. Jeder hört, sieht und fühlt ein bisschen anders. Andersartigkeit ist also nicht „komisch", sondern eben anders und einzigartig. Individuelle Unterschiede wahrnehmen dürfen, heißt auch, Individualität als Bereicherung erleben.

Natürlich ist es anstrengend, einem Kind Individualität zuzugestehen und gleichzeitig, angemessene Anpassungsfähigkeit zu vermitteln. Es ist ein Balanceakt zwischen Freiheit und Grenzen. Doch nur ein Kind, das gelernt hat auf seine Empfindungen zu vertrauen, wird in der Lage sein darauf zu beharren, dass das, was ein Täter ihm als „schön" zu vermitteln versucht, in Wirklichkeit eben doch eklig und unrecht ist.

Auf sich selbst vertrauen können, ist wichtig! – „Nein" sagen können ebenso. Kinder müssen wissen, dass es Bereiche gibt, in denen der Erwachsene größere Erfahrung hat und daher festlegen darf, was richtig ist. So zum Beispiel, dass Fernsehen vor dem Schlafen schlecht ist, und daher nicht stattfindet. Über ihren Körper und ihr Empfinden jedoch, bestimmen aber ausschließlich sie selbst: Wenn ihnen das Badewasser zu heiß ist, dann ist das zu ändern. Wenn sie die Küsse der Tante unangenehm finden und nicht von ihr geküsst werden wollen, dann ist das zu akzeptieren. Die Sinne der Kinder sind häufig noch sensibler als die der Erwachsenen, sodass sie vielleicht wahrnehmen, was unserer Nase oder Haut schon entgeht. Trotzdem werden sie lernen, der Tante höflich zu begegnen.

Kinder müssen lernen, gute und schlechte Geheimnisse zu unterscheiden. Gute Geheimnisse erkennen sie daran, dass sie Freude machen. Schlechte Geheimnisse bedrücken, lassen schlecht einschlafen oder machen sogar Schmerzen. Schlechte Geheimnisse müssen aus der Welt geschafft werden, indem sie jemandem mitgeteilt werden, der vertrauenswürdig ist. Allerdings setzt dies voraus, dass das Kind in einer Umgebung aufwächst, in der Vertrauen alltäglich ist.

Letzten Endes kann sich ein Kind besser gegen sexuelle Gewalt schützen, wenn es über Liebe und Sexualität Bescheid weiß. Dazu gehört angemessene Aufklärung im Elternhaus, im Kindergarten und in der Schule. Elternabende zu den Themen: „Wie schütze ich vor sexuellem Missbrauch?", „Erziehung zu unbedingtem Gehorsam?", „Geschlechtsspezifische Erziehung" und „Sexualerziehung", sollten in regelmäßigen Abständen stattfinden, und möglichst viele Eltern erreichen.

Buchempfehlungen zum Weiterlesen:

Enders, U. (1995): Zart war ich, bitter war's. Handbuch gegen sexuelle Gewalt. Kiepenheuer und Witsch, Köln

Kinder- und Jugendbuch:
Braun, G., Wolters, D. (1991): Das große und das kleine NEIN. Verlag an der Ruhr, Mülheim a. d. Ruhr
  Ab 4 Jahre. Thema: Das Recht auf Selbstbestimmung
Funke, C. (1997): Prinzessin Isabella. Oetinger, Hamburg
  Ab 4 Jahre. Thema: Mut, Selbstbewusstsein

3.8 Es muss nicht immer gleich Therapie sein! – Heilpädagogisches Handeln bei Verhaltensauffälligkeiten

Angesichts mehrerer, und damit verständlicherweise oftmals auch verwirrender Verhaltensauffälligkeiten eines Kindes sind Erzieherinnen ratlos oder sogar hilflos. Therapie, wie auch immer, scheint dann das rettende Allheilmittel zu sein. Um daran zu erinnern, wie vielfältig die erzieherischen und heilpädagogischen Hilfsmöglichkeiten sein können, möchte ich diese im Folgenden strukturieren.

Unter Berücksichtigung der Überlegungen, wie Verhaltensauffälligkeiten entstehen, heißt heilpädagogische Hilfen anbieten: ein Milieu zu bieten, in dem ein Kind sich wohl und geborgen fühlen kann. Eine freundliche Umgebung, eine beruhigende Atmosphäre, erlauben loszulassen und innere Spannungen abzubauen. Dort wird das Kind ermutigt, seine positiven Fähigkeiten zu entdecken und auszuleben, und somit alternatives Handeln zu erlernen.

Sein Verhalten soll sich also normalisieren können und stabil werden, damit es sich im Zusammenleben mit anderen als gleichwertig erleben kann. Nur so ist Integration vorstellbar. Dazu brauchen Kinder und Jugendliche Grenzen und Geborgenheit. Ich nenne Grenzen und Geborgenheit in einem Atemzug, da vernünftige und klare Grenzen Sicherheit vermitteln. Und Sicherheit ist die Basis von Geborgenheit.

Carl Rogers, der große amerikanische Psychologe und „Vater" der klientzentrierten Gesprächspsychotherapie, hat in seiner Arbeit verdeutlicht, dass eine stabile Beziehung die Grundlage für emotionales Wachstum, und für die Bereitschaft sich zu verändern, darstellt (Rogers 2002). Dabei spielt Empathie eine große Rolle. Die Fähigkeit also, sich in den anderen hineinzuversetzen und einzufühlen, um seine Sicht von der Welt nachvollziehen zu können. Bewertendes oder kritisierendes Verhalten kann dabei durch eine akzeptierende Grundhaltung ersetzt werden. Dadurch, dass der andere bei sich bleiben darf, gewinnt er genügend innere Sicherheit, um darüber nachzudenken zu können, ob es Verhaltensalternativen gibt.

Bei Verhaltensalternativen wird ein Kind auch immer nach seinen wichtigen Bezugspersonen schauen, und sich an deren Verhalten orientieren. Also sollten diese Personen selbst Vorbild sein, beispielsweise darin, wie man seine Gefühle angemessen ausdrückt. Dazu zählen: Den eigenen Ärger ansprechen, bei sich selbst Aggressionen ernst nehmen, und sie als Signal dafür sehen, dass man sich überfordert fühlt oder eine angemessene Konfliktbewältigung bislang nicht durchgeführt hat. Stressfaktoren wie anhaltender Lärm sollten benannt und, möglichst, beseitigt oder zumindest gemildert werden. Kinder achten genau darauf, inwieweit der Erziehende authentisch ist, das heißt, ob seine Worte und seine Körpersprache übereinstimmen. Ein Verbot oder eine Ermahnung sollte klar und deutlich formuliert und mit kräftiger Stimme geäußert werden. In ein Lächeln verpackt und bittend, leise geäußert, wirkt es doppeldeutig, ruft Verwirrung hervor und wird nicht ernst genommen.

Bei Kindern, die ihre Aggressionen nicht zeigen können, also entweder sehr gehemmt oder überangepasst wirken, treffen wir häufig auf unerwünschtes Verhalten, welches Aufmerksamkeit auf sich zieht – zum Beispiel regelmäßiges zu-spät-Kommen. Diese Kinder versuchen sich gerne mit den Worten zu rechtfertigen: „Ich tue ja alles um pünktlich zu sein, aber es klappt halt nicht!". Oder sie nennen Gründe, welche verhinderten, dass sie pünktlich sein konnten. Klares Handeln würde bedeuten, freundlich aber bestimmt, Konsequenzen des zu-spät-Kommens aufzuzeigen: „Wenn du zu spät kommst, bekommst du nicht noch einmal extra erklärt ... sondern musst dir nach der Stunde den Sachverhalt von deinen Freunden erklären lassen!"; „Wenn du zu spät kommst, musst du warten bis ...!". Wichtig ist, dass aus dem zu-spät-Kommen keine Sonderrolle mit extra Behandlung entstehen kann.

Klarheit setzt voraus, sich vorher in Ruhe zu überlegen, welche Regeln so wichtig sind, dass sie immer angewandt werden sollten. Flexibilität ist wichtig, doch kann zuviel davon zu einem unübersichtlichen Chaos führen. Außerdem sollte die Atmosphäre im Team jene Sicherheit vermitteln, wie sie Kinder spüren, wenn sich die Erwachsenen in ihren Vorgehensweisen einig sind.

Zu Regeln und Grenzen ist anzufügen, dass diese vorgegeben werden können, dann aber auch plausibel gemacht werden sollten. Alternativ können sie gemeinsam mit der gesamten Gruppe erarbeitet, diskutiert und festgelegt werden. Ebenso wäre es hilfreich, gemeinsam zu beschließen, welche Konsequenzen bei Regelverstößen eintreten werden. Bezieht man die Kinder bei diesen Überlegungen mit ein, kann man davon ausgehen, dass sie sich viel eher damit identifizieren werden – sie fühlen sich verantwortlich für ihr eigenes Tun und Handeln. Damit wird, als Nebeneffekt, Selbständigkeit und ein gesundes Selbstbewusstsein gefördert.

Durch das Verteilen kleiner, gut bewältigbarer Aufgaben können Fähigkeiten einzelner Kinder sichtbar gemacht und ebenfalls die Selbständigkeit gefördert werden. Und mehr noch: Die Erkenntnis, „ich kann etwas", oder sogar, „das, was ich tue, ist für die Gruppe wichtig", kräftigt das Selbstwertgefühl und schafft die Grundlage für ein gesundes Selbstbewusstsein. Das Kind hat erlebt, dass ihm etwas zugetraut worden ist, dass ihm eine Situation (zum Beispiel den Geschirrspüler einfüllen), bestimmtes Material (zum Beispiel Porzellan und Gläser) und sogar Menschen (zum Beispiel den Kleineren zeigen wie sie helfen können) anvertraut worden sind.

Damit die erwähnten kleinen Aufgaben sinnvoll und zielgerichtet vergeben werden können, sollte man bei jedem Kind, egal wie problembelastet es sich im Moment zeigt, eine Liste positiver Besonderheiten anlegen. Das kann Zeit kosten! Um bei einem Kind, das sich gerade als „Igel" präsentiert, Positives und Liebenswertes zu entdecken, muss man manchmal sehr lange und geduldig hinschauen, oder eine Kollegin um Mithilfe bitten. Es geht um Beobachtungen wie: „Was kann das Kind gut?", und „Wie sehen seine Wünsche aus?".

In Wünschen sind oftmals Träume enthalten, die nicht jedes Kind jeder Person preisgeben mag. Vielmehr ist eine gewisse Gesprächskultur Voraussetzung dafür. Die beiden wichtigsten Regeln lauten hierbei: Sich geduldig Zeit nehmen und gut zuhören können. Kaum ein Kind wird einem solchen Angebot widerstehen können. Insbesondere dann, wenn es immer wieder erlebt hat, dass es von seiner Erzieherin wahrgenommen wird: Beim Ankommen und Weggehen mit Blickkontakt freundlich angesprochen zu werden, gehört zu den Selbstverständlichkeiten. Eine kurze Berührung und die interessierte, ernst gemeinte Frage: „Wie geht es dir heute?" – all das schafft Vertrauen und Sicherheit.

Immer häufiger haben Erzieherinnen mit Kindern zu tun, die durch eine gestörte Wahrnehmungsverarbeitung in einem inneren Durcheinander oder sogar Chaos leben. Daher ist Klarheit bei Zeitpunkten und -abläufen, sowie Überschaubarkeit in Räumen unerlässlich. Feste Zeiten für bestimmte Ereignisse oder Aufgaben zählen dazu. Rituale, wie regelmäßige Essenszeiten, Ruhepausen und Spielzeiten, geben Orientierung und einen verlässlichen Rahmen. Selbstverständlich können die Kinder dabei mitgestalten, vorausgesetzt, sie werden nicht überfordert. Wer schon Probleme dabei hat, drei verschiedene Hausaufgaben „auf die Reihe zu bekommen", wird sich sicherer fühlen, wenn die Hausaufgabenzeit in eine Nachmittagsgestaltung eingebettet ist, die die Erwachsenen festgelegt haben, und deren Ablauf sie steuern. Alle Kinder lieben Feste und Feiern. Daher sollten Geburtstage und besondere Festtage einen Jahresablauf bilden, in dem sich ein Kind wieder finden, und sich, dank der Wiederholungen, zunehmend zurechtfinden kann.

So wichtig wie übersichtliche Zeitstrukturen ist räumliche Ordnung. Dazu gehört die Gestaltung des Gruppenraumes. Kinder sollten bei Raumaufteilung und Einrichtung des Raumes mitbestimmen dürfen. Das kann so weit gehen, dass Kinder beim Renovieren mithelfen dürfen: Wer beim Tapezieren oder Anstreichen mitgearbeitet hat, wird viel eher pfleglich mit den frischen Wänden umgehen. Weshalb nicht auch einmal ein „demoliertes" Möbelstück gemeinsam reparieren und wieder herrichten? Dabei kann man etwas wieder gutmachen, überschüssige Energie loswerden und begreifen, dass manche Alltagsgegenstände sorgfältigen Umgang erfordern.

Bereits oben habe ich die wichtige Bedeutung einer gepflegten Gesprächskultur betont. Als Modell dient das eigene Gesprächsverhalten: „Lasse ich andere zu Wort kommen oder rede ich „ohne Punkt und Komma"?", „Lasse ich den anderen aussprechen und „bin ganz Ohr?". Ein nachahmenswertes Beispiel ist der Erwachsene, der höflich aber bestimmt mitteilt, was ihn stört oder, was er sich als Änderung einer Situation wünscht.

Ein freundliches Gesprächsklima lädt ein, sich sprachlich zu äußern – eine Fähigkeit, die vielen Kindern im Vorschulalter zunehmend verloren geht. Die Erzieherin, die sich einen unbeholfen formulierten Satz geduldig anhört und durch ihr Verhalten vermittelt: „Ich möchte dich verstehen", ermutigt Kinder, sich überhaupt zu äußern. Wo schnell kritisiert und korrigiert wird, hält man lieber den Mund, um sich nicht unnötig zu blamieren.

Erschreckenderweise führen gerade Störungen der Wahrnehmungsverarbeitung dazu, dass Kinder sich in ihrem Körper nicht auskennen. Dazu gehört, dass sie ihre eigenen Gefühle und die dazugehörige Mimik nicht erkennen. Wer nicht weiß, wie ein trauriges Gesicht aussieht, der kann auch bei anderen einen bestimmten Gesichtsausdruck nicht erkennen und einordnen. Dass daraus viele Missverständnisse resultieren können, liegt auf der Hand. Um diese Fähigkeit zu schulen, sollten Erzieherinnen „Nachhilfe" geben: Das einfachste Hilfsmittel ist ein Spiegel, in den Erzieherin und Kind hinein schauen, um Gesichtsausdruck und Mimik spielerisch kennen- und unterscheiden zu lernen. Einfach und eindeutig gezeichnete Gesichter – ein Smiley, ein grimmiges Gesicht, ein neutraler Gesichtsausdruck – können helfen zu identifizieren, ob ich mich heute fröhlich, ärgerlich oder „weder noch" fühle. Wenn diese Grundstimmungen beherrscht werden, kann die Palette um Gefühle wie Traurigkeit, Ekel, Angst und mehr erweitert werden.

Sprache dient auch dem Ausdruck von Aggression. So können Schulkinder, die Ärgerliches und Belastendes nicht aussprechen möchten, dies auch aufschreiben. Hinterher wird entschieden, ob das Geschriebene an einem sicheren Platz verwahrt, ob es zerrissen oder sogar verbrannt wird.

Beliebt bei Kindern jeden Alters, ist das Spiel „Schimpfwörter rufen": Hierbei darf jeder, dem ein Schimpfwort einfällt, es der Reihe nach in den Raum rufen, oder aber alle rufen gleichzeitig durcheinander. Das Spiel ruft viel Gelächter hervor, und motiviert die hartnäckigsten „Schweiger" zum Mitmachen.

Im Grenzbereich zwischen „miteinander ins Gespräch kommen" und „Spannungen abbauen durch Bewegung", finden wir die so genannten Anti-Aggressions-Trainings und die Präventivprogramme. Zu den Präventivmaßnahmen möchte ich zwei Beispiele anführen: Erstens das ursprünglich australische „Triple P" (Positive Parenting Program), das sich an Eltern wendet und ihnen Hilfen vermittelt, um erwünschtes Verhalten gezielter fördern zu können. Als Nebeneffekt wird die Beziehung zwischen Eltern und Kindern verbessert (Petermann u. a. 2001).

Zweitens das von Manfred Cierpka entwickelte Gewaltpräventions-Programm mit dem Namen „Faustlos", welches auf einem bereits weltweit erfolgreichen Programm für Schulkinder basiert. Dieses trainiert bei vier- bis sechsjährigen Kindern so wichtige Fähigkeiten wie, Gefühle bewusst wahrnehmen und zuordnen können, sich in andere einfühlen und Mitgefühl empfinden können, sich selbst beherrschen und Konflikte lösen können. Anhand amerikanischer Studien konnte gezeigt werden, dass das Programm einen Rückgang von aggressivem Verhalten bewirkt (GEO 03/2004, 150 ff).

Konflikte angemessen sprachlich zu lösen, ist gerade auch für Mädchen eine wichtige Fähigkeit. Da Mädchen weniger „zuschlagen" als Jungen, setzen sie Sprache besonders gerne als „Waffe" ein. Im arabischen Kulturraum gibt es ein Sprichwort, das sinngemäß lautet: „Die Zunge ist das schärfste Messer, sie schlägt die tiefsten Wunden!" – ein Gedanke, der aufgegriffen werden könnte, wenn Mädchen sich bei Gruppenleitern auffällig oft über die gewalttätigen Jungen beklagen.

Die positive Auswirkung von Bewegung und Entspannung auf den Abbau von körperlichen und seelischen Verspannungen und auf depressive Verstimmungen ist vielfach belegt.

Wir müssen davon ausgehen, dass Kinder und Jugendliche unter einem chronischen Bewegungsdefizit leiden. Ein Grund dafür, ist das Fehlen ansprechender Spielräume. Ein weiterer ist die Tatsache, dass viele Kinder durch zusätzliche Programme zum Erlernen von Musikinstrumenten, Ballett, Fremdsprachen und Sportprogrammen zu wenig Zeit haben, um ungestört spielen und toben zu können. Eine Erzieherin kann hier vielfach kompensieren, indem sie das Wochenprogramm so gestaltet, dass spielerische Bewegungsangebote einen Großteil der Zeit einnehmen. Bewegung im Freien wäre hier besonders wirkungsvoll, da „Gärtnern und Matschen" allen Kindern Spaß macht. Auch der Bau eines Baumhauses, mit Vorbereitung, Durchführung und anschließender intensiver Nutzung, stellt ein Projekt dar, bei dem es um weit mehr geht, als um „Dampf ablassen" beim Sägen der dafür benötigten Hölzer und Einschlagen der Nägel. Auch bei schlechtem Wetter bietet ein Bewegungsraum vielfältigste Möglichkeiten. Dort können Kinder laufen und rennen, sich rhythmisch bewegen, tanzen, nach Regeln kämpfen und vieles mehr. Das fachliche Wissen über Bewegung und Rhythmik, das die Erzieherin im Studium erworben hat, kann hier angewandt und umgesetzt werden.

Wer von lang andauernder Bewegung angenehm müde geworden ist, wird die sich daran anschließenden Entspannungsangebote besonders genussvoll erleben können. Es lohnt sich daher für Erzieherinnen, Zusatzqualifikationen für Autogenes Training oder Progressive Muskelentspannung nach Jacobson zu erwerben. Auch werden so genannte Phantasiereisen auf der Basis des Autogenen Trainings vielfältig angeboten. Man kann sie sich aber auch selbst ausdenken und mit entsprechender Entspannungsmusik unterlegen. Doch gilt insbesondere bei sehr unruhigen Kindern: „Weniger ist mehr" – also lieber einmal auf Hintergrundmusik ganz verzichten, und die eigene Stimme als beruhigendes Instrument einsetzen.

Zur Erzieherausbildung zählt auch der künstlerisch kreative Bereich. Hier wird vermittelt, wie vielfältig Musik im Alltag eingesetzt werden kann: Nämlich nicht nur zur Beruhigung und Entspannung, sondern auch zur Selbsterfahrung, zur Förderung von Selbstbewusstsein, und um sich immer wieder als Mitglied in einer Gruppe zu erleben. Angebote für das selbst Musizieren, in rhythmischen Übungen und Percussion, sind bei etwas Begabung sehr beliebt. Zeichnen, Malen, Basteln und Werken, bieten vielfältigste Möglichkeiten, kindliche Fähigkeiten zu nutzen und sichtbar zu machen. Zorn, wie auch überschäumende Freude, können in einer Zeichnung oder einer Tonfigur ausgedrückt werden.

Ein buchstäblich bezauberndes Angebot für Kinder, die gerne im Mittelpunkt stehen oder davon träumen, einmal positiv im Mittelpunkt zu stehen, ist das Erlernen einfacher Zauberkunststücke. Gerade für jüngere Kinder sind Spiele mit Finger- und Handpuppen, mit Puppen, deren Gesichter Gefühlsausdrücke zeigen oder die Behinderungen haben, ein ausgezeichnetes Angebot, um sich „auszuspielen". Hierdurch kann etwas ausgelebt und verarbeitet werden, wofür vielleicht Worte fehlen, oder was so „heiß" ist, dass das Kind sich nicht traut, darüber zu sprechen. Es macht für Kinder einen entscheidenden Unterschied, ob sie einer Vertrauensperson ein schlimmes Erlebnis erzählen, was in ihren Augen vielleicht als „Petzen" gilt, oder ob die Puppe berichtet, was vorgefallen ist.

Ältere Kinder bevorzugen Rollen- und Theaterspiele. Spiele mit Masken haben therapeutischen Wert. Märchen, Bilderbücher und vorgelesene oder erzählte Geschichten vermitteln ihnen, dass es auch andere Kinder gibt, die Konflikte aushalten müssen. Gleichzeitig werden Lösungen angeboten, in die man sich in Ruhe hineindenken, und die man später vielleicht übernehmen kann.

Abschließend möchte ich daran erinnern, dass die Erzieherin als „Anwältin des Kindes" ihm auch immer wieder Zeit schenken kann für das freie, absichtslose Spiel. Wie gern spielen Kinder vor sich hin – wenn wir sie nur in Ruhe lassen – und spielen sich dabei intuitiv kleinere Ängste und Nöte „von der Seele".

Buchempfehlungen zum Weiterlesen:

Bunk, U. (2004): Spiel. Methoden in Heilpädagogik und Heilerziehungspflege. Bildungsverlag EINS, Troisdorf

Delfos, M. (2004): Sag mir mal … Gesprächsführung mit Kindern. Beltz, Weinheim

Fröhlich-Gildhoff, K., Dörner, T., Rönnau, M., (2007): Prävention und Resilienzförderung in Kindertageseinrichtungen – PRiK. Ernst Reinhardt, München/Basel

Kaiser, Th. (2002): Das Wut weg Buch. Christophorus-Verlag, Freiburg i. Br.

Murphy-Witt, M. (2001): Spielerisch im Gleichgewicht. Christophorus-Verlag, Freiburg i. Br.

Pighin, G. (2005): Kindern Werte geben – aber wie? Ernst Reinhardt, München/Basel

Stöcklin-Meier, S. (2003): Was im Leben wirklich zählt. Mit Kindern Werte entdecken. Kösel, München

Zwenger-Balink, B. (2004): Komm, wir finden eine Lösung. Ernst Reinhardt, München/Basel

Kinder- und Jugendbuch:

Funke, C., Meyer, K., (1997): Prinzessin Isabella. Oetinger, Hamburg
Ab 4 Jahre. Thema: Mut und Selbstbewusstsein

Lobe, M., (1972): Das kleine Ich bin Ich. Jungbrunnen, Wien
Ab 4 Jahre. Thema: Selbstbewusstsein

4 Wenn nichts mehr Spaß macht – Depressionen im Kindes- und Jugendalter

Die zwölfjährige Linda lebt seit zwei Jahren in einer betreuten Wohngruppe. Hier gilt sie als ruhig und äußerst zurückhaltend. Von Besuchen zu Hause kehrt sie bedrückt und niedergeschlagen zurück. Linda war ins Heim gekommen, als ihre Mutter schwer an Krebs erkrankte. Mit ihrem Stiefvater und dem jüngeren Stiefbruder verstand sie sich so schlecht, dass sie wiederholt weglief und nachts von der Polizei aufgegriffen wurde. Als Grund für ihr Weglaufen gab sie an, geschlagen worden zu sein.

Die Situation hat sich nun aber verändert: Vor wenigen Wochen ist ihre Mutter gestorben. Linda will in der Wohngruppe bleiben. Obgleich das bewilligt worden ist, geht es Linda nicht gut. Hinzu kommen Schulschwierigkeiten. Derzeit geht sie in die sechste Klasse eines Gymnasiums. Ihre Noten sind nicht ausreichend, sodass sie die Probezeit wahrscheinlich nicht bestehen kann.

Linda hat Maren, einer Erzieherpraktikantin, anvertraut, dass sie am liebsten tot wäre. Sie mache alles falsch und wisse, dass ihre Mutter nur deshalb krank geworden sei, weil sie sich mit ihrem neuen Vater und Bruder nicht vertragen hätte.

Die Praktikantin spricht mit dem Erzieher, da sie Angst um Linda hat. Dieser nimmt das Gespräch sehr ernst. Ihm war bereits aufgefallen, dass Linda sich immer mehr aus dem Gruppengeschehen zurückzog. Auch hatte er bemerkt, dass sie zunehmend ungepflegt aussah und schlecht roch. Dabei störte dieser Umstand die anderen Kinder weniger als die Tatsache, dass Linda seit kurzem begonnen hatte unbeherrscht zu schreien und zu schlagen, um danach laut weinend und „Türen schlagend" auf ihr Zimmer zu flüchten.

Angesichts einer solchen Problematik fragen sich Erzieherinnen, ob man Trauerarbeit und Depression unterscheiden kann, und ob es überhaupt Depressionen im Kindes- und Jugendalter gibt.

Stellen Sie sich vor, ein Vorschulkind hat seinen Opa verloren. Obwohl Kinder in diesem Alter die Endgültigkeit des Todes noch nicht erfassen können, wird unser Vorschulkind sehr traurig sein, vorausgesetzt, der Opa war eine wichtige Person in seinem Leben. Das Kind wird häufig davon erzählen, was der Opa alles mit ihm unternommen und gemacht hat. Dabei fließen die Tränen. Trotzdem kann das Kind leicht abgelenkt werden, wenn zum Beispiel ein spannendes Spiel beginnt, bei dem es mitmachen darf. Dann tritt seine Trauer für die Dauer des Spiels in den Hintergrund. Vielleicht wird sie sogar für den Rest des Tages vergessen, möglicherweise für länger. Unser Kind kann unbeschwert lachen und weiterleben – bis es durch irgendetwas an seinen Opa und die Tatsache erinnert wird, dass er nie mehr zu Besuch kommen wird. Dann gibt es neue Tränen.

Trauer und Depression

Eine Trauersituation, gerade im Kindesalter, unterscheidet sich von Depressionen vor allem dadurch, dass Trauer, und der damit verbundene seelische Schmerz, von den Betroffenen als lebendig erlebt wird. Von Trauer kann man abgelenkt werden, denn – trotz Trauer – geht das Leben weiter. Trauer ist ein Gefühl, dass sehr intensiv sein kann, im Laufe der Zeit aber seine Intensität verliert. Es ist ein gesundes Gefühl.

Depression wird als ein Grauschleier wahrgenommen, der sich über das ganze Leben legt. Ähnlich einem „bleiernen Mantel", der jede Aktivität erschwert, Lebensfreude zudeckt und den Erkrankten passiv, sogar apathisch werden lässt. Depression gilt in der Medizin und in der klinischen Psychologie als seelische Erkrankung, deren Schweregrade von leicht und vorübergehend, bis zu schwer und anhaltend reichen können. Die schwereren Formen entsprechen dem, was man im heilpädagogischen Verständnis als Behinderung bezeichnet: Eine zumeist lebenslang andauernde und schwerwiegende Beeinträchtigung. Hier trifft man daher auch noch auf die Bezeichnung „seelische Behinderung".

Für die Depression gilt, dass ihre Symptome während der meisten Zeit des Tages, und dies beinahe an jedem Tag, bestehen. Wer depressiv ist, leidet also unter seiner Erkrankung, da es sich um ein durchgehendes Lebensgefühl handelt, das der Betroffene zu Recht als einschränkend erlebt.

Symptome der Depression

Folgende Erkennungsmerkmale kennzeichnen die Depression:

- Interesseverlust an vielen oder sogar an allen Aktivitäten, Langeweile;

- sozialer Rückzug;
- Schlaflosigkeit, Schlafstörungen oder ungewöhnliches Schlafbedürfnis mit anschließender Abgeschlagenheit, Müdigkeit, Energielosigkeit;
- Appetitstörungen, also übermäßiges Hungergefühl oder Appetitlosigkeit;
- innere Unruhe, äußerlich wahrnehmbar durch „Zappeligkeit", oder Hemmung und Antriebslosigkeit;
- Gefühl der Wertlosigkeit, Selbstanklage, Schuldgefühle;
- Konzentrationsstörungen, und folglich sinkende Leistungsfähigkeit;
- Entscheidungsunfähigkeit;
- Gefühl innerer Leere;
- Suizidgedanken;
- Psychosomatische Symptome wie Kopf- und Bauchschmerzen, ohne organische Ursache.

Je schwerer das Krankheitsbild ausgeprägt ist, desto mehr Symptome sind gleichzeitig vorhanden. Hinzu kommt, vor allem bei erkrankten Kindern, dass ihr Lächeln verloren geht, und sie nicht aufgeheitert werden können. Bei Kleinkindern beobachtet man außerdem, dass sie sich ausgesprochen anklammernd verhalten, ängstlich wirken und sich vor Unheil fürchten, wie zum Beispiel vor Räubern, die kommen und ihnen etwas tun könnten. Diese Kinder leiden unter Angstträumen und weinen viel.

Ursachen der Depression

Bei den Ursachen geht man inzwischen von einer familiären Disposition aus, also einer vererbten Veranlagung. Hinzu kommen biochemische Störungen im Neurotransmittersystem, also dem System der so genannten Nervenbotenstoffe. Hier treten Schwankungen beim Serotonin auf.

Doch werden aus der Forschung auch interessante Zusammenhänge zwischen Aggression und Depression berichtet: „Nach einer Zusammenstellung von Kusch und Petermann (1997) entwickeln zirka 20 % der Kinder mit aggressiv-dissozialem Verhalten im Jugendalter eine Depression" (Petermann u. a. 2001, 14). So gilt bislang auch die Überlegung, dass in einer Depression ungelebte aggressive Impulse ihren Ausdruck finden könnten. Dazu würde die Tatsache passen, dass deutlich mehr Mädchen und Frauen an Depression erkranken.

Trotzdem sind Auslöser notwendig, damit ein Mensch an einer Depression erkrankt. Ähnlich wie bei den Verhaltensauffälligkeiten, kommen in der Regel wieder mehrere Faktoren zusammen, damit die Krankheit ausbricht:

1. Zu den **medizinischen Faktoren** zählen schwere körperliche Erkrankungen und hormonelle Schwankungen, oder Veränderungen, wie sie in der Pubertät oder nach einer Geburt typisch sind.

2. **Biologische Faktoren,** wie beispielsweise Schwankungen der Befindlichkeit während des Tages, eines Monats und im Verlauf eines Jahres, sind denkbar.

3. Zu den **psychologischen Faktoren** zählt insbesondere anhaltender Stress, ohne Aussicht darauf, ihn beeinflussen oder ihm sogar entkommen zu können. Zu negativem Stress zählt alles, was uns in unangenehme körperliche und seelische Spannung versetzt: Fehlende Anerkennung, fehlende Unterstützung, fehlende Geborgenheit oder der Verlust eines Menschen, ein Wechsel von Arbeitsplatz oder Wohnort. Enttäuschungen, Hemmungen und eine ängstliche Lebenshaltung begünstigen Depressionen. Ungeliebte Aktivitäten sind ebenso als Auslöser denkbar, wie anhaltende Inaktivität.

Während alle diese Umstände über einen Menschen sozusagen hereinbrechen können, macht sich auf der Seite der Veranlagung ein Umstand bemerkbar, der den erlebten Stresszustand negativ verstärken kann. Die Neigung nämlich, Fehler nur bei sich selbst zu suchen, sich selbst abzuwerten und insgesamt eher negativ zu denken. Fehlende Problemlösungsstrategien können dann eine Situation schnell als „auswegslos" erscheinen lassen, und zu tiefer Niedergeschlagenheit führen.

Die Behandlung der Depression

Dank moderner Medizin und Psychologie, ist Depression heutzutage gut behandelbar. Trotzdem muss, gerade bei einem schweren Krankheitsbild, mit regelmäßig wiederkehrenden Krankheitsphasen gerechnet werden.

Grundsätzlich gilt, dass die Behandlung depressiver Kinder und Jugendlicher genauso in die Hand von Fachärzten und Psychologen gehört, wie die von Erwachsenen. Kinder- und Jugendpsychiater und Psychologische Psychotherapeuten arbeiten dabei zusammen. Häufig wird die psychotherapeutische Behandlung mit einer medikamentösen verbunden. Stimmungsaufhellende Medikamente bedürfen sorgfältiger fachärztlicher Verschreibung und Kontrolle. Sie werden vor allem in der Anfangsphase der Erkrankung verabreicht, um die Wirksamkeit begleitender psychotherapeutischer Maßnahmen zu unterstützen.

Bei Kindern wird man tiefenpsychologisch orientierte Spieltherapie mit Elementen von Verhaltenstherapie verbinden. Parallel dazu finden immer Beratungsgespräche mit den Eltern statt. Wenn es sinnvoll und notwendig erscheint, kann eine systemische Familientherapie angezeigt sein. Ihre Ziele sind, vorliegende Konflikte zu verstehen und zu lösen, Selbstakzeptanz aufzubauen, und das Selbstwertgefühl zu verbessern.

Bei Jugendlichen wendet man Verfahren wie die Klientzentrierte Gesprächspsychotherapie, Verhaltenstherapie oder tiefenpsychologische Verfahren an. Ziele sind, über das Einüben sozialer Fertigkeiten, zum Beispiel Kontaktaufbau und positive Beziehungen zu erreichen. Positive Aktivitäten sollen entdeckt und umgesetzt werden können. Problemlösungsstrategien werden erarbeitet und umgesetzt. Über konstruktives Denken und konstruktive Eigen-Kommunikation, sollen ein stabiles Selbstwertgefühl und Selbstakzeptanz verstärkt werden.

Erzieherische Hilfen

Neben der schwerpunktmäßig therapeutischen Behandlung, kann eine Erzieherin heilpädagogisch eine Menge tun, um die Heilungs- und Lernprozesse des Kindes oder Jugendlichen zu unterstützen. In erster Linie gehört auch hier ein Beziehungsangebot dazu, welches auf Respekt und Interesse beruht, und dem Kind vermittelt, dass es ernst genommen und angenommen wird.

Ein depressives Kind weiß es zu schätzen, wenn man zu ihm hält und realistische Erwartungen an es stellt. Realistisch bedeutet hier, dass ein depressives Kind, im Gegensatz zu einem trauernden, kaum oder nicht aus seiner Verstimmung herausgerissen werden kann, also kaum ablenkbar ist. Trotzdem, oder gerade deshalb, sollte es erleben dürfen, dass zu ihm gestanden wird. Bereits sein Bemühen sollte anerkannt, und jedes „Fünkchen" Lebensfreude wahrgenommen werden. Dazu kann man Situationen schaffen oder nutzen, in denen ein Kind bereits erfolgreich gewesen ist: Fähigkeiten im sportlichen, kreativ-künstlerischen oder organisatorischen Bereich, sowie in zwischenmenschlichen Beziehungen, können genauso genutzt werden, wie Interessen oder Hobbies. Im Zusammenhang mit Bewegungsangeboten möchte ich hierzu einen kurzen Blick auf eine Erkenntnis aus der Sportmedizin werfen: So soll regelmäßige körperliche Bewegung wie z. b. Laufen, Wandern oder Radfahren zu nachweisbarer Besserung führen, was durch zahlreiche wissenschaftliche Studien belegt worden ist. Ein Tipp für bewegungsfreudige Erzieherinnen?

Doch auch das Übertragen eigenständiger Aufgaben, die möglicherweise für die ganze Gruppe wichtig sind, können das angeschlagene Selbstbewusstsein ein wenig aufpolieren. Dabei sollen insbesondere größere Kinder oder Jugendliche, eigenverantwortlich Entscheidungen fällen dürfen. Ich denke hier an Situationen im stationären Bereich, wo man einmal in der Woche gemeinsam kocht. Dabei kann jeder selbst entscheiden, worin seine Aufgabe besteht und wie viel Verantwortung er übernimmt. Für jemanden, dem es seelisch gerade sehr schlecht geht, kann es eine große, anerkennenswerte Bemühung darstellen, wenn er sich wenigstens zu den anderen dazu gesellt und kleine Handreichungen macht. Dies signalisiert beiden Seiten: „Hallo, hier ist noch jemand!".

Konkrete Hilfen für Linda

Um dieses Kapitel abzuschließen, möchte ich zur Situation von Linda zurückkehren. Das Mädchen hat einen ganz wichtigen ersten Schritt getan, als sie sich der Erzieherpraktikantin anvertraute. Diese wiederum zeigte verantwortungsvolles Handeln, als sie sich entschied, den Todeswunsch von Linda ernst zu nehmen, und sich kompetente Hilfe zu suchen, indem sie den Erzieher ansprach. Zu dritt kann nun darüber gesprochen und nachgedacht werden, welche Hilfen es für Linda geben muss. Die Erzieherpraktikantin hat ihren Wunsch, nämlich tot zu sein, völlig richtig interpretiert, als ein dringendes Bedürfnis nach Hilfe und Veränderung. Dabei müsste unbedingt geklärt werden, warum sich das Mädchen in der Einrichtung noch nicht sicher fühlen kann.

Linda hat ein Schulproblem, welches gemeinsam mit der Schule gelöst werden muss: Ist Linda durchgängig in allen Fächern unter dem Durchschnitt, und somit eher für eine andere Schulart geeignet? – dann muss ihr der Aspekt der Erleichterung verdeutlicht werden; oder ist Linda nur in einigen Hauptfächern schlecht, und es wäre mit Nachhilfe noch etwas zu retten? – die Einschätzung der Lehrer wäre hier wichtig. Könnte die Schulleitung angesichts der dramatischen familiären Situation eine Sonderregelung verantworten?

Linda ist in der Pubertät, einer Phase, welche von heftigen Gefühlsschwankungen gekennzeichnet ist. In welchem Rahmen könnte die Pubertät thematisiert werden, um zu erfahren, wie andere in ihrem Umfeld damit umgehen? Da die Pubertät aber auch Auslöser für eine anlagebedingte Depression sein kann, sollte dies im Vorfeld einer Psychotherapie geklärt werden. Im Rahmen von Diagnostik und Behandlungsplanung kann dann entschieden werden, ob eine Therapie oder nur ein paar Beratungsgespräche notwendig sind.

Auf alle Fälle braucht Linda jemanden, der mit ihr den Verlust der Mutter, und die damit einhergehenden massiven Schuldgefühle, bearbeitet. Es hängt von der Gruppe ab, inwieweit diese, therapiebegleitend, das Thema Verlust bearbeiten mag und kann. Auch wenn dies nicht möglich oder von Linda nicht erwünscht wäre, könnten die Pädagogen ihr vermitteln, wie sie ihre Gefühle wortlos ausdrücken kann: Über Zeichnen, Malen, künstlerisches Gestalten, eigene Musik oder Ausdruckstanz. Auch Tanzsport wie Rock'n'Roll, kann als Mittel zur Entlastung dienen: Man kann sich dabei nicht nur bis zur Erschöpfung austoben, sondern man ist gleichzeitig auf andere angewiesen. Der Tanzpartner repräsentiert ein Stück Sicherheit, ist jemand, auf den sich Linda verlassen kann. Soziale Fertigkeiten werden geschult, Kontakte vertieft. Integration und Dazugehörigkeit wird erlebt, und schließlich ein kleines Stückchen Geborgenheit.

Buchempfehlungen zum Weiterlesen:

Blech, Jörg (2007): Bewegung. S. Fischer, Frankfurt am Main
Kerns, Lawrence L. (1997): Hilfen für depressive Kinder. Huber, Bern/ Göttingen/Toronto/Seattle
Kinder- und Jugendbuch:
Boie, K. (2004): Mit Kindern redet ja keiner. Oetinger, Hamburg
Ab 8 Jahre. Thema: Mutter ist depressiv

5 „… da bleibt mir die Luft weg!" – Kinder mit chronischen Erkrankungen

Die zwölfjährige Kerstin und die dreizehnjährige Karin haben sich bei einem Kuraufenthalt auf einer Nordsee-Insel kennen gelernt. Kerstin hat seit ihrem achten Lebensjahr chronisches Asthma, Karin muss mit einer angeborenen Stoffwechselerkrankung leben, mit Mukoviszidose. Die Erzieherinnen, die die Mädchen in ihrer Gruppe während der sechs Wochen betreuen, freuen sich einerseits über die sprühende Lebendigkeit der beiden Freundinnen. Andererseits ist ihre ständige Wachsamkeit gefordert, da die beiden keine Gelegenheit auslassen, die Erzieherinnen „auszutricksen": Beide Mädchen überbieten sich geradezu darin, Gelegenheiten zu finden, bei denen sie Regeln missachten können. Dabei ist eine wichtige, ja lebensnotwendige, Regel, die zuverlässige Einnahme der Medikamente und das täglich wiederholte, und daher zutiefst verabscheute Inhalieren mit schleimlösenden Substanzen.

Es gibt viele chronische Erkrankungen im Kindesalter, denen Erzieherinnen im Laufe ihrer Berufsjahre begegnen werden: Allergien, die Hauterkrankung Neurodermitis, Diabetes und, besonders in heilpädagogischen Tagesstätten, Anfallserkrankungen wie Epilepsie.

Wenn wir aber den Statistiken Glauben schenken dürfen, nimmt insbesondere die Zahl der Kinder stetig zu, die unter Asthma leiden. Daher habe ich mich entschlossen, gerade diese chronische Erkrankung etwas ausführlicher darzustellen. Weil Mukoviszidose auf den ersten Blick dem Asthma sehr ähnlich scheint, möchte ich zunächst diese beiden Erkrankungen voneinander abgrenzen.

Asthma

Asthma ist eine chronische, entzündliche Erkrankung des Bronchialsystems. Dabei müssen wir uns unser Atmungsorgan wie einen auf dem Kopf stehenden Baum vorstellen: Der Stamm entspricht der Luftröhre, von dem große, mittlere und kleine Äste und Zweige abgehen, die so genannten Bronchien. Diese unterschiedlich großen Atemwege füllen sich im Falle einer Erkrankung mit Schleim, der normalerweise durch Husten wieder abtransportiert wird.

Bei einem Kind, das einen Asthmaanfall erlebt, sind die Atemwege entzündet und durch den Schleim verstopft, weil gleichzeitig die umgebende Muskulatur, diese zusätzlich verengt hat. Dadurch wird die Ausatmung so sehr erschwert, dass nicht mehr genügend tief eingeatmet werden kann. Somit gelangt zu wenig neuer Sauerstoff in die Lunge – Atemnot entsteht. Diesen Zustand versucht nun das Herz durch beschleunigtes Pumpen wieder auszugleichen. Die Atemnot ist als rasselndes, pfeifendes Atemgeräusch hörbar und wird vom betroffenen Patienten als unangenehm bis beängstigend erlebt, je nachdem wie eng die Atemwege geworden sind. Hastiges bis hektisches, hechelndes Atmen wird die Folge sein.

Lange Zeit wurde Asthma den so genannten psychosomatischen Erkrankungen zugerechnet. Heute weiß man, dass ein zumeist vererbtes hypersensibles Atemsystem die Basis für eine mögliche spätere Erkrankung schafft. Asthma kann aber auch durch Allergien oder schwere Atemwegserkrankungen, wie chronische Bronchitis oder Lungenentzündung, ausgelöst werden. Daneben gibt es ein so genanntes Belastungsasthma, das sich bei körperlicher Überanstrengung zeigen kann.

Erzieherische Hilfen bei Asthma

Eine Erzieherin wird sich nun fragen: „Worauf sollte ich besonders achten, wenn ein Asthmatiker zu meiner Gruppe gehört?".

Asthma ist mit modernen Medikamenten sehr gut behandelbar. Diese dienen der Erweiterung der Bronchien, wirken entzündungshemmend und schleimlösend. Dabei gibt es kurzfristig wirkende Mittel und Langzeitpräparate. Das bedeutet, dass ein Patient regelmäßig die vom Facharzt verschriebenen Medikamente einnehmen muss – gerade auch dann, wenn es ihm gut geht. Sinnvoll ist es immer, sich von den Eltern oder dem Kind in die Handhabung der Medikamente einweisen zu lassen.

In der Regel besitzt das Kind ein Spray, ein so genanntes Dosier-Aerosol, das es immer mit sich führen sollte. Die darin enthaltene Substanz kann bei drohender Atemwegsverengung die beginnende Muskelverkrampfung lösen, und dadurch das Abhusten erleichtern. Dieses Spray dient als so genanntes Notfallspray, oder auch zur Vorbeugung vor einer körperlichen Anstrengung, wie zum Beispiel bei einer Bergwanderung. Daneben wird das Kind, abhängig vom

Schweregrad des Asthmas, regelmäßig andere Medikamente einnehmen oder inhalieren müssen, die einer erneuten Entzündung der Atemwege vorbeugen sollen.

Üblicherweise hat eine Erzieherin mit den Eltern abgesprochen, was zu tun ist, wenn das Kind einen Asthmaanfall erleidet: Die Eltern benachrichtigen? Den behandelnden Arzt benachrichtigen? Den Notarzt rufen?

Gerade ältere Kinder werden heutzutage in einem so genannten „Asthma-Verhaltenstraining" darin geschult, kompetent und verantwortungsbewusst mit ihrer Erkrankung umzugehen. Das heißt, dass sie die Wirksamkeit und Notwendigkeit ihrer Medikamente verstehen, und daher damit umgehen können. Es heißt aber auch, dass sie gelernt haben, wie sie sich durch eine günstigere Körperhaltung Erleichterung beim Atmen verschaffen können. Die meisten Kinder finden es beispielsweise in einer solchen Situation höchst unangenehm zu liegen, da hierbei die veränderte Lage des Zwerchfells noch zusätzlichen Atemraum wegnimmt. Günstig sind dagegen alle Körperhaltungen, die im Bereich von Brust und Bauch Raum schaffen.

Wie bereits geschildert, löst Atemnot Beklemmung oder sogar Angst und Panik aus. Um beispielsweise die Zeit bis zum Eintreffen eines Notarztes zu überbrücken, ist es absolut notwendig, dass ein Erwachsener bei dem Kind bleibt. Die meisten empfinden es in dieser Situation unterstützend und beruhigend, wenn sich der Erwachsene einfach dazu setzt. Körperkontakt wird meist als unangenehm erlebt. Falls sinnvoll, könnte der Erwachsene anbieten, laut mitzuatmen. Sein langsamerer Atemrhythmus kann dem Kind dabei als Modell dienen, und unter Umständen dazu beitragen, dass die hektisch gewordene Atmung sich etwas verlangsamt, und damit erleichtert wird.

Die größte Hilfe, die eine Erzieherin in dieser Lage vermitteln kann, ist also, die Ruhe zu bewahren. Bei einem Asthmaanfall wird die notärztliche Hilfe schnellstmöglich kommen. Dem betroffenen Kind werden allerdings die Minuten sehr lange erscheinen – daher ist Beruhigung durch Worte und eigenes Atemvorbild äußerst hilfreich.

Lange Zeit ging man davon aus, dass asthmatischen Kindern eine ängstliche Persönlichkeitsstruktur zu Grunde liegt. Heute weiß man, dass es keine so genannte „Asthmatiker-Persönlichkeit" gibt. Vielmehr ist deutlich geworden, dass auch ein lebensfroher, selbstbewusster Mensch, einen gewissen Verlust an Lebenssicherheit erlebt, wenn er immer wieder körperliche Vorgänge durchleben muss, die unangenehm und beängstigend sind. Wir müssen uns vergegenwärtigen, dass ein anhaltender, schwerer Asthmaanfall (status asthmaticus) als lebensbedrohlich erfahren wird.

Daraus ergibt sich die dringende Notwendigkeit, betroffene Kinder mit angemessenen Hilfen zu begleiten, wozu das oben erwähnte Asthma-Verhaltenstraining zählt. Es gibt dem Kind Sicherheit, da es weiß, wie es mit seiner Krankheit umgehen kann. Eine Erzieherin kann hier eine große Stütze sein, wenn sie dieses Training als wertvoll und bereichernd ansieht, und sich beispielsweise davon berichten, als auch in Handreichungen darin unterrichten lässt. So kann eine Erzieherin bei einer Wanderung in den Bergen eine echte Unterstützung sein, wenn sie der Gruppe erlaubt, mit ihrer Kollegin langsam weiterzulaufen, während sie bei dem Asthmakind bleibt und geduldig abwartet, bis es sich mit seinem mobilen Inhalationsgerät wieder Luft verschafft hat.

Ebenso hilfreich ist es, dem Kind Möglichkeiten zu bieten, sich mit dem Erlebten sowie mit seinen diesbezüglichen Ängsten und Befürchtungen auseinander zu setzen. Kleine Kinder arbeiten ihre Krankenhausaufenthalte möglicherweise dadurch auf, indem sie darüber malen oder „Krankenhaus" spielen können. Ältere Kinder ziehen einen Gesprächspartner, der sie ernst nimmt vor – also jemand der Zeit hat, zuhört und ausreden lässt.

Irgendwann ist aber der letzte Asthmaanfall Vergangenheit, und das Kind möchte wieder normal, sprich möglichst unbeschwert, weiterleben. Seine Medikamenteneinnahme erinnert es ja ohnehin täglich daran, dass da noch etwas anderes ist. Umso größer ist daher sein Wunsch, ein Kind wie jedes andere zu sein: Mitmachen und Mithalten können, vom Normalen, Alltäglichen berichten und erzählen können. Dazu zählt auch der Sport, zu dem diese Kinder durchaus ermutigt werden sollten. Eine Ausnahme bilden jedoch solche Sportarten, die „aus dem Stand" heraus Höchstleistung von ihnen abverlangen, wie zum Beispiel Tennis. Im Zweifelsfall sollte man ruhig auf die Selbsteinschätzung gerade älterer Kinder vertrauen, und sich natürlich immer mit den Eltern oder dem Facharzt absprechen.

Mukoviszidose

Die Krankheit mit dem schwierigen Namen Mukoviszidose (von lateinisch mucus: Schleim und viscidus: klebrig) ist die häufigste vererbbare Stoffwechselerkrankung. Durch einen Defekt auf dem siebten Chromosom kommt es zur Produktion von zähem, klebrigem Schleim in den Atemwegen und in der Bauchspeicheldrüse. In den Atemwegen bildet dieser Schleim den idealen Nährboden für Krankheitserreger, welche schwere Lungenentzündungen hervorrufen können. Gleichzeitig ist die Verdauung dahingehend beeinträchtigt, dass der Organismus nicht genügend notwendige Nährstoffe verarbeiten und speichern kann. Die Folge ist einerseits eine körperliche Unterentwicklung, andererseits führen wiederholte, schwerste Infekte zu einer Überlastung des Herz-Kreislaufsystems.

An Mukoviszidose erkrankt zu sein bedeutet, dass die Lebenserwartung deutlich herabgesetzt ist. Dank fortschrittlicher Medizin – wirksamen Medikamenten bis hin zu Lungentransplantation – ist es inzwischen aber gelungen, die durchschnittliche Lebenserwartung auf zirka fünfundzwanzig Jahre zu erhöhen, wobei von Ausnahmen, mit deutlich höherer Lebenserwartung, immer öfter berichtet wird.

Wie wirkt sich nun eine so schwere Erkrankung auf das Kind und sein Verhalten aus? Während das asthmatische Kind in der Regel längere Phasen erlebt, in denen es frei von Krankheitsbeschwerden ist, sind die Symptome der Mukoviszidose derart massiv, dass sie den normalen Alltagsablauf permanent beeinflussen. Dieser wird durch ein regelmäßiges Programm aus physiotherapeutischen Übungen und Inhalationen bestimmt, welche die Atemwege weiten und das Abhusten des zähflüssigen Schleims erleichtern, und somit die tägliche Lebensqualität verbessern sollen. Natürlich sind sie zeitaufwändig und auf Dauer auch langweilig. Also wird auch ein „vernünftiges" Kind versuchen, hier aus der Zwangsroutine auszubrechen und sich, wider besseres Wissen, freuen, wenn es ihm einmal gelingt, die lästige Pflicht zu überspringen. Der Preis dafür kann hoch sein.

Entgegen der Erwartung, dass Kinder mit Mukoviszidose angesichts der schlechten Prognose niedergeschlagen und traurig gestimmt durchs Leben gehen, erlebt man sie als äußerst aktiv und lebensfroh. Sie können den Eindruck erwecken, dass gerade ihr Wissen um ihre deutlich verkürzte Lebensdauer sie umso bewusster und zielstrebiger leben lässt. Dabei stellen sie sich durchaus selbstbewusst jenen Fragen, die sich um die Lebensverkürzung drehen.

Behandlung und erzieherische Hilfen

Die Krankheit wird durch Medikamente, eine hochkalorische Diät sowie Physiotherapie behandelt. Regelmäßige Krankenhaus- sowie Kuraufenthalte an der Nordsee oder im Hochgebirge gehören zur Normalität.

Auch wenn die Behandlung und Betreuung der betroffenen Kinder zuerst einmal in der Hand von Ärzten und Physiotherapeuten liegt, werden sie es in Kindergarten, Schulhort oder eben einer Kureinrichtung mit Erzieherinnen zu tun haben. Diese können die kleinen und großen Patienten dabei begleiten, neben Inhalieren und krankengymnastischen Übungen, so normal wie möglich zu leben, sowie dabei behilflich sein, die eigenen Möglichkeiten und Grenzen ausloten zu dürfen – eben erfahren zu dürfen, wie persönliche Fähigkeiten aussehen. Dazu ist eine vertrauensvolle Beziehung zu den wichtigsten Bezugspersonen notwendig. Da eine Erzieherin dem Kind nicht so nahe steht wie die Eltern, ist sie in ihrer Sichtweise ein Stück freier. So kann sie ein krankes Kind das eine oder andere Mal ermutigen, trotz Erkrankung bei verschiedenen Aktivitäten dabei zu sein. Gleichzeitig können sich die Eltern ein wenig entlastet fühlen, da sie sich auf die fachliche Kompetenz und das Einschätzungsvermögen der Erzieherin verlassen können.

Ältere Kinder und Jugendliche beschäftigen sich früher oder später mit der Tatsache ihrer verkürzten Lebenserwartung. Zwar ist es die Aufgabe der Eltern und des betreuenden Arztes, das Kind behutsam darüber aufzuklären; verständlicherweise ist es aber auch für viele Eltern ein derart schmerzliches Thema, dass sie selbst erst Zeit brauchen, um zu lernen, damit umzugehen. Daher sind die Kinder auf andere Bezugspersonen angewiesen, die sich darauf einlassen können, mit ihnen über das Abschied nehmen, Sterben und den Tod nachzudenken, und sich darüber auszutauschen. Häufig geschieht dies bei einem Krankenhausaufenthalt, wo der eine oder andere Arzt, eine Krankenschwester und, sehr häufig, eine besonders vertraute Nachtschwester, für einen Gedankenaustausch offen sind. Jedoch sind auch Erzieherinnen, die etwas Abstand zu Krankheit, Klinik und Behandlung haben, als empathische Gesprächspartner gefragt.

An dieser Stelle möchte ich zu unserem Eingangsbeispiel, zu Karin und Kerstin, die ihren Erzieherinnen Kopfzerbrechen bereiten, zurück kehren. Trotz allem Verständnis für die Kinder, sollten sich die Erzieherinnen bewusst sein, dass die beiden Mädchen sie als Modell erleben, an dem sie Orientierung und Halt finden. Das heißt, sie sollten mit beiden immer wieder eindringlich darüber sprechen, wie notwendig eine kontinuierliche Behandlung und Medikation sind – auch wenn das trocken und langweilig wirkt. Das körperliche Wohlergehen steht hier über dem Spaßfaktor.

Chronische Erkrankung und Verhaltensauffälligkeit

Die erfahrene Erzieherin weiß, dass auch chronisch kranke Kinder verhaltensauffällig werden können. Wie andere Kinder auch, sind sie von der Erfüllung ihrer Grundbedürfnisse abhängig. Allein schon durch die Krankheit wird das Bedürfnis nach körperlicher Unversehrtheit, und das damit verbundene Gefühl von innerer Sicherheit, immer wieder verletzt. Auch ein starkes Kind kann irgendwann so verunsichert sein, dass die Psyche nach Hilfe ruft. Bekanntermaßen wird sie Wege finden, um noch mehr Aufmerksamkeit auf das Kind zu lenken. Dazu kommen immer wiederkehrende Krankenhausaufenthalte. Trotz intensiver Bemühungen seitens einfühlsamer Kinderärzte und Kinderkrankenschwestern, kann dann und wann eine erneute stationäre Behandlung für das Kind einfach zu viel, und somit nicht mehr auszuhalten sein – wieder einmal aus allem herausgerissen zu werden, was den Alltag lieb und teuer macht.

Daneben gibt es viele Familien, die an der Last der Aufgabe zerbrechen, das Leben mit einem kranken oder behinderten Kind gestalten zu müssen. Diese Tatsache ist zu respektieren. Angst und Sorge um ein krankes Kind können im Einzelfall Mutter oder Vater überfordern. Leider neigen die ohnehin belasteten Kinder dann schnell dazu, die Schuld für ein Scheitern der elterlichen Beziehung bei sich zu suchen. Im Falle einer Lebenserschwernis, die offenbar bei ihnen liegt, wird die Suche nach einem Verantwortlichen, vorschnell bei ihnen selbst enden. Daraus resultierende Konflikte und Schuldgefühle, finden häufig in abweichendem Verhalten ein Ventil.

Doch machen die übrigen Widrigkeiten des Lebens auch nicht vor kranken Kindern halt, sodass sie Frust in der Schule, Ärger daheim und Enttäuschungen mit Freunden genauso aushalten müssen, wie ihre gesunden Altersgenossen. Dabei kann der eine oder andere überfordert sein und, je nach Alter, wieder einnässen oder weglaufen.

Buchempfehlungen zum Weiterlesen:

Reinhardt, D. (2003): Therapie der Krankheiten im Kindes- und Jugendalter. Springer, Berlin
Kinder- und Jugendbuch:
Getz, D. (2000): Dünne Luft. dtv, München
Ab 12 Jahre. Thema: Allergien. Kampf um ein normales Leben
Theiling, S. u.a. (2001): Der Luftikurs für Kinder mit Asthma. Trias, Stuttgart
Für jedes Alter. Thema: Wie geht man mit Asthma um

6 „Woher weiß ich, ob ein ‚Einstein' in meiner Gruppe ist?" – Kinder mit Hochbegabung

Sabine ist sieben Jahre alt. Sie ist gerade in die zweite Klasse gekommen. Nach der Schule geht sie in den Hort. Dort beobachtet ihre Erzieherin immer wieder, dass Sabine sich zur Einzelgängerin entwickelt. Das in sich gekehrt wirkende, stille Mädchen sitzt nämlich am liebsten zurückgezogen in einer Ecke und liest Sachbücher aus den Bereichen Biologie und Zoologie. Die anderen Kinder lassen sie dabei gern in Ruhe – allgemein heißt es: „Sabine ist langweilig. Mit ihr kann man nicht normal reden!". Tatsächlich hat Sabine offenbar kein Interesse an dem, was die anderen Kinder beschäftigt, seien es Spiele oder Fernsehsendungen des vergangenen Tages. Sie sucht eher das Gespräch mit den Betreuerinnen, um sie in Diskussionen über das soeben Gelesene zu verwickeln. Dabei wird deutlich, dass Sabine sich in ihrem „Spezialgebiet" unglaublich gut auskennt.

Sabine war bereits im Kindergarten durch ihre ausdrucksvolle Sprache und ihren, für ihr Alter ungewöhnlich großen, Wortschatz aufgefallen. Viele Kinder waren dadurch irritiert: „Die redet so komisch!", wurde immer wieder kritisiert.

Im Schulunterricht fällt Sabine ebenfalls aus der Norm. Während sie im Lesen und mit Sachbeiträgen im Heimat- und Sachkundeunterricht glänzt, gilt sie in allen anderen Bereichen und Fächern als unbegabt und desinteressiert. Ihr Klassenlehrer hat sich viel Mühe gegeben, Sabine durch andere Kinder unterstützen zu lassen – leider vergebens, da die Kinder sich durch ihre übergenaue und kritische Art verunsichert fühlen.

Eines Tages beobachtet die Erzieherin, wie Sabine von ihrem wesentlich älteren Bruder und dessen Freund abgeholt wird. Die Erzieherin weiß, dass der Bruder Biochemie studiert. Sabine scheint nun wie ausgewechselt: Mit leuchtenden Augen redet sie lebhaft auf die beiden jungen Männer ein, die sie offensichtlich ernst nehmen.

Die Erzieherin möchte den ganzen Ungereimtheiten auf den Grund gehen und beschließt daher, die Eltern zu einem Gespräch zu bitten.

Bislang haben wir uns mit Kindern beschäftigt, die sich durch Defizite und Einschränkungen verunsichert fühlten – also mit Kindern, die darunter leiden, dass sie von irgendwas zu wenig bekommen. Im Gegensatz dazu verfügen Kinder wie Sabine über mehr – umfangreiche Denk- und Lernfähigkeit, sowie höhere Intelligenz. Dennoch sind auch sie häufig verunsichert: Sie erleben sich als anders, oftmals als allein gelassen, spüren fehlende Anerkennung, oder ein Misstrauen gegenüber ihnen und ihren Fähigkeiten. Somit sind wir auch bei diesen Kindern wieder an dem Punkt, wo wir erkennen, dass auch hier manches Grundbedürfnis unerfüllt bleibt, wie zum Beispiel das Bedürfnis angenommen und wertgeschätzt zu werden für das, was man ist.

Daher fallen hochbegabte Kinder, ähnlich wie lernbehinderte Kinder, häufig durch Schulversagen und Verhaltensauffälligkeiten auf. Lernbehinderte Kinder können im Regelgrundschulbereich umfassend und anhaltend überfordert werden. Hochbegabte Kinder sind permanent unterfordert. Daraus entsteht Langeweile, Desinteresse und manchmal sogar Resignation.

Was ist Intelligenz?

Nach Zimbardo versteht man unter Intelligenz die Fähigkeit des Menschen, die Welt in der er lebt, zu verstehen und sich darin zurechtzufinden, sich gleichzeitig an ihre Anforderungen anzupassen und Erfahrungen zu nutzen. Diese Fähigkeiten äußern sich in sprachlichem Vermögen, in mathematisch-logischem Denken, in Gedächtnis- und Vorstellungsleistungen sowie in kreativem Handeln. Des Weiteren sind diese Fähigkeiten in Intelligenztests messbar, als deren Resultat der so genannte Intelligenz-Quotient (IQ) errechnet wird. Als normal gelten dabei Werte zwischen 90 und 110, wohingegen Werte über 120 als überdurchschnittlich und Werte unter 70 als eindeutiger Hinweis auf eine geistige Behinderung gelten (1995).

Intelligenztests

Es existieren einige klassische Intelligenztests, die im Rahmen psychologischer Diagnostik eingesetzt werden. Inzwischen gilt die „Kaufman-Assessment Battery for Children (K-ABC)" in ihrer Aussagekraft für deutsche Kinder als gesichert, und wird auch hier gerne angewandt. Ihr großer Vorteil ist die Altersspanne von 2,6 bis 12,5 Jahren, womit sie bereits im Kindergartenbereich eingesetzt werden kann (Melchers/Preuß). Als ebenfalls sehr bewährtes Verfahren, hat sich der „Hamburg-Wechsler-Intelligenztest für Kinder (HAWIK)" durchgesetzt. Die Version III wird im Altersbereich von 6 bis 16 Jahren als aussagekräftig betrachtet (Tewes u. a.). Neu hinzugekommen ist der „Bildbasierte Intelligenztest für das Vorschulalter" (BIVA), der sich an der Wechsler-Tradition orientiert und neueste Forschungserkenntnisse der Bereiche Kognition und Neuropsychologie berücksichtigt (Schaarschmidt u. a. 2004).

Doch gibt es bereits im Kindergartenalter eine ganze Reihe von Merkmalen und Besonderheiten, die bei allen hochbegabten Kindern zu beobachten sind, und einer erfahrenen Erzieherin sicherlich auffallen werden. Wichtig dabei ist, dass diese Merkmale gehäuft auftreten müssen!:

- Der Wortschatz der Kinder ist ungewöhnlich groß.
- Ihre Sprache ist sehr ausdrucksvoll und flüssig.
- Sie besitzen sehr eindrucksvolles Detailwissen.
- Sie begreifen schnell und merken sich das Gelernte oder Beobachtete sehr gut.
- Häufig fangen sie bereits vor der Einschulung an zu lesen, lesen viel und bevorzugen Bücher, die ihrem Alter voraus sind.
- Sie sind kritisch und selbstkritisch.
- Sie neigen zu Perfektionismus.
- Bei der Lösung einer interessanten Aufgabe vergessen sie die Welt um sich herum.
- Sie sind verantwortungsvoll und zuverlässig.
- Sie bevorzugen Freunde, die älter sind als sie selbst.
- Sie neigen zu Individualismus.
- Sie beschäftigen sich gerne mit ethischen Problemen wie „gut" und „böse".

Wenn also eine Erzieherin wiederholt beobachtet hat, dass ein Kind regelmäßig mehrere dieser Merkmale zeigt, dann sollte sie nicht zögern und die Eltern zu einem Gespräch einladen, bei dem sie den Eltern ihre Beobachtungen erklärt. Auch sollte sie in der Lage sein die Eltern darüber zu informieren, wo diese eine aussagekräftige Intelligenzdiagnostik durchführen lassen können.

Erzieherische Hilfen

Welche Hilfen wären nun für Sabine, das Mädchen aus der Situationsbeschreibung, zweckmäßig?

Wie bereits oben dargestellt, sollten solche, möglicherweise hochbegabten Kinder, baldmöglichst in einer begabungspsychologischen Beratungsstelle oder bei niedergelassenen Kinderpsychologen vorgestellt und getestet werden. Damit kann negativen Entwicklungen in einem unterfordernden (Schul-) Alltag vorgebeugt werden. Dieser Gedanke sollte auch den Eltern von Sabine nahegelegt werden. Möglicherweise werden sie daraufhin eine Schule suchen wollen, welche den Lernfähigkeiten ihres Kindes mehr entspricht als die herkömmliche Grundschule.

Daneben wäre eine kreative Erzieherin sicherlich in der Lage, die Fähigkeiten von Sabine für alle zu nutzen, beispielsweise im Rahmen eines naturwissenschaftlichen Projekts, in dem sich alle Kinder auf ihre Weise einbringen können. Sabine kann dabei anderen Kindern hilfreich zur Seite stehen, sodass Kontakte zwischen den Kindern gefördert werden.

Sprachliche Ausdrucksförderung sollte in allen Bereichen kindlicher Betreuung Zeit und Raum finden: Vielleicht hätte Sabine ja Lust, die Rolle einer Diskussionsleiterin zu übernehmen? In Absprache mit dem Klassenlehrer lassen sich außerdem sicherlich Extraaufgaben für Sabine finden, die für sie ansprechend und bereichernd sind, und sie zufrieden stellen.

Aber auch hochbegabte Kinder haben ihre Schwächen und Nöte, und sie müssen lernen, damit umzugehen. Auch Sabine sollte lernen, Hilfe anzunehmen. Die anderen Kinder haben damit die Chance, sie als ihresgleichen anzusehen.

Buchempfehlungen zum Weiterlesen:

Mönks, F. J., Ypenburg, I. H. (2005): Unser Kind ist hochbegabt. Ernst Reinhardt, München/Basel
Weitere Informationen und Adressen unter: www.hochbegabungs-links.de

7 Kinder mit Wahrnehmungs-verarbeitungsstörungen

Ein Kind weigert sich, anderen Kindern die Hand zu geben. Wann immer es möglich ist, zieht es seine Kleider aus. Außerdem stößt es sich regelmäßig an den Möbeln und Türrahmen an. Ein anderes Kind weiß nicht, wo vorne und hinten ist, und ein drittes Kind ist bei Mannschaftsspielen aufgrund seiner „Schusseligkeit" und Ungeschicklichkeit unerwünscht.

Wahrnehmungsverarbeitungsstörung – entwicklungsbedingte Ungeschicklichkeit

Nun stellt sich die Frage, ob es sich in den oben genannten Beispielen um Verhaltensauffälligkeiten im Sinne eines Verhaltens, welches aus seelischer Not entsteht, handelt. Dies ist zu verneinen, da wir in solchen Fällen von einer Störung der Wahrnehmungsverarbeitung sprechen. Diese sind deutlich von entwicklungsbedingten Ungeschicklichkeiten abgrenzbar, die durch etwas Übung schnell wieder verschwinden. Wir können uns beispielsweise ein kleines Kind vorstellen, das noch nie eine Schere in der Hand gehalten hat. Es hilft sich, indem es die Schere zum Schneiden in beide Hände nimmt. Die Erzieherin kann ihm zunächst an einer Wäscheklammer zeigen, wie man mit zwei Fingern die beiden Hälften auf- und zudrückt. Dann legt sie dem Kind die Schere richtig in die Hand, führt seine Finger in die beiden Öffnungen, und legt ihre Hand über die des Kindes, um gemeinsam mit ihm ein paarmal die Schere zu öffnen und zu schließen – schnipp, schnapp, und schon wird das Kind es alleine ausprobieren wollen. Anders verhält es sich, wenn eine Störung der Wahrnehmungsverarbeitung vorliegt. Diese treten in der Regel nicht vereinzelt, sondern in Kombinationen auf. Reines Üben einer Einzelfunktion nutzt hierbei wenig. Stellen wir uns nochmals die Situation mit der Schere vor. Ein Kind, dessen Wahrnehmung beeinträchtigt ist, weiß vielleicht, wie es die Schere anfassen muss. Ihm fehlt aber das Empfinden dafür, wie stark oder leicht es zudrücken muss, damit sich die beiden Hälften bewegen. Dasselbe Kind hat wahrscheinlich auch

Probleme im Umgang mit Stiften: Entweder sie fallen ihm aus der Hand, oder es drückt so fest auf, dass der Stift abbricht, das Papier durchbohrt wird. Dieses Kind wird aber auch bei allen anderen Handlungen, die ein Gespür für Kraft und Vorsicht voraussetzen, auffällig sein – statt sanft zu berühren oder zu streicheln, wird es „derb zulangen". Diese Auffälligkeiten müssen ergotherapeutisch und psychomotorisch behandelt werden. Lässt man sie unbehandelt, können sie sich verschlimmern und zu Entwicklungsverzögerungen oder sogar Entwicklungsrückständen führen. Früherkennung und Frühförderung sind also hier besonders wichtig.

Die von einer Störung der Wahrnehmungsverarbeitung betroffenen Kinder zeigen zusätzlich sehr häufig auffällige Stimmungsschwankungen, die sich, zwischen Reizbarkeit und depressiver Verstimmung, hin und her bewegen. Auch auffälliges Sozialverhalten ist beobachtbar, wie zum Beispiel Rückzug, Klammerverhalten oder eine ängstliche, beziehungsweise gereizt aggressive, Grundhaltung. Das Spiel der Kinder fällt oft wegen seiner Eintönigkeit oder Zwanghaftigkeit, bezüglich des Ordnens und Sortierens, auf.

Wahrnehmung und Wahrnehmungsverarbeitungsstörung

Unter Wahrnehmung versteht man die Aufnahme und sinnvolle Verarbeitung von Reizen im Gehirn. Dabei unterteilt man in Reizaufnahme durch die Sinnesorgane (Auge, Ohr, Haut und so weiter), und

Tabelle 2

Sinnesorgan	Funktion
Auge	Sehen (visuelle oder optische Wahrnehmung)
Ohr	Hören (akustische oder auditive Wahrnehmung)
Nase	Riechen (olfaktorische Wahrnehmung)
Zunge, Mund	Schmecken (gustatorische Wahrnehmung)
Haut, Zunge	Spüren und Berühren (taktile Wahrnehmung)
Innenohr	Gleichgewicht (vestibuläre Wahrnehmung)
Muskeln, Sehnen	Tiefensensibilität, Bewegung, Raum-Lage-Orientierung (kinästhetische Wahrnehmung)

Reizweiterleitung an das zentrale Nervensystem, wozu das Gehirn zählt. Dort findet die Verarbeitung der Reize statt. Hier ein kurzer, stark vereinfachter Überblick über die Sinne.

Ist nun die Verarbeitung der vom Sinnesorgan aufgenommenen Reize im zentralen Nervensystem gestört, so spricht man von einer Wahrnehmungsverarbeitungsstörung, welche von leicht bis massiv reichen kann. Das heißt umgekehrt, erst wenn alle Sinnesorgane intakt sind und die Verarbeitung der Sinnesreize im Gehirn ungestört verläuft, dann ist die Basis für eine altersgemäße Entwicklung in allen Bereichen vorhanden: In der Grob- und Feinmotorik, in der Sprache, bei der Persönlichkeitsentfaltung und bei sozialen Fähigkeiten. Jean Ayres hat sinngemäß dazu bemerkt: Wenn das Gehirn die sinnliche Wahrnehmung schlecht verarbeitet, führt dieser Umstand im Leben des betreffenden Menschen zu den verschiedensten Schwierigkeiten:

▪ Störungen der Feinmotorik und/oder Grobmotorik, wie beispielsweise Ungeschicklichkeit.
▪ Konzentrationsstörungen.
▪ Fehlende Aufmerksamkeit auf das momentan Wesentliche.
▪ Beeinträchtigung der Körperwahrnehmung, und folglich unterentwickeltes Körperbewusstsein.
▪ Sprachentwicklungsstörungen.

Während es Kinder gibt, die ein oder zwei der oben angeführten Auffälligkeiten zeigen, gibt es daneben kombinierte Wahrnehmungsbesonderheiten, die zu den großen Störungsbildern beitragen. Ich spreche von ADHS und ADS, von Legasthenie und Autismus, auf welche ich im weiteren Verlauf der Darstellungen noch detailliert eingehen werde.

Hilfen bei Wahrnehmungsverarbeitungsstörungen

Kinder, die vereinzelte Störungen oder aber komplexe Störungsbilder zeigen, bedürfen immer spezieller Therapien. Ergotherapeuten oder Psychomotoriker sind geeignet, Wahrnehmung und Motorik spielerisch zu schulen und zu fördern. Daneben gibt es begleitende medikamentöse und psychologische Behandlungen.

Da Beeinträchtigungen in der Wahrnehmung dem Kind immer Probleme bereiten, können Selbstwertzweifel, Schuldgefühle, ein angeschlagenes Selbstbewusstsein, Unsicherheit, Verhaltensauffälligkeiten und psychosomatische Störungen auftreten. Erzieherinnen sollten daher die folgenden heilpädagogischen Aspekte bei ihrem Handeln berücksichtigen: Die Lebensfreude des Kindes muss erhalten oder wieder gewonnen werden! Dazu gehört die Förderung der natürlichen Neugier von Kindern – ausprobieren und erleben dürfen was man alles kann, lässt Selbstvertrauen und Mut wachsen. Dem Kind muss Hilfestellung gegeben werden, damit es seinen Körper gut kennt oder kennen lernt, um sich sicher zu bewegen, mit Freude zu spielen und die Umwelt zu erforschen. Klare Verhaltensregeln und ein überschaubarer Alltag helfen ihm dabei.

Buchempfehlungen zum Weiterlesen:

Ayres, A. J. (1998): Bausteine der kindlichen Entwicklung. Springer, Berlin

Holle, B. (2000): Die motorische und perzeptuelle Entwicklung des Kindes. Beltz, Weinheim

Kindergarten heute spezial (1998): Wahrnehmungsstörungen bei Kindern. Hinweise und Beobachtungshilfen. Herder, Freiburg

7.1 „Ich bin der, der immer Schwierigkeiten hat!" – ADS und ADHS

Ein Erzieher hat in seiner Vorschulgruppe mehrere Sorgenkinder. Besonders oft macht er sich Gedanken über die Zwillinge Ida und Ole.

Ida ist ständig in Bewegung. Ob beim Essen, im Stuhlkreis oder bei einer Beschäftigung am Tisch – Ida hüpft, rutscht, springt auf, zappelt. Dabei passieren Missgeschicke, die ihr sehr unangenehm sind: Mal rempelt sie jemanden an, mal „fegt" sie etwas vom Tisch. Wo Ida ist, herrscht Unruhe und Anspannung. Auch ihr Mund steht nicht still: Sie plappert, fragt und erzählt unablässig, wartet keine Antwort ab und scheint auch nie richtig hinzuhören. Insgesamt scheint Ida im Chaos zu leben – was sie in der Hand hält, lässt sie stehen und liegen. Selbst ihre Kleidung sitzt schief.

Der Erzieher hat das kleine quicklebendige Mädchen gerne, obgleich er zugeben muss, dass es Tage gibt, an denen er mit seiner Geduld am Ende ist.

Während Ida nicht zu übersehen und zu überhören ist, wirkt ihr Bruder Ole wie ein Schatten. Körperlich ist er zwar anwesend, geistig

jedoch scheint er die meiste Zeit in einer Traumwelt zu leben. Es erfordert Geduld und Beharrlichkeit ihn dazu zu bringen, mit den Gedanken anwesend zu bleiben. Dabei kann sich Ole, wie Ida übrigens auch, mit selbst gewählten Spielen intensiv und ausdauernd beschäftigen. Obwohl Ole die meiste Zeit so wirkt, als würde er nichts hören und sehen, haben die anderen Kinder herausgefunden, dass Ole ihnen dann zuhört, wenn sie ihn beim Sprechen anfassen.

Während Ole, der Träumer, eher links liegen gelassen wird, ist Ida recht beliebt. Ihre übersprudelnde Lebendigkeit provoziert zwar so manchen Ärger, doch macht sie dies mit ihrer hilfsbereiten Spontaneität und ihren phantasievollen Einfällen immer wieder wett: „Ida ist ein prima Kumpel", heißt es bei den Kindern.

Trotzdem gibt es eine Situation, bei der beide Zwillinge äußerst unbeliebt sind: Es sind alle Ballspiele, bei denen man in Mannschaften spielt. Die temperamentvolle Ida gerät dabei völlig außer Kontrolle und jagt von „Foul zu Foul". Ole scheint zwischendrin das Interesse zu verlieren und vergisst worum es geht. Außerdem sind beide Kinder in ihren Bewegungen unbeholfen und ungeschickt.

Hat man in den 50er Jahren das Verhalten von Ida und Ole noch als verhaltensgestört bezeichnet, so hätte man es in den 60er Jahren der Diagnose MCD (Minimale Cerebrale Dysfunktion) zugeordnet. Seit den 70er Jahren spricht man allgemein dann vom Hyperkinetischen Syndrom, wenn ein Kind bereits vor dem sechsten Lebensjahr Beeinträchtigungen der Aufmerksamkeit, der Impulskontrolle und der Aktivität zeigt. Diese Störungen müssen mindestens sechs Monate lang durchgehend vorhanden sein. Sie entsprechen nicht dem Entwicklungsstand des Kindes und führen zu Fehlverhalten.

ADS und ADHS

Inzwischen unterscheidet man zwischen einer Störung der Aufmerksamkeit, die als ADS (Aufmerksamkeits-Defizit-Syndrom) bezeichnet wird, und einer Störung der Impulskontrolle mit massivem Bewegungsdrang und Aufmerksamkeitsstörung, dem ADHS (Aufmerksamkeits-Defizit-Hyperaktivitäts-Syndrom). Augenblicklich stehen diese Störungen im Mittelpunkt des Interesses. Das lässt den Eindruck entstehen, es gäbe heute mehr Kinder mit diesem Störungsbild als früher. Langzeituntersuchungen konnten diese Annahme jedoch nicht stützen.

Leider gibt es noch keine Testverfahren, die eine Diagnose einfach machen würden. Daher sollte diese sorgfältig in kinder- und jugendpsychiatrischen Kliniken durchgeführt werden: Neurologische und psychologische Untersuchungen, ausgiebige Verhaltensbeobachtung und Ausschluss anderer, hirnorganisch bedingter, Störungen und Ausfälle, können schließlich zu einer Diagnose führen.

Die Erkenntnisse, welche man bislang hinsichtlich der Ursachen gewonnen hat, erleichtern ebenso eine Diagnose: Unbestritten ist die Tatsache, dass Veranlagung und Vererbung eine Rolle spielen, wobei hier unterschiedlich durchblutete Hirnareale als ursächlich gelten. Der Glukosestoffwechsel, welcher für die Hirnfunktionen notwendig ist, gilt als gestört. Eine Fehlregulation im Neurotransmittersystem führt sowohl zur Störung der Reizverarbeitung innerer und äußerer Reize, als auch zur Störung der Impulskontrolle – womit Wahrnehmungsverarbeitungsstörungen als nachgewiesen gelten. Hinreichend bekannt ist, dass diese Kinder nur unzulänglich innere Bilder aufbauen können: Wo die Vorstellungsfähigkeit fehlt, kann kein inneres Gesamtbild entstehen und vieles wird „übersehen". Dieser Störung liegt als Ursache ein Defekt im Balken, dem Verbindungsteil der beiden Gehirnhälften, zu Grunde, welcher bewirkt, dass diese nicht reibungslos zusammenarbeiten können – Sprachdefekte sind somit erklärbar.

ADS und ADHS müssen als schwere Beeinträchtigung im Leben und Erleben eines Menschen angesehen werden. Auch wenn eine Erzieherin keine Diagnose zu erstellen braucht, so ist es doch ihre Aufgabe, die Kinder ihrer Gruppe sorgfältig zu beobachten, um gegebenenfalls Auffälligkeiten wahrzunehmen und einzuordnen. Des Weiteren beinhaltet ihr Tätigkeitsfeld die Beratung und Motivation der Eltern, ihr Kind fachärztlich und psychologisch untersuchen zu lassen – je früher desto besser!

Dabei bin ich mir durchaus der Schwierigkeit bewusst, nicht jedes störende Kind gleich „in eine Schublade zu schieben", welche das Etikett ADHS trägt. Natürlich wird man sich erst einmal fragen, ob das „auffällige" Kind genug Bewegung hat: Vielleicht sitzt es ja stundenlang und sich selbst überlassen vor dem Fernsehgerät, und „platzt" daher fast vor Anspannung. Oder hat es vielleicht vorübergehenden Stress zu Hause oder in der Schule? Jedoch kann auch die Persönlichkeit der Erzieherin eine Rolle spielen: Wer selbst eher ein ruhiger Typ ist, wird an der Unruhe eines Kindes schnell Anstoß nehmen; wer selbst leicht chaotisch organisiert ist, wird das äußere Chaos eines Kindes eher als normal ansehen.

Erkennungsmerkmale von ADHS und ADS

Bei ADHS geht man von der Überlegung aus, dass diese Kinder viel zu viele Reize aufnehmen. Dadurch entsteht eine permanente Reizüberflutung, die zu hoher innerer Anspannung führt. Zur Verdeutlichung stellen Sie sich einmal die folgende Szene vor: Sie sind in einem Raum, der überheizt ist, in dem Geräusche durcheinander dröhnen und visuelle Reize über so genannte Disco-Kugeln durcheinander flackern – lassen Sie Ihre Phantasie einmal spielen und nehmen Sie bei sich wahr, wie Sie sich fühlen würden!? Angespannt? Gestresst? Kinder mit ADHS führen diese „Hochspannung" über ihr Verhalten nach außen ab. Kinder mit ADS leben dieselbe Spannung innerlich aus. Auch wenn sie auf den ersten Blick „verschlafen" wirken – sie berichten, dass sie innerlich in intensive Vorstellungswelten eingebunden sind.

Wenn sich die Erzieherin also sicher ist, dass etwas nicht stimmt, kann sie ihre Beobachtungen anhand einer Merkmalsliste überprüfen, die für ADS- und ADHS-Kinder gilt. Sie sollte an **ADHS** denken, wenn mehrere der folgenden Erkennungsmerkmale kontinuierlich auftreten:

■ Unkontrollierbarer Bewegungsdrang und fehlende Impulskontrolle: Letzteres bedeutet, dass die Kinder blitzschnell handeln ohne vorher über ihr Handeln und seine möglichen Konsequenzen nachgedacht zu haben. Als Erklärung dafür dient die Tatsache, dass sie Schwierigkeiten damit haben, sich an bereits gemachte Erfahrungen zu erinnern – ihre Wahrnehmung und ihr Handeln sind überwiegend auf das Hier und Jetzt beschränkt, Transferleistungen auf Zukünftiges oder auch Vorausplanungen fallen ihnen sehr schwer.

■ Kurze Konzentrationsspanne bei hoher Ablenkbarkeit: Man geht davon aus, dass die Aufmerksamkeit der Betroffenen stark von der Umgebung abhängig ist. Dabei zeigt sich, je unübersichtlicher oder komplexer eine Situation ist, desto deutlicher wird die Störung. Dabei werden das eigene Verhalten und zeitliche Zusammenhänge nur eingeschränkt wahrgenommen.

■ Auffälligkeiten in der Verarbeitung von Wahrnehmung, häufig in Verbindung mit motorischer Ungeschicklichkeit.

■ Die Kinder fordern permanent Zuwendung und Aufmerksamkeit, wobei sie dabei oft sogar distanzlos wirken. Wegen ihrer Gedächtnisbesonderheiten haben sie trotzdem meist das Gefühl, zu kurz gekommen zu sein.

■ Bei Problemen zeigen sie Rechthaberei und neigen dazu, andere verantwortlich zu machen.

Erkennungsmerkmale von **ADS:** Für diese gilt hinsichtlich der Intensität und Häufigkeit das Gleiche wie bei ADHS.

▨ Träumerei mit Aufmerksamkeits- und Konzentrationsstörung: Beobachtet man die Kinder gründlich, wird der nach innen gekehrte Blick auffallen. Sie sind vergleichbar mit Menschen, die ihre Konzentration auf ein gravierendes Problem richten, welches sie gedanklich lösen wollen. Obwohl sie dadurch ruhig wirken, stehen sie doch unter enormer innerer Anspannung.

▨ Störungen der Wahrnehmungsverarbeitung treten wie bei ADHS auf, ebenso möglicherweise kombiniert mit motorischen Auffälligkeiten.

▨ Menschen mit ADS neigen zu ängstlichem, schüchternen Verhalten: Ihre eigenen Fehler und Mängel werden von ihnen überbewertet, was schnelles Resignieren begünstigt.

▨ Zu diesen, überwiegend bei allen Betroffenen vorzufindenden Merkmalen, können vereinzelt noch die folgenden Auffälligkeiten hinzukommen: Übermäßiger Rededrang, aggressives oder trotziges Verhalten, Angst und Zwanghaftigkeit, Trödelei, chaotische Unordnung, Störung des Körperempfindens und, im schulischen Bereich, Teilleistungsschwächen.

Auftretendes aggressives Verhalten muss sorgfältig untersucht werden, denn es könnte im Zusammenhang mit der Störung des Körperempfindens stehen: Wer nicht spüren kann, wie viel Kraft er in seinen Berührungen und Bewegungen besitzt, will vielleicht streicheln, wird aber stattdessen grob. Hier beobachten Erzieherinnen immer wieder, dass das „aggressive" Kind unmittelbar nach seinem verletzenden Verhalten mit Tränen in den Augen auf das blickt, was von ihm nicht beabsichtigt war.

Erzieherische, therapeutische und medikamentöse Hilfen

Ich denke, dass die Vielzahl der belastenden Merkmale die Notwendigkeit verdeutlicht hat, möglichst schnell herauszufinden, ob ein Kind tatsächlich an ADS oder ADHS leidet, zumal diese Störungen lebenslang anhalten und somit auch die Lebensplanung beeinflusst werden. Wie schon oben dargestellt, wird das Vorliegen einer solchen Störung von Kinder- und Jugendpsychiatern in Zusammenarbeit mit Kinderpsychologen gefällt. Sorgfältige, detaillierte Beobachtungen seitens der Erzieherinnen können hierbei äußerst hilfreich sein.

Im Hinblick darauf bleibt für den Erzieher von Ida und Ole, aus dem Eingangsbeispiel, noch eine Menge zu tun: Zunächst sollte er dafür sorgen, dass die Kinder seine eigenen Grenzen sowie die seiner Kolleginnen wahrnehmen und achten: Das kann heißen, wenn die Geduld verloren geht und sich Ärger breit macht, sollte man den Raum verlassen können, bis die innere Ruhe wiedergekehrt ist. Absprachen sind hier also notwendig. Da Ida und Ole wahrscheinlich Schwierigkeiten damit haben, Mimik und Gestik anderer Menschen richtig zu „lesen", ist es wichtig, die eigene Stimmung und die eigenen Gefühle zu erläutern, und auch den Zusammenhang klarzumachen. Die Betreuer müssen dabei genau wissen, was sie wollen, und sollten dies dem Kind in kurzen und klaren Anweisungen vermitteln – Diskussionen verwirren die Kinder nur.

Ziel des erzieherischen, heilpädagogischen Handelns sollte sein, die Auswirkungen des Krankheits- und Störungsbildes zu mindern und Integration zu fördern. Um dieses Ziel zu erreichen, ist ein klares, strukturiertes Vorgehen in kleinen oder kleinsten Schritten, welche aufeinander aufbauen, notwendig. Die einzelnen Zielelemente und die Vorgehensweise sollten im Team und mit den Eltern sorgfältig abgesprochen sein, damit die Kinder Klarheit in der Erziehung, zu Hause wie in der Einrichtung, erleben können. Dies gibt ihnen Sicherheit und Orientierung. Zur Vorgehensweise im Elterngespräch möchte ich Sie auf Kapitel zwölf verweisen.

Es versteht sich von selbst, dass der Erzieher von Ida und Ole im Team, vielleicht sogar nach einem interdisziplinären Gespräch mit dem behandelnden Arzt, Psychologen und Therapeuten, einen Erziehungsplan erarbeitet. Dabei sollten, neben der Behandlung der vielen Auffälligkeiten und Defizite, unbedingt auch die Stärken und positiven Eigenschaften der Kinder mit an erster Stelle stehen – hierin liegt die Basis für eine gute Beziehung zum Kind, und hierin finden wir Positives, das der Gruppe verdeutlicht werden kann. Dann nämlich erlebt die Gruppe, dass Ida und Ole wie jedes andere Kind auch, eine Bereicherung für die Gruppe sind.

Des Weiteren sollte der Erzieher sich vor Augen halten, dass die beiden in einem inneren Chaos leben, in das er ein wenig Orientierung und Übersicht bringen kann. Ein erster Punkt ist seine eigene Sprache: Je einfacher und klarer er sich den Kindern gegenüber ausdrückt, desto eher wird er Gehör finden. Lange, fein verklausulierte, mit Ironie gespickte Vorträge sind vergeudete Mühe.

Klarheit durch eine feste Struktur im Tagesablauf ist nötig: Wegen der fehlenden Flexibilität der Kinder führen Überraschungen nur zu Verunsicherung und, als Reaktion darauf, zu „Überdrehtheit". Daher ist es wichtig, Planungen zu besprechen sowie rechtzeitig und wiederholt anzukündigen. Struktur im räumlichen Umfeld bedeutet den Raum klar zu gliedern, also überschaubar zu machen – das gilt auch für das Spielzeug: Lieber weniger und alles an seinem festen Platz. Beim Aufräumen brauchen die Kinder aktiv Hilfe und Unterstützung, also jemanden, der mitsortiert und zupackt – denn alleine schaffen sie es nicht.

Wichtige Verhaltensweisen sollten in Regeln „verpackt" werden: So gibt es festgelegte, absolut verbindliche Regeln („Muss-Regeln"), wie zum Beispiel: „Bei uns ist Schlagen verboten!", als auch Regeln, für die es Ausnahmen geben kann („Kann-Regeln"), wie zum Beispiel: „Bei uns wird nach dem Mittagessen geruht!". Die Kinder können die Regeln mitbestimmen, und über Konsequenzen bei Verstößen mitentscheiden. Wichtig ist, dass es sich um eine überschaubare Anzahl von Regeln handelt, welche, um im Gedächtnis zu bleiben, auch irgendwo nachzulesen sind: Im Kindergartenbereich können sie auf Luftballons, die an der Zimmerdecke schweben, symbolisch dargestellt werden; im Hort finden sie auf Postern den nötigen Platz.

Konsequenzen können positiv oder negativ sein: Zu den positiven Konsequenzen gehört das angemessene Lob, das auch mal ausgesprochen werden sollte, wenn sich ein Kind sichtlich bemüht hat. Ansonsten sind so genannte Belohnungssysteme (token economies) sehr hilfreich: Mit dem Kind wird eine Liste erwünschter Verhaltensweisen erstellt und in einzelne kleine Schritte gegliedert. Gemeinsam wird festgelegt, wofür es wie viele Punkte gibt. Zu Anfang wird es am Ende des Tages, später dann am Ende der Woche, für eine erreichte Punktzahl eine Belohnung geben. Die Belohnung sollte realisierbar und angemessen sein, wie zum Beispiel gemeinsam Eis essen gehen oder Tischtennis spielen. Bei größeren Kindern kann festgelegt werden, dass es bei Nichteinhaltung des Vereinbarten einen Punkteabzug gibt.

Strafen sind, wie bei allen Kindern, mit äußerster Vorsicht zu gebrauchen: Selten führen diese zu Einsicht und Lernprozessen – eher vergiften sie die Atmosphäre und führen zu Trotzreaktionen und unterdrückten Aggressionen. Wenn aber überhaupt nichts mehr geht, das heißt, das ADHS-Kind ist so überdreht oder in einem Wutanfall verloren, dass es für sich und die Menschen um sich herum nicht mehr erträglich ist, sollte die Methode des „time-out" genutzt werden: Das Kind wird in einen anderen Raum gebracht, wo es zur Ruhe kommen kann. Diese Vorgehensweise muss vorher abgesprochen und verständlich gemacht worden sein. Sie dient nicht als Strafe sondern als „Rettungsinsel", damit das Kind (und die anderen) wieder zu sich selbst finden kann. Es ist eine „Muss-Regel", dass eine erwachsene Bezugsperson bei dem Kind bleibt! Dieser Erwachsene passt auf das

Kind auf. Wenn es sich wieder beruhigt hat, also die Wut abgeklungen ist, reagiert das Kind häufig beschämt und verstört – es kann zu Tränen kommen. Dann braucht es den Erwachsenen, der ihm versichert, dass es trotz allem immer noch sehr liebenswert ist. Später kann gemeinsam überlegt werden, wie sich die Auslöse-Situation zukünftig vielleicht vermeiden lässt.

Alle Kinder, auch die ohne ADS und ADHS, brauchen Pausen, Bewegung und Entspannung: Bewegung im Freien ist von Vorteil, mehr noch, Bewegung wirkt außerdem direkt auf die Funktionen des Gehirns ein, wie J. Blech betont: „Lernen braucht Bewegung!" (Blech 2007). Bei Sportangeboten ist außerdem daran zu denken, dass alle Zweiersportarten aufgrund der Überschaubarkeit günstiger sind als Mannschaftsportarten.

Des Weiteren sollten Kinder täglich frei spielen können: Sie bestimmen dann selbst, womit sie sich beschäftigen wollen. An dieser Stelle noch ein paar kurze Tipps für die Hausaufgabensituation:

■ Gemeinsam mit dem Kind wird ein aufgeräumter Arbeitsplatz in möglichst reizarmer Umgebung bestimmt – dieser kann sich, insbesondere bei ADHS-Kindern, auch auf dem Fußboden befinden, und hier nach Vereinbarung, in einem fest umrissenen Bereich, einer bestimmten Ecke.

■ Verbindliche Hausaufgabenzeiten und maximale Zeitspanne für deren Erledigung vereinbaren, wobei sich das Kind vor den Hausaufgaben bei Spiel oder Bewegung zuerst einmal erholen soll: Die Hausaufgabenzeit sollte in so viele Zeitabschnitte eingeteilt sein, dass diese der Konzentrationsfähigkeit des Kindes gerecht werden. Mit einer Eieruhr kann das Kind die Abschnitte selbst kontrollieren. Dazwischen sollten Pausen mit Bewegung oder Entspannung ermöglicht werden.

■ Das Kind muss ein Hausaufgabenheft führen: Die Reihenfolge der Aufgaben legt der Erzieher mit dem Kind gemeinsam fest. „Hilfestellung geben" heißt hierbei zu entscheiden, ob das Kind eine Erklärung oder einen Impuls braucht, oder ob es ermutigt werden muss. Des Weiteren kann ein Punktesystem hier hilfreich sein, ansonsten ist auch ein Lob sehr wirkungsvoll.

Neben der persönlichen Begleitung durch den Erzieher und seine Kolleginnen, werden die Kinder, und manchmal auch die Eltern, therapeutisch betreut. Für Eltern gibt es spezielle Programme zur Bewältigung von Problemsituationen. Die Kinder können an einem Wahrnehmungsförderungsprogramm bei einer Ergotherapeutin oder einer Heilpädagogin teilnehmen. Auch bieten Psychologen verhaltenstherapeutische Programme an, um die Aufmerksamkeit zu trainieren und das Sozialverhalten und die Selbstkontrolle zu fördern. Des Weiteren bieten Motopäden oder Psychomotoriker Trainingsprogramme zur Förderung der Motorik, der Sprache und der Wahrnehmung an.

Trotzdem kann ein Kind so unruhig oder unaufmerksam bleiben, dass spätestens in der Schule seine Leistungen unter dem Durchschnitt liegen – und das bei normaler Intelligenz! Zu allen Ermahnungen und negativen Erfahrungen kommt dann noch die entmutigende Erkenntnis hinzu: „Ich kann nicht so gut lernen wie die anderen und wie ich möchte!". Dann ist es angebracht zu überlegen, ob das Kind durch die Verabreichung von Medikamenten zusätzlich gestützt werden sollte – ich denke hier an das umstrittene Medikament „Ritalin", wobei uns die diesbezüglich positiven Aussagen betroffener Schulkinder aber auch besonders nachdenklich machen sollten.

Die Verschreibung und Verabreichung von „Ritalin" gehört unbedingt in die Hand des erfahrenen Kinder- und Jugendpsychiaters. Er bestimmt und überwacht die Höhe der Dosierung durch regelmäßige Kontrollen. Auch wird er die Eltern in der Handhabung des Medikaments anleiten und damit einem Missbrauch und eventueller Abhängigkeit vorbeugen.

Buchempfehlungen zum Weiterlesen:

Brandau, H., Pretis, M., Kaschnitz, W. (2006): ADHS bei Klein- und Vorschulkindern. 2. Aufl. Ernst Reinhardt, München / Basel
Kinder- und Jugendbuch:
Schäfer, U. (2003): Tim Zippelzappel und Philipp Wippelwappel. Hans Huber, Bern
Ab 8 Jahre. Thema: Was ist eigentlich ADHS?
Tuckermann, A. (2007): Das verschluckte Lachen. Sauerländer, Düsseldorf
Ab 10 Jahren. Thema: Probleme im Umgang mit ADHS

7.2 „Das soll ein Text sein?
Das ist ein Buchstabendschungel!" – Legasthenie

Wie sehr hatte Sven sich auf die Schule gefreut! Endlich würde er, zusammen mit seiner Schwester Sandra, nachmittags in den Hort gehen und dort mit den „Großen" Hausaufgaben machen sowie spielen können.

Aber zu seiner großen Enttäuschung läuft es anders, als er es sich vorgestellt hatte. Während Sandra, als Drittklässlerin, schnell und flüssig lesen kann, führt ihr Bruder einen „Krieg" mit den Buchstaben, die anscheinend ständig ihr Aussehen verändern. Wenn die anderen Kinder längst fertig sind und draußen spielen und toben, sitzt Sven immer noch über den Hausaufgaben und übt. Dabei macht er so viele Fehler, dass er sich vor seiner Erzieherin sehr schämt. Sven ist völlig entmutigt und wäre lieber wieder im Kindergarten. Die Erzieherin hat seine Eltern und die Lehrerin zu einem gemeinsamen Gespräch eingeladen. Dabei wird deutlich, dass die Eltern sich Vorwürfe machen, weil sie Sven bisher als „Spätentwickler" betrachtet, aber nichts diesbezüglich unternommen haben.

„Die Legasthenie ist eine umschriebene und schwerwiegende Beeinträchtigung des Erlernens von Lesen und Rechtschreibung, die in Besonderheiten von Hirnfunktionen begründet ist. Diese in allen Schriftsprachen vorkommende Teilleistungsstörung ist veranlagt und nicht die Folge von unzureichender Beschulung, einer Intelligenzminderung oder anderen körperlichen, neurologischen oder psychischen Erkrankungen." (Warnke u. a. 2002, 14)

Inzwischen gibt es bereits in allen deutschen Bundesländern so genannte „Legastheniker-Erlasse", welche für allgemein bildende Schulen gelten. Bei Kindern wie Sven muss man herausfinden, ob er als Legastheniker gilt und somit unter diesen Erlass fällt, womit ihm gewisse Erleichterungen und Rücksichtnahmen zugestanden würden – seine Lese-Rechtschreib-Störung wäre dann als anhaltende und dauernde Krankheit anerkannt. Der Begriff der Störung wird hier im medizinischen Sinne angewandt, und steht für einen schwerwiegenden, nicht heilbaren Zustand. Legasthenie scheint entwicklungsbiologisch bedingt und somit häufig vererbt zu sein. Sie ist bei normaler bis überdurchschnittlicher Intelligenz und trotz ausreichender familiärer Zuwendung und Fürsorge anzutreffen.

Von der Legasthenie unterscheidet sich die Lese-Rechtschreib-Schwäche dahingehend, dass diese eine vorübergehende Beeinträchtigung darstellt und somit nicht auf biologischen Ursachen beruhen kann. Die Lese-Rechtschreib-Schwäche kann durch eine schwere Erkrankung ebenso hervorgerufen werden wie durch einen Lehrer- oder Schulwechsel. Gerade zu Beginn der ersten Grundschulklasse sind Kinder besonders leicht irritierbar, da sie sich zuerst einmal an den neuen, ungewohnten Lebensabschnitt gewöhnen und anpassen müssen. Somit kann auch jede andere Form seelischer Belastung, beim Lesen und Schreiben vorübergehende Probleme verursachen. Milieubedingte Faktoren wie Vernachlässigung oder unzureichende Förderung des Kindes, kommen als Ursachen ebenfalls in Betracht. Des Weiteren könnte ein sonderpädagogischer Förderbedarf für Sven in Frage kommen und die Lösung seiner Probleme sein. Das würde bedeuten, dass Sven in allen Bereichen des schulischen Lernens anhaltende Schwierigkeiten aufweisen muss. In diesem Fall sollte er in eine Diagnose-Förderklasse wechseln, und, gegebenenfalls, bei Bestätigung einer Lernbehinderung, später die Schule zur individuellen Lernförderung besuchen.

Ursachen und Folgen der Legasthenie

Wenden wir uns an dieser Stelle noch einmal der Legasthenie, also der Lese-Rechtschreib-Störung zu. Bereits seit den 80er Jahren liegen vielfältige Untersuchungsergebnisse der Hirnforschung vor, welche Veränderungen der Reifung des Gehirns und des so genannten Balkens belegen. Hier gilt eine genetische Veranlagung als sicher.

Als Folge dieser hirnorganischen Veränderungen, findet man beim Legastheniker eine Reihe von Wahrnehmungsverarbeitungsstörungen:

■ Die Betroffenen haben Schwierigkeiten beim Verarbeiten visueller Reize: Buchstaben werden nicht schnell genug erkannt, verschwimmen vor den Augen oder wechseln ihre Form.

■ Eine veränderte Verarbeitung taktil-kinästhetischer Reize führt zu einer gestörten Körperwahrnehmung: Dabei fehlt das Empfinden für die Lage des eigenen Körpers im Raum – es kann also nicht zwischen vorn und hinten sowie oben und unten unterschieden werden. Folglich sehen Buchstaben wie b und p, g oder q, b oder d gleich aus.

■ Die visuellen Wahrnehmungsveränderungen werden durch akustische verstärkt: Unscharfe Klangbilder lassen eine Differenzierung der Laute p, b, t, d, g nicht zu. Zudem können Legastheniker eine akustische Figur-Grund-Wahrnehmungsstörung haben, was sich dahingehend auswirkt, dass sie sich nur schwer oder überhaupt nicht auf einen wichtigen Reiz konzentrieren können, während alles andere zum Hintergrund verschmilzt: So kann das Kind die Stimme der Lehrerin aus den Geräuschen im Raum, wie zum Beispiel Murmeln, Flüstern, Husten, Rascheln, Rauschen, nur mit viel Mühe oder überhaupt nicht herausfiltern – wie soll es da ein Diktat verfolgen können? Eine hohe Lärmempfindlichkeit erschwert das Ganze zusätzlich.

■ Das taktile Empfinden kann zudem derart erhöht sein, dass normale Berührungen oder das Zähneputzen als unangenehm bis schmerzhaft wahrgenommen werden.

Die Folge all dieser Veränderungen ist eine permanente Überlastung des Gehirns, was sich durch Schwächen in der Konzentration, motorische Unruhe, brennende, tränende Augen und ein verschlechtertes Schriftbild bemerkbar machen kann. Viele Legastheniker weisen außerdem motorische Ungeschicklichkeiten auf, zum Beispiel greifen sie häufig daneben oder lernen nur schwer, beziehungsweise überhaupt nicht, zu hüpfen, schwimmen und Roller zu fahren.

Wenn mehrere Störungen zusammenkommen geht man davon aus, dass die rechte und linke Gehirnhälfte nicht ausreichend zusammenarbeiten. Der Erzieherin fällt dann auf, dass die Körpermitte nicht überkreuzt werden kann.

Bei der Legasthenie handelt es sich also um eine schwerwiegende Störung der Wahrnehmungsverarbeitung, die bereits ab dem zweiten Lebensmonat zu Verzögerungen der Entwicklung führen kann. Da eine unerkannte Legasthenie beim Betroffenen zu anhaltender Frustration, schweren Selbstzweifeln, einem angeschlagenen Selbstwertgefühl, Leistungsverweigerung und Resignation führen kann, ist es hilfreich, wenn Anzeichen frühzeitig wahrgenommen und behandelt werden.

Diagnose der Legasthenie

Bereits im Vorschulalter können Hinweise auf eine spätere Schwierigkeit beim Lesen und Schreiben entdeckt werden. Dann nämlich, wenn die Erzieherin eine Störung der phonologischen Bewusstheit beim Kind wahrnimmt. Darunter versteht man eine Störung der Sprachwahrnehmung und -verarbeitung. So kann beispielsweise ein Vorschulkind Anfangslaute nicht unterscheiden, nicht reimen und zu Silben nicht richtig klatschen. Nach längerer eindeutiger Beobachtung sollte mit den Eltern besprochen werden, ob die phonologische Bewusstheit des Kindes untersucht, und gegebenenfalls trainiert werden sollte. Hierzu liegt derzeit das so genannte „Würzburger Trainingsprogramm" (Küspert/Schneider 2000) vor. Außerdem sollte ein Kinderpsychologe zu Rate gezogen werden, der mit BISC (Bielefelder

Screening zur Früherkennung von Lese-Rechtschreibschwierigkeiten) einen Verdacht bestätigen und therapeutische Frühhilfen einleiten könnte (Jansen u. a. 2002).

Erzieherische und therapeutische Hilfen

Womit wäre Sven, dem Kind aus dem Eingangsbeispiel, zu helfen? Zuerst sollte das Kind psychologisch untersucht werden. Wird daraufhin der Verdacht einer Legasthenie bestätigt, braucht Sven Hilfe in Form einer Legastheniker-Therapie, bei der die Förderung von Wahrnehmung, Motorik und Persönlichkeitsentwicklung im Vordergrund stehen. Doch auch die Erzieherin im Hort kann Sven unterstützen. Ganz wichtig ist die Wertschätzung seiner Bemühungen und Anstrengungen. Auch sollten seine Stärken und Begabungen genutzt werden, um sein Selbstwertgefühl zu stärken und um ihm zu mehr Ansehen in der Gruppe zu verhelfen. Des Weiteren ist Entspannung nicht nur für Sven, sondern auch für alle anderen gut: Gemeinsames Erleben, wie zum Beispiel bei Phantasiereisen, Progressiver Muskelentspannung, Rhythmik oder Tanz fördert das Gemeinschaftsgefühl. Besonders günstig erweisen sich auch immer wieder psychomotorische Übungen, bei denen spielerisch Wahrnehmung und Motorik geschult werden.

Buchempfehlungen zum Weiterlesen:

Firnhaber, M. (2000): Legasthenie und andere Wahrnehmungsstörungen. Fischer, Frankfurt am Main

Jansen, H., Mannhaupt, G., Marx, H., Skowronek, H. (2002): Bielefelder Screening zur Früherkennung von Lese-Rechtschreib-Schwierigkeiten (BISC). Hogrefe, Göttingen/Bern/Toronto/Seattle

Küspert, P., Schneider, W. (2000): Hören, lauschen, lernen. Das Würzburger Trainingsprogramm. Vandenhoeck und Ruprecht, Göttingen

Warnke, A., Hemminger, U., Roth, E., Schneck, S. (2002): Legasthenie. Leitfaden für die Praxis. Hogrefe, Göttingen

Kinder- und Jugendbuch:

Hesse, K. (2000): Nennt mich einfach Jule. dtv, München

Ab 10 Jahre. Thema: Schwierigkeiten beim Lesenlernen; Analphabetismus

8 „Ich will kein Inmich mehr sein!" – Autismus

Ein Erzieherpraktikant hat heute seine neue Stelle im zweiten Aus-bildungsjahr angetreten. Er arbeitet in diesem Jahr in einer heilpäd-agogischen Tagesstätte um Erfahrungen zu sammeln. Neugierig be-obachtet er die Kinder, mit denen er das kommende Jahr verbringen wird.

Dabei fällt ihm Mark auf, ein auffallend hübscher Fünfjähriger, der schon seit geraumer Zeit vor einem der Fenster kniet und gebannt be-obachtet wie die Regentropfen an der Fensterscheibe herunter laufen. Währenddessen wiegt er sich behutsam vor und zurück und summt einen hohen, monotonen „Singsang". Ab und zu hält er inne, und scheint in sich hineinzulauschen.

Der Praktikant möchte Mark gerne kennen lernen: Er nähert sich ihm freundlich und spricht ihn vorsichtig an, erschrickt aber heftig, als Mark „wie von der Tarantel gestochen" hochfährt. Schrill schreiend zieht sich der Junge in eine Zimmerecke zurück, wo er sich „hinkauert" und beginnt, mit den Händen vor den Augen herumzuwedeln.

Stellt man angehenden Erzieherinnen die Frage, welche heilpädago-gischen Themen sie interessieren, wird garantiert Autismus genannt. Mit einer Mischung aus Scheu und Faszination möchten die meisten mehr über dieses schwer begreifliche menschliche Verhalten und das dahinter stehende Krankheitsbild erfahren. Viele sind bereits autisti-schen Kindern begegnet, und haben ähnliche Erfahrungen wie der Praktikant aus dem oben dargestellten Beispiel machen müssen. Meis-tens war diese Erfahrung von der folgenden Frage begleitet: „Was hätte ich anders machen müssen?".

Laut der Internationalen Klassifikation von Krankheiten handelt es sich bei Autismus um eine tief greifende Entwicklungsstörung, welche zu schwerer Mehrfachbehinderung führt. Die Erkennungsmerkmale sind früh erkennbare Wahrnehmungsverarbeitungsstörungen, mit Entwicklung von Stereotypien, Störungen der Kommunikationsfähig-keit und Sprache sowie schwere Störungen des Sozialverhaltens (Welt-gesundheitsorganisation 1991).

Der berühmte Psychiater Eugen Bleuler beschrieb Autismus bereits 1911 als ein Merkmal der Schizophrenie. Wenn Patienten sich völlig in sich zurückzogen und dadurch unnahbar schienen, nannte Bleuler dies Autismus (1911). Später, in den Weltkriegsjahren 1943 und 1944, wurde das Phänomen wieder entdeckt: In den USA beschrieb Leo Kanner den frühkindlichen Autismus, während gleichzeitig in Wien sein Kollege Hans Asperger am gleichen Thema forschte. Bedingt durch die Wirren der damaligen Zeit, wurden die amerikanischen Ergebnisse unter der Bezeichnung „Kanner-Syndrom" bekannt, während Aspergers Arbeiten zunächst unbekannt blieben. Erst 1981 griff die Psychologin Lorna Wing seine Beobachtungen wieder auf, und prägte die Bezeichnung „Asperger Syndrom", das gegenwärtig langsam an Bekanntheit gewinnt.

Heute spricht man vom Asperger Syndrom, wenn Kinder als „Sonderlinge" angesehen werden. Meistens wird erst im Schulalter ihre deutliche Kontaktstörung erkannt und die Krankheit diagnostiziert. Bei normaler Intelligenz treten die folgenden Merkmale auf: Mangel an Einfühlungsvermögen, kaum ausgeprägte Körpersprache und wenig Neigung auf andere zuzugehen oder sogar Freundschaften zu schließen. Sprachliche und motorische Auffälligkeiten ergänzen das Krankheitsbild. Es stellt sich hier die Frage, ob man, stark vereinfachend, sagen kann, dass das Asperger Syndrom eine wesentlich mildere Form des frühkindlichen Autismus darstellt.

Dem gegenüber steht nun Leo Kanners frühkindlicher Autismus, der bereits im ersten Lebensjahr erkannt und diagnostiziert werden kann! Die Merkmale lassen sich in vier Gruppen von Auffälligkeiten einteilen. Die Besonderheiten treten in den Bereichen Wahrnehmung, Motorik, Sprache sowie Kontakt- und Sozialverhalten auf. Dabei handelt es sich um Abweichungen von der normalen Entwicklung, also um Defizite, aber auch um besondere Fähigkeiten:

Besonderheiten im Kontakt- und Sozialverhalten: Bereits im Säuglingsalter gibt es für die Eltern oder die Erzieherinnen in Kinderkrippen Hinweise darauf, „dass etwas nicht stimmt". Scheinbar legt bereits der Säugling keinen Wert auf die Anwesenheit der Mutter: Er streckt nicht die Ärmchen nach ihr aus, macht sich steif, stemmt sich gegen sie oder wendet sich ab, wenn die Mutter ihn auf den Arm nimmt – wie befremdlich, ja beängstigend müssen Eltern dies empfinden! Inzwischen weiß man aber, dass autistische Kinder in ihrer eigenen, für uns nicht wirklich nachvollziehbaren Welt leben. Erwachsene Autisten, die sich, mittels „Gestützter Kommunikation", in Gedichten und Büchern zu Wort melden, beklagen immer wieder ein quälendes

Gefühl des „Eingesperrt seins". Sie wissen offenbar nicht, wie sie aus ihrer Haut schlüpfen und Kontakt zu anderen Menschen herstellen können. Ihre Versuche, in Kontakt mit uns zu kommen, beispielsweise durch Hand ergreifen, beriechen und belecken, befremden. Ihr gestörter oder fehlender Blickkontakt, ihre Eigenart durch andere Menschen „hindurchzuschauen", oder so zu tun, als wäre der andere überhaupt nicht da, lösen bei uns Unbehagen und Irritation aus – vermitteln fälschlicherweise Desinteresse. Diese Gefühle des „Eingesperrt seins" und die Kontaktprobleme werden noch durch den Umstand verstärkt, dass autistische Menschen eigene Gefühle weder durch das gesprochene Wort noch durch Mimik ausdrücken können – ihr Gesichtsausdruck wirkt meist starr. Auch ist es ihnen nicht möglich, die Gefühle oder Stimmungen anderer Menschen richtig zu erkennen und zu verstehen. Die erschreckende Konsequenz daraus ist, dass Autisten und Nicht-Autisten kaum oder überhaupt nicht über den Weg der Körpersprache kommunizieren können. Bei manchen Autisten kommt noch hinzu, dass sie, vielleicht aufgrund verzerrter taktiler Wahrnehmungsempfindungen, Berührungen und Körperkontakt nicht ertragen können.

Auch ihr Spielverhalten ist für uns ungewohnt. So beobachten Eltern und Erzieherinnen, dass mit allen Gegenständen und Spielsachen stereotyp oder auch zwanghaft ordnend umgegangen wird. Dabei richtet sich die Aufmerksamkeit des Kindes häufig auf solche Details, die uns unwichtig erscheinen und, nach unserem Verständnis, wenig mit der eigentlichen Funktion des Gegenstandes zu tun haben. Hierzu kann man sich die folgenden Beispiele vorstellen: Diese Kinder blättern gerne stundenlang Versandhauskataloge durch – ohne aber auf die einzelnen Seiten zu schauen. Wie sie dies tun und was sie dabei anspricht folgt Regeln, die uns verborgen bleiben: Ist es das glänzende Papier oder das Rascheln der Seiten? In einem anderen Fall stellt sich die Frage, ob das autistische Kind den unterschiedlichen Geräuschen lauscht, die ein hölzernes Spielzeugauto macht, wenn es dieses abwechselnd hin und her schiebt und es beklopft. Des Weiteren kann das Kind völlig vertieft damit beschäftigt sein, viele verschiedenartige Spielzeugautos immer wieder auf die gleiche Art und Weise zu sortieren.

Auch die sich drehende Trommel einer Waschmaschine kann größte Anziehungskraft ausüben: Sind es die Farbmuster oder die Bewegungen der Wäsche, die das autistische Kind fesseln? Oder ist es das monotone, sich gleichförmig wiederholende Geräusch? Ist es der Duft des heißen Wassers, welcher sich mit dem des parfümierten Seifenpulvers vermischt? Oder, ist es eine Mischung aus allem und noch mehr?

Besonderheiten in der Sprache: Sicherlich würden Menschen mit und ohne Autismus zufrieden stellender zusammenleben können, wenn eine einwandfreie, unmissverständliche Kommunikation möglich wäre. Stattdessen ist das sprachliche Verhalten jedoch bereits im Säuglingsalter anders: Während junge Mütter relativ schnell lernen dem Schreien ihres Säuglings gewisse Signale zu entnehmen – ein einsames Baby klingt anders als ein hungriges oder ein ärgerliches, da nasses Kind – bemerken Mütter autistischer Säuglinge, dass das Schreien ihres Kindes monoton und schrill klingt. Die weitere Entwicklung der Sprache bei autistischen Kindern geht ganz eigene Wege: Sie kann normal verlaufen und dann, im dritten Lebensjahr, zum so genannten „Sprachknick" führen, das heißt, das Kind verstummt – wird mutistisch. Genauso ist es möglich, dass die Sprachentwicklung verspätet oder nur unzureichend stattfindet. Wie auch immer, eigene Lautproduktionen und selbst erfundene Wörter sind bei sprechenden Kindern genauso üblich wie die so genannte Echolalie, also das unermüdliche Wiederholen von Silben, ganzen Wörtern oder sogar Satzteilen, die möglicherweise interessant oder beruhigend klingen. Allen Autisten scheint gemeinsam zu sein, dass sie über einen außerordentlich phantasievollen sprachlichen Ausdruck verfügen. Bekannte erwachsene Autisten wie der Berliner Birger Sellin, haben in ihren Gedichten und Texten, die sie mit Hilfe der Gestützten Kommunikation erstellt haben, diese Begabung immer wieder unter Beweis gestellt.

Auch wenn ein autistisches Kind überhaupt nicht spricht, sollte man in seiner Gegenwart genauso rücksichtvoll und respektvoll seine eigenen Worte wählen wie man dies bei einem nichtbehinderten Kind tun würde. Das Sprachverständnis ist, bei normaler Intelligenz, nämlich gut und altersgemäß.

Besonderheiten in der Motorik: Die Motorik autistischer Kinder zeigt ebenfalls Abweichungen vom normal Üblichen. Beim Spielverhalten habe ich bereits auf Stereotypien hingewiesen, also auf wiederholt auftretende Bewegungen. In der Motorik handelt es sich um Bewegungen von Fingern, Händen, Armen, Beinen, Kopf oder dem ganzen Körper, wie beispielsweise das Wedeln, Flattern, Schütteln, Verdrehen, Wiegen oder Hüpfen. Bei Erregung nimmt die Intensität zu. Auch Zehenspitzengang ist immer wieder beobachtbar.

Hohes Erregungsniveau kann sich mit geringer Motorik und Apathie abwechseln. Gleichzeitig erscheint das Festhalten an bestimmten Bewegungs- und Handlungsabläufen geradezu zwingend zu sein. Unterbrechungen oder Abweichungen, sogar abrupte Überraschungen, führen zu höchster Erregung bis hin zu heftigen Autoaggressionen, wie beispielsweise sich beißen, ins Gesicht schlagen, mit dem Kopf gegen eine Wand schlagen und mehr.

Besonderheiten in der Wahrnehmung: Die Sinnesorgane sind offenbar intakt. Doch machen Veränderungen in der Verarbeitung von Wahrnehmung einen großen Teil der Symptomatik autistischer Menschen aus. Vielleicht liegt auch darin die Erklärung für so manches, bislang schwer erklärbares, Verhalten. So wird beobachtet, dass auf das Rascheln eines Blattes oder das Dröhnen eines Presslufthammers widersprüchliche Reaktionen auftreten, die von Angst, Schrecken und Abwehr, bis hin zu äußerster Freude und Begeisterung reichen können: So kann ein kleiner Autist über die Stimme eines Handwerkers, der ins Haus gekommen ist um etwas zu reparieren, zunächst in höchstes Entsetzen ausbrechen, im nächsten Augenblick aber mit intensivem Genuss dessen Schlagbohrmaschine lauschen.

Da ähnlich widersprüchliche Reaktionen in allen Sinnesbereichen beobachtbar sind, muss man davon ausgehen, dass die Verarbeitung der Reize verändert ist: Reizüberflutung verbunden mit Schmerzreaktionen, Verwirrung und Überforderung können genauso registriert werden wie offensichtliche Unterforderung. Letztere kann zur Selbststimulierung führen. Trotzdem bleibt ungewiss, ob sich ein Kind nun auf anregende oder beruhigende Weise stimuliert, wenn es Lichtreflexe, sich drehende Reize oder gleich bleibende Tonfolgen verfolgt, oder wenn es bestimmte Speisen und Getränke absolut bevorzugt oder ablehnt. Und es verhält sich paradox, wenn es zum Beispiel auf seine Ohren klopft, um sich gegen blendendes Sonnenlicht zu schützen. Manchmal scheinen die Kinder hochgradig schmerzunempfindlich zu sein, ein anderes Mal kann schon eine Berührung, Haare oder Nägel schneiden und sogar das Zähneputzen unerträglich sein.

Geruchs- und Geschmackssinn werden intensiv genutzt, wenn Gegenstände und auch Personen „beschnüffelt" und „beleckt" werden.

Diese äußerst vielfältige Symptomatik ist bei zirka 75 % aller Autisten von Minderbegabung begleitet, die bis zu schwerer geistiger Behinderung reichen kann. Ungeachtet dessen kommt es bei allen autistischen Menschen zu so genannten „Begabungs- oder Intelligenzinseln". Darunter versteht man ungewöhnliche Leistungen des Gedächtnisses, wie zum Beispiel das Kalendergedächtnis oder die Fähigkeit, Telefonbuchseiten auswendig zitieren zu können, sowie Fertigkeiten, die sprachunabhängig sind, wie zum Beispiel musikalische Fähigkeiten oder das schnelle und präzise Erkennen und Zusammenfügen von Mustern und Anordnungen.

Obgleich ein Mensch, bei dem frühkindlicher Autismus festgestellt worden ist, und welcher folglich eine sehr große Zahl der soeben beschriebenen Auffälligkeiten zeigt, anderen Autisten sehr ähnlich ist, bleibt der Einzelne doch ein Individuum, das über eine eigenständige Persönlichkeit verfügt. Wie jeder andere Mensch auch, kann uns ein autistisches Kind sowohl überraschen als auch enttäuschen.

Ursachen von Autismus

Über die Ursachen dieser schweren Behinderung ist lange gerätselt worden. Problematische Mutter-Kind-Beziehungen galten leider lange Zeit als Auslöser, und haben vielen betroffenen Müttern zusätzlichen seelischen Schmerz zugefügt. Inzwischen geht man aber davon aus, dass es sich um ein multikausales Geschehen handelt. Manche Kinder haben offenbar vor, während oder nach der Geburt eine Hirnschädigung erlitten. Bei den pränatalen, also vorgeburtlichen, Ursachen wird mittlerweile eine Fehlentwicklung im Bereich des Hirnstamms während der Frühschwangerschaft angenommen. Aber auch andere schädigende Einwirkungen auf das Gehirn kommen in Betracht. Man nimmt außerdem an, dass eine erbliche Disposition eine Rolle spielen könnte, oder auch eine mit Hirnbeteiligung verbundene Krankheit.

Neuere Forschungsergebnisse verweisen auf sogenannte Spiegelneurone im Gehirn, welche bei autistischen Menschen nicht genügend aktiviert werden. Die sich daraus ergebende Unfähigkeit, sich in einen anderen Menschen einzufühlen, könnte die Kommunikationsprobleme autistischer Menschen erklären (mehr hierzu bei Keenan 2005).

Eine weitere Ursache scheint in der Störung der Wahrnehmungsverarbeitung zu liegen. Während die Sinnesorgane offensichtlich intakt sind, findet die Beeinträchtigung daher auf einer höheren Ebene der Wahrnehmungsverarbeitung statt. So haben die Kinder offensichtlich Schwierigkeiten damit, sich ein Bild von ihrer Umwelt, aber auch vom eigenen Körper zu machen. Als Ursache dafür wird angenommen, dass bestimmte Reglermechanismen im Gehirn, die Wahrgenommenes zu verarbeiten haben, bei Autisten nicht richtig funktionieren. Damit ist die Auswahl der Reize erschwert – aus dem riesigen Reizangebot, dem der Mensch permanent ausgesetzt ist, kann Wichtiges nicht ausgesondert und Unwichtiges nicht unterdrückt werden. Somit scheinen autistische Menschen in einem inneren Chaos zu leben, in dem zu intensive, in ihrer Intensität wechselnde oder aber zu schwache Wahrnehmungsfetzen durcheinander wirbeln – wie verwirrend, unüberschaubar und auch beängstigend muss diese innere Welt sein!

Therapeutische und erzieherische Hilfen bei Autismus

Autismus ist bislang leider nicht heilbar! Daher sind therapeutische und erzieherische Maßnahmen wichtig. Zu den therapeutischen Maßnahmen gehört beim frühkindlichen Autismus selbstverständlich die *Frühförderung mit ihrer umfassenden Entwicklungstherapie.* In ihr finden ergotherapeutische, physiotherapeutische, sprachheiltherapeutische und psychologische Maßnahmen Raum. Verhaltenstherapie, beispielsweise zum Aufbau von Imitationsverhalten, oder auch Spielaufbautherapie seien hier erwähnt.

In erster Linie wird das Kind systematisch lernen müssen, mit der Wahrnehmung seiner Umwelt und seines Körpers fertig zu werden. Dies muss in kleinen Schritten vermittelt und erlernt werden. Die so genannte „Affolter Handführung" ist hierbei von großem Nutzen. Die Schweizer Heilpädagogin Felicie Affolter erkannte, dass Kinder mit Wahrnehmungsverarbeitungsstörungen ihre Hände anders benutzen: Wenn sie etwas berühren oder selbst berührt werden, dann erschrecken sie, verspannen sich und weichen zurück – damit wehren sie Kontakt zuerst einmal ab (Baude 1998). Viele Kinder schauen zusätzlich weg oder schließen die Augen, womit beobachten, erkennen und einordnen erschwert, wenn nicht sogar unmöglich wird. Beim Zugreifen fällt auf, dass sie nur mit einzelnen Fingern „anpacken", wo eigentlich eine ganze Hand erforderlich ist, oder aber nur eine Hand einsetzen, wo eigentlich beide Hände gebraucht werden. Zudem fällt manches zu Boden, da der Griff kraftlos wirkt. Somit erhalten die Kinder unvollständige Spürinformationen – das Hantieren und die Bewegungen erscheinen wahllos und unkoordiniert. Räumliche Informationen können ebenfalls nicht erfasst werden. Daraus ergibt sich wie von selbst die Schlussfolgerung: Was meine Hände nicht er-greifen und er-fassen, kann mein Verstand nicht be-greifen!

Natürlich versuchen die Kinder sich zu helfen, indem sie Dinge „belecken" oder „beklopfen". Doch entstehen dadurch nur punktuelle Eindrücke, welche auf den Augenblick konzentriert sind – Folgen und Zusammenhänge können somit nicht erkannt, Handlungsabläufe nicht erlernt werden. Für das Kind entsteht daraus andauernde Unsicherheit und Frustration.

Aus all diesen Beobachtungen hat Felicie Affolter eine Methode der Handführung entwickelt, bei der ein Erwachsener die Hände eines

Kindes durch einen kompletten Handlungsablauf führt: Der Erwachsene setzt ein Signal für den Beginn und vermittelt durch die Berührung den nötigen Kraftaufwand in Fingern, Händen und Armen. Er verbindet die einzelnen Schritte zu einem vollständigen Handlungsablauf, und setzt gemeinsam mit dem Kind einen Schlusspunkt. Für ein geführtes Kind ist dies ein großartiges Erlebnis: Es kann wahrnehmen wie sich sein Muskeltonus verändert, und es lernt seinen Kraftaufwand anzupassen. Sein Blick wird sich früher oder später automatisch auf das Handlungsgeschehen richten, womit sein Erleben auf mehreren, koordinierten Sinnesebenen abläuft. Es kommt etwas dabei heraus – also hat es endlich auch einmal ein Erfolgserlebnis!

Neben der hierdurch geleisteten Wahrnehmungsschulung, werden Selbstwertempfinden, Selbstbewusstsein und Selbständigkeit gefördert. Auch wird der vertrauensvolle Kontakt zur „führenden" Person vertieft. Die Kommunikationsmöglichkeiten werden erweitert, sei es durch das sprachlich angemessene Vorbild, das die einzelnen Schritte genau erläutert oder aber diese durch einzelne Worte und Gesten begleitet, wenn das Kind selbst „sprachlos" ist.

Doch setzen alle bislang genannten Maßnahmen voraus, dass es der Erzieherin oder Therapeutin überhaupt gelungen ist, zu dem kleinen Autisten Kontakt herzustellen, eine persönliche Beziehung zu entwickeln und Kommunikationsmöglichkeiten zu finden. In unserem Anfangsbeispiel versuchte der Praktikant es über den normalen Weg der Annäherung, was nach unserem Verständnis jedoch misslang, da der autistische Junge erschrocken ist. Wir würden es aber erst dann genau wissen, wenn der Erzieherpraktikant das Kind dazu befragen könnte. Da dies jedoch nicht möglich ist, wäre mein Vorschlag zur Vorgehensweise der Folgende: Zunächst sollte beobachtet werden, wie sich das Kind verhält, und erst dann sollte man sich „einklinken". Der Praktikant hätte sich vorsichtig und in einigem Abstand daneben knien und dann beobachten können, was passiert – denn allein schon die Gegenwart einer neuen Person muss vom autistischen Kind zuerst einmal bewältigt werden. Im weiteren Verlauf sollte dann „dialogisch gehandelt" werden, das heißt, ich, als Erzieher, greife das Verhalten des Kindes auf und „antworte" darauf: Ein leises Summen oder ein behutsames Klopfen an der Fensterscheibe hätten im Beispiel die ausreichende Funktion gehabt, „Hallo" zu sagen. Ist das autistische Kind davon noch nicht beunruhigt oder überfordert, wird es sich interessiert dem neuen Menschen, der offenbar seine Sprache spricht, zuwenden.

Möglicherweise ist diese Vorgehensweise mit der Situation eines

Reisenden, der sich in eine völlig fremde Kultur begibt, vergleichbar, da ihm ebenso sowohl Sprache als auch Gewohnheiten absolut unvertraut sind. Er wird sich im Umgang mit den Menschen leichter tun, wenn er sich zunächst beobachtend zurückhält und dann sich nach und nach ihnen annähert. Wege des Kommunizierens zu finden, ist eine der herausforderndsten Aufgaben bei nicht sprechenden Autisten: Finden Sie Gesten, Symbole und einfache Worte, die, stetig wiederholt, als „Brücke" benutzt werden.

Ist ein erster Kontakt hergestellt, kann die Technik mit kleineren und größeren Sprechcomputern unterstützend genutzt werden. Auf diesen Geräten werden im Alltag immer wiederkehrende, wichtige Aussagen über Knopfdruck dem Autisten verfügbar gemacht.

Autisten, die lesen und schreiben können, sollten baldmöglichst an die Gestützte Kommunikation herangeführt werden – diese stellt häufig ihre einzige Möglichkeit dar, sich unmissverständlich auszudrücken. Über eine Buchstabiertafel oder eine Computertastatur kann der Autist einzelne Wörter bis hin zu ganzen Sätzen schreiben. Dadurch wird es ihm möglich, sich auszudrücken, Wünsche und Willen zu äußern. Notwendig hierzu ist ein ausgebildeter „Stützer", der über taktile Impulse an der Hand oder dem Arm des Autisten hilft, eine Schreibhandlung zu beginnen, durchzuführen und zu beenden. Der Autist braucht den „Stützer" hierbei, um einzelne Teilschritte, wie den Schreibarm zu heben und die Hand in Richtung der Schreibtastatur zu lenken, beginnen und beenden zu können und um zu spüren, wie viel oder wenig Krafteinsatz beispielsweise beim Drücken der Taste erforderlich ist. Den Inhalt des Geschriebenen bestimmt der Autist jedoch selbst. Kritiker der Methode bezweifeln allerdings, dass Autisten in der Lage wären, sich ungelenkt und unbeeinflusst auf diese Weise mitzuteilen. Dazu sei nur bemerkt: Ihre ganz eigenen, phantasievollen, aber oft auch fremdartigen Wortkreationen, sollten uns zumindest zu Gunsten der autistischen Menschen nachdenklich stimmen. Birger Sellin, ein junger Berliner, der durch seine Bücher bekannt geworden ist, verwendet Begriffe wie beispielsweise „unruherastklopfiger Geistüberfall" oder „Ohne ich Wesen", wenn er von sich und seiner inneren Not, nämlich in einem Wahrnehmungschaos isoliert leben zu müssen, erzählt (Sellin 1995).

Weitere hilfreiche Methoden, in die sich Erzieherinnen ohne weiteres einarbeiten können, sind die Basale Stimulation nach Andreas Fröhlich (1998) oder das Programm TEACCH (Treatment and Education of Autistic and related Communication handicapped Children). Bei TEACCH geht es um das Training von Selbständigkeit, Alltagstätigkeiten, beruflichen Fertigkeiten, Arbeitshaltung, Kommunikation, Freizeitverhalten und schließlich Sozialverhalten und Sozialkompetenz (Poustka u. a. 2004).

Was auch immer Sie als Ergänzung zu Ihren bereits vorhandenen Kompetenzen erlernen mögen – gehen Sie getrost auf autistische Menschen zu, denn sie sind Menschen wie wir, fühlen sich schmerzlich einsam und nehmen jeden Versuch der Annäherung dankbar an – auch wenn es für uns manchmal überhaupt nicht so aussehen mag.

Buchempfehlungen zum Weiterlesen:

Fröhlich, A. (1998): Basale Stimulation. verlag selbstbestimmtes leben, Düsseldorf

Janert, S. (2003): Autistischen Kindern Brücken bauen. Ernst Reinhardt, München / Basel

Keenan, J. P. (2005): Das Gesicht im Spiegel. Ernst Reinhardt, München

Sellin, B. (1995): Ich will kein Inmich mehr sein. Kiepenheuer und Witsch, Köln

9 Wenn die Worte fehlen – Kinder mit Sprach- und Sprechproblemen

In der Hortgruppe geht es beim Mittagessen laut und lebhaft zu. Der Morgen in der Schule war voller Erlebnisse, die die Kinder „loswerden" wollen. Wie immer, sprudeln die Worte aus Nina geradezu heraus. Die anderen Kinder lachen über ihre lustigen Imitationen, wenn sie eine besonders aufregende Situation schildert. Doch ist es manchmal auch schwer ihren Geschichten zu folgen, da sich ihr Sprechtempo während des Erzählens derart steigern kann, dass Worte und Sätze verstümmelt werden und somit nicht mehr verständlich sind. Nina ist sehr enttäuscht, wenn sie sieht, wie sich dann die Kinder irritiert von ihr abwenden.

Die Erzieherin beobachtet, dass der Nachbar von Nina, Alexander, unter großem Druck zu stehen scheint. Sie weiß, dass Alexander so manches erlebt hat, über das auch er gerne sprechen möchte. Doch fällt ihm das Reden schwer. Sein Wortschatz ist klein und er hat wenig Übung darin, sich sprachlich gut auszudrücken. Die Erzieherin weiß auch, dass Alexander häufig nicht zu Wort kommt, weil er zu lange braucht, um sich am Gespräch zu beteiligen.

Während Worte und Sätze zwischen den essenden Kindern „hin- und herfliegen", bemüht sie sich daher, auch die Ruhigeren gezielt anzusprechen und in die Unterhaltung miteinzubeziehen. Sie wünscht sich, dass jedes der Kinder zu Wort kommen kann.

Wie wir bereits an anderer Stelle besprochen haben, entstehen Verhaltensauffälligkeiten häufig dann, wenn Kinder und Jugendliche nicht über die Fähigkeit verfügen, belastende Ereignisse zu benennen, also diese in Worte zu fassen. Dabei spielt natürlich das Alter der Betreffenden eine Rolle. Je jünger das Kind ist, desto unbeholfener geht es mit der Sprache und dem Sprechen um. Ähnlich verhält es bei depressiven Kindern und Jugendlichen, die lieber „in sich hineinfressen" was sie bedrückt, als dafür Worte zu gebrauchen. Möglicherweise spielt bei ihnen die krankheitsbedingte Lethargie eine Rolle.

Auch Kinder mit veränderter Verarbeitung von Sinneseindrücken tun sich schwer, sich anderen mitzuteilen. Das mag daran liegen, dass es schwierig ist, einen Zustand in Worte zu fassen, den die Betreffenden bei sich zuerst einmal als normal erleben. Erst der Umstand, dass sie ständig „anecken", permanent ermahnt und gerügt werden, lassen sie dann zu dem Schluss kommen, dass bei ihnen etwas anders sein muss – nur was? Wie kann man über etwas reden, von dem keine Vorstellung existiert und für das sich folglich keine Worte finden lassen?

Erschreckend ist jedoch die Tatsache, dass eine zunehmende „Sprachlosigkeit" bei einer immer größer werdenden Zahl von Kindern und Jugendlichen in unserer Gesellschaft zu beobachten ist. Man geht heute davon aus, dass zirka 30 % der Kindergartenkinder mit Sprachauffälligkeiten zu kämpfen haben. Hier ist der Gebrauch einer „verarmten" Sprache zu beobachten, bei der aussagekräftige Worte durch solche einer verstümmelten Comic-Sprache ersetzt werden, wie zum Beispiel „super!", „cool!", „geil!", ohne dabei aber erklären zu können, was denn nun so eindrucksvoll gewesen ist. Die Antwort: „Find ich megageil, weil's echt super war!", scheint doch sehr wenig über das Leben und Erleben des Betreffenden mitzuteilen.

Auch Geschehnisse, die starke Gefühle wie Wut, Zorn oder sogar Hass verursachen, finden immer weniger Ausdruck in Worten. Vielmehr wird das „verarmte" Sprechen, wie beispielsweise: „Den mach ich platt!", körpersprachlich auch noch durch entsprechende Gesten der Gewalt begleitet, wie beispielsweise eine geballte Faust. So mag sich hinter mancher gewalttätigen Handlung eine Wortlosigkeit verbergen, die es unmöglich macht, die Differenzen durch ein Gespräch beizulegen.

Die Gründe dafür sind vielfältig: Zu wenig Bewegung, beeinträchtigtes Hörvermögen, veränderte Sinnesverarbeitung, zu viel Fernsehkonsum, stupide Computerspiele sowie zu wenig Gelegenheit sich sprachlich mitzuteilen und auszutauschen.

Es ist hilfreich sich zu vergegenwärtigen, dass die sprachliche Ausdrucksfähigkeit dort am besten gelingt, wo die Wahrnehmung und Motorik geübt sind, alles Beeindruckende in Worte umgesetzt werden kann und diese Worte auch einen aufmerksamen Zuhörer finden.

Funktionen von Sprache und Sprechen

Nach Hobmair ist Sprache „ein System von Lauten und Zeichen sowie von Regeln über die Verbindung dieser Zeichen." (1997, 115). Sprechen stellt dabei einen geistig-seelischen Vorgang dar, der nur dann gelingen kann, wenn die Hörfähigkeiten des Menschen und sein zum Sprechen notwendiges Muskelsystem intakt sind. Dabei ist es spannend sich vor Augen zu halten, was wir mit Sprache alles ausrichten können:

- Wir teilen unsere Wünsche und unseren Willen mit.
- Wir äußern Gefühle und Erleben.
- Wir treten in Kontakt mit anderen Menschen.
- Wir tauschen Informationen aus.
- Wir nehmen Einfluss auf andere und deren Handeln, über Anweisungen, Aufforderungen, Bitten und Befehle.
- Wir begleiten unsere inneren Bilder mit Dialogen: So sprechen wir uns manchmal vor einer schwierigen Situation innerlich Mut zu.
- Wir errichten mit Sprache Brücken des Verständnisses von einem Menschen zum anderen.

Angesichts der Vielfalt von Funktionen, die unsere Sprache übernimmt, wird die Verzweiflung autistischer Menschen über ihre Sprachlosigkeit vielleicht noch besser nachvollziehbar.

Sprachbeeinträchtigung

Ich möchte daran erinnern, dass Auffälligkeit als milde Abweichung von der Norm gilt, Störung hingegen als eine deutliche, schwerwiegendere Abweichung angesehen wird, und unter dem Begriff Behinderung eine schwerwiegende und dauerhafte Beeinträchtigung zu verstehen ist. Knura fasst dies wie folgt in einer Definition von Sprachbehinderung zusammen:

„Sprachbehinderte sind solche Personen, die vorübergehend oder dauernd in unterschiedlichem Ausmaß unfähig sind, die allgemeine Umgangssprache in Laut und Schrift altersüblich aufzunehmen, zu verarbeiten und zu äußern und die deshalb in ihrer Persönlichkeits- und Sozialentwicklung sowie ihrer seelisch-geistigen und körperlichen Leistungsfähigkeit gefährdet oder beeinträchtigt sind. Die Unfähigkeit kann sich auf eine, mehrere oder alle sprachlichen Teilfunktionen erstrecken." (Knura, zitiert nach Schramm 1996, 131)

Formen von Sprech- und Sprachbeeinträchtigungen und Ursachen

Im Folgenden möchte ich einen kurzen Abriss über die vier Gruppen von Sprech- und Sprachbeeinträchtigungen geben. Zur Wiederholung: Sprache ist dabei das Verständnis von Lauten und Wörtern sowie deren Verknüpfung nach grammatikalisch richtigen Regeln; Sprechen ist die Fähigkeit, Sprache auszudrücken, wenn sensorische und motorische Funktionen problemlos zusammenspielen.

Artikulations- und Lautbildungsstörungen: Hierzu zählt das so genannte Stammeln *(Dyslalie)*. Obwohl das Kind die Sprache richtig erworben hat, kann es die einzelnen Laute oder Lautverbindungen nicht richtig aussprechen. Dies betrifft in erster Linie die so genannten Konsonanten (Mitlaute). Dabei werden entweder einzelne Buchstaben weggelassen oder durch einen anderen ersetzt: So kann aus dem Wort Kuh, Tuh oder Uh werden. Beim Lispeln, also dem Stammeln des Buchstaben „s", wird dieser Laut durch einen anderen, der dem englischen th sehr ähnlich ist, ersetzt. Stammeln kann bei einigen wenigen Lauten („partielles Stammeln"), bei vielen Konsonanten („multiples Stammeln") oder bei allen Konsonanten („universelles Stammeln") auftreten. Im Laufe ihrer Sprachentwicklung stammeln fast alle Kinder – hier wird dann von entwicklungsbedingtem Stammeln gesprochen. Doch sollte ein Kind ab dem fünften Lebensjahr in der Lage sein, alle Laute korrekt zu gebrauchen. Als Ursachen für diese Form von Sprachbeeinträchtigung werden beispielsweise Zahnfehlstellungen, Kieferdeformationen, Schwerhörigkeit, hirnorganische Veränderungen und Schädigungen sowie psychosoziale Aspekte, wie zum Beispiel belastende Lebensumstände oder zu geringe sprachliche Zuwendung angesehen.

Redefluss- und Rhythmusstörungen: Die bekannteste Störung in dieser Gruppe ist das *Stottern*. Hier wird zwischen einer entwicklungsbedingten Sprechunflüssigkeit und dem „chronischen Stottern" unterschieden. Die entwicklungsbedingte Sprechunflüssigkeit tritt im Alter zwischen drei und fünf Jahren auf, wobei es zu Wiederholungen ganzer Satzteile kommen kann: „Da war, da war, da war ...!". Tritt das Stottern über dieses Alter hinaus auf und kommt es zum krampfhaften Wiederholen kleinerer Einheiten, beispielsweise: „Ddddda wwww-war ...!", dann ist von „chronischem Stottern" die Rede. Dabei werden oft gleichzeitig beide Augen verdreht und die Arme mitbewegt, die Lippen zittern und das ganze Gesicht wirkt verspannt oder angestrengt. Die Ursachen hierfür liegen im hirnorganischen Bereich, wo das komplizierte Zusammenspiel der am Sprechvorgang beteiligten Muskeln beeinträchtigt ist. Das chronische Stottern sollte nicht mit einem gelegentlichen Stottern in Stresssituationen verwechselt werden, wobei jedoch auch hier von einer Veranlagung zu dieser Sprachauffälligkeit ausgegangen werden muss.

Zur Gruppe der Redefluss- und Rhythmusstörungen zählt auch das *Poltern.* Darunter versteht man ein überstürztes, übersprudelndes Reden, bei dem einzelne Silben, ganze Wörter oder Satzteile, verstümmelt oder ausgelassen werden. Poltern ist bei solchen Kindern zu beobachten, die möglichst schnell, möglichst viel sprachlich loswerden wollen – sei es, dass sie meinen, sie hätten zu wenig Zeit zum Reden; sei es, dass sie schneller denken, als sie sich sprachlich artikulieren können. Nina, aus unserem Anfangsbeispiel, könnte hierzu zählen.

Stimm- und Stimmklangstörungen: Hierunter fallen das *Näseln* und die *Dysphonie.* Man spricht vom Näseln, wenn beim Sprechen die Luft verstärkt durch den Mund strömt und, ähnlich wie bei schwerem Schnupfen, die Nase verstopft zu sein scheint. Ursächlich hierfür sind tatsächlich die so genannten Polypen oder auch extrem vergrößerte Rachenmandeln. Bei der Dysphonie handelt es sich um eine gestörte Fähigkeit zur Stimmgebung, wodurch die Stimme heiser klingt. Ursachen sind Verspannungen oder eine Überstrapazierung der Sprechwerkzeuge.

Sprach- und Sprachaufbaustörungen: Zu dieser Gruppe zählen Sprachentwicklungsverzögerungen, Sprachentwicklungsstörungen, Dysgrammatismus, Mutismus und Aphasie.

Von *Sprachentwicklungsverzögerung* spricht man, wenn das Verständnis der Sprache, die Fähigkeit zur Artikulation, der Wortschatz sowie die Grammatik zeitlich verzögert entwickelt sind. Man geht allerdings davon aus, dass diese Verzögerung mit entsprechender Hilfe wieder aufgeholt werden kann. Dagegen ist von Sprachentwicklungsstörung die Rede, wenn der Entwicklungsrückstand in den soeben genannten vier Bereichen, wenigsten ein halbes Jahr beträgt. Ursachen für beide Abweichungen können sein: Vorübergehende schwere Erkrankung, mangelhafte sprachliche Zuwendung, Störung der Wahrnehmungsverarbeitung, Hörprobleme, motorische Probleme sowie Störungen der geistigen Entwicklung.

Unter *Dysgrammatismus* versteht man die Unfähigkeit eines über sechsjährigen Kindes, mit der Grammatik seiner Muttersprache fehlerfrei umzugehen. Man geht davon aus, dass die sprachliche Entwicklung eines Kindes mit zirka sechs Jahren abgeschlossen ist, und die Sprache danach nur noch verfeinert wird. Beim Dysgrammatismus unterscheidet man drei Ausprägungen: So können bei der leichten Form einfache Sätze fehlerfrei gesprochen werden; komplizierte Sätze sind jedoch im Satzbau verdreht und weisen falsche Fallanwendung auf: „Wenn ich das Eis mich kaufe!". Bei der mittelschweren Form wird das Zeitwort in Grundform an das Satzende gestellt: „Du das nicht wissen!". Bei der schweren Form eines Dysgrammatismus spricht das Kind in sehr kurzen Sätzen, deren Sinn häufig nicht mehr eindeutig erkennbar ist; dabei werden einzelne Wörter in der Grundform einfach aneinander gereiht: „Papa Auto Du!". Die Ursachen für den Dysgrammatismus können vielfältig sein: Sie reichen von fehlender sprachlicher Zuwendung, über gestörtes Hören oder Verarbeiten des Gehörten, über Mehrsprachigkeit und fehlerhaftes Sprachvorbild bis hin zu hirnorganischen Veränderungen.

Unter psychogenem *Mutismus* versteht man das Verstummen eines Kindes, obwohl es über eine völlig intakte Sprach- und Sprechfähigkeit verfügt. Mutismus kann dabei vollständig auftreten, also gegenüber allen Personen und jederzeit wird nicht gesprochen; oder nur teilweise, also gegenüber ausgesuchten Personen wird gesprochen, gegenüber anderen jedoch hartnäckig geschwiegen. Der Hintergrund ist immer eine schwere seelische Belastung des Kindes: So sind Kriegserlebnisse, das Erleben eines schweren Unfalls oder sexueller Gewalt als Auslöser für einen vollständigen Mutismus vorstellbar. In einem solchen Fall, können der beharrliche Appell, doch endlich den Mund aufzumachen, oder sogar zorniges Reagieren auf so viel „Bockigkeit", nur mit Unkenntnis entschuldigt werden. Ein mutistisches Kind sollte grundsätzlich psychotherapeutisch behandelt werden, denn es braucht unbedingt professionelle Hilfe!

Aphasie bedeutet den vollständigen Verlust von Sprache aufgrund einer Schädigung des Großhirns durch Sauerstoffmangel, beispielsweise nach einem Schlaganfall oder Badeunfall.

Abrunden möchte ich die Thematik, indem wir auf Kinder mit Störungen der auditiven Sprachwahrnehmung schauen: Es handelt sich hierbei um eine Beeinträchtigung der Informationsverarbeitung im Gehirn. Das Hörvermögen ist demnach normal. Bei der Schwerhörigkeit (Kapitel 10.1) liegt dagegen eine Störung im Mittel- oder Innenohr vor. Die Problematik der auditiven Sprachwahrnehmungsstörung ist sehr komplex, da es von Kind zu Kind große individuelle Unterschiede in der Ausprägung geben kann. Möglich wäre außerdem eine Vernetzung mit Beeinträchtigungen wie AD(H)S oder Legasthenie.

Eine Erzieherin sollte aufmerksam werden, wenn Auffälligkeiten im Hörverhalten und im Sprachverhalten täglich beobachtbar sind und folglich auf Beeinträchtigung der auditiven Wahrnehmung hinweisen könnten. Reul (2008) nennt hierzu beispielhaft einige Kriterien: Kinder, die sich durch Hintergrundgeräusche gestört fühlen, in Gruppen häufig nachfragen, Probleme haben, Schallquellen zu orten oder ähnlich Klingendes verwechseln. Häufig ist dieses Hörverhalten kombiniert mit undeutlichem Sprechen, regelmäßig ausweichenden Antworten oder einem gering flexiblen Wortschatz. Die Konzentrationsfähigkeit der betroffenen Kinder ist eingeschränkt.

Erzieherische Hilfen

Eine Erzieherin wird sich täglich darüber Gedanken machen, wie sie für einzelne oder auch alle Kinder die Gesamterziehungssituation verbessern kann. Sie weiß, wie wichtig sprachliche Fähigkeiten für das gegenwärtige und zukünftige Leben der Kinder, mit all seinen Ansprüchen und Erfordernissen, sind. Da Auffälligkeiten im sprachlichen Bereich sehr vielfältige Erscheinungsformen und Hintergründe haben können, ist es wichtig, dass Erzieherinnen ihre Fachkenntnisse hierzu kontinuierlich erweitern und aktualisieren. Dann werden sie betroffenen Kindern angemessen helfen, den Eltern professionelle und kompetente Beratung anbieten können.

Daneben sind sich die Erzieherinnen der Tatsache bewusst, dass es heutzutage unbedingt notwendig ist, bei allen Kindern Freude am Gebrauch der Sprache und des Sprechens zu wecken: Sie, als Erzieherin, haben es in der Hand, in Ihrer Gruppe ein Klima zu schaffen, in dem genügend Raum und Zeit für Gespräche ist – denn, Sie wissen selbst, dass sich dort, wo Menschen in Ruhe zusammensitzen und der Gesprächspartner signalisiert: „Lass dir Zeit, ich höre dir gerne zu!", Gespräche sich erst richtig entwickeln können – man macht sich dann auch die Mühe, um Worte zu ringen und Sachverhalte auf den Punkt zu bringen.

Daneben verfügen Erzieherinnen über ein großes Repertoire an spielerischen Angeboten, um Kindern – ganz nebenbei – den Gebrauch ihrer Sprache zu vermitteln:

■ **Förderung des „Miteinander Sprechens":** Tischgespräche, Gute-Nacht-Gespräche (auch vor einem Mittagsschlaf), „Kinderkonferenzen" nach Thomas Gordon sowie Tür-und-Angel-Gespräche. All dies sollte im Tagesablauf vorgesehen und integriert sein. Auch lieben Kinder Reime, wobei sie nicht müde werden, diese zu wiederholen. Des Weiteren gehören das Singen und Singspiele zu den Lieblingsbeschäftigungen von Kindern, insbesondere dann, wenn auch einmal ein Ton falsch sein oder man nur mitsummen darf.

■ **Förderung der Bewegungsfähigkeit:** Wer die Bewegungsfähigkeit von Kindern durch entsprechende Angebote unterstützt und fördert, trägt auch gleichzeitig zur Entwicklung ihrer Sprache bei – gemäß der Erkenntnis, dass ein intaktes Zusammenspiel von Wahrnehmung und Bewegung die Grundlage für eine altersgemäße Sprachentwicklung ist. „Durch Bewegung gewinnen Kinder Erkenntnisse über die Beschaffenheit der Objekte ihrer Umwelt, sie erfahren, dass Dinge einen Namen haben und dass sie diese durch eigenes Handeln beeinflussen können." (Mannhard/ Braun 2008, 109)

■ **Förderung der Wahrnehmung:** Bewegungsspiele haben immer auch etwas mit Wahrnehmungsförderung zu tun – denn, wenn ich mich bewege, erlebe ich meinen Körper, seine Kraft und Spannung, seine Größe, seine Lage im Raum und seine Grenzen. Für viele Kinder gilt, dass sie leichter be-greifen können, was sie zuvor taktil erfasst haben – mit den Händen wie mit den Füßen! Somit sind Garten, Park, Wald und Ufer immer noch die „reichsten Spielplätze". Hier gibt es für alle Sinne vielfältiges Erleben – über das nebenbei oder hinterher gesprochen, gesungen und auch gelacht werden kann. Und sollte es wirklich einmal nicht möglich sein ins Freie zu gehen, kann man auf sprach- und sinnesförderndes Spielzeug zurückgreifen.

Zum Werkzeug der Erzieherin gehört auch das beratende Gespräch mit den Eltern. Bei Sprachauffälligkeiten sollten Hintergründe geklärt werden. Sobald Unklarheiten hinsichtlich der Auslöser auftauchen, muss auf die Notwendigkeit verwiesen werden, die Hörfähigkeit des Kindes untersuchen zu lassen! Die Erzieherin wird auf spezialisierte Kinder- und Hals-Nasen-Ohren-Ärzte mit Zusatz „Phoniater", auf pädaudiologische Beratungsstellen, auf Logopäden und Sprachtherapeuten verweisen.

Buchempfehlungen zum Weiterlesen:

Füssenich, I., Geisel, C. (2008): Literacy im Kindergarten. Ernst Reinhardt, München/Basel
Hellrung, U. (2002): Sprachentwicklung und Sprachförderung. Herder, Freiburg i.Br.
Mannhard, A., Braun, W. (2008): Sprache erleben – Sprache fördern. Ernst Reinhardt, München
Neumann, S. (2001): Ganzheitliche Sprachförderung. Beltz, Weinheim

Wendtlandt, W. (2000): Sprachstörungen im Kindesalter. Thieme, Stuttgart

Winner, A. (2007): Kleinkinder ergreifen das Wort. Cornelsen, Berlin

Kinder- und Jugendbuch:

Schneider, P., Schartmann, G. (2007): Was ist ein U-U-Uhu? Natke, Neuss
Ab 3 Jahre. Thema: Mut machen, stottern

Schreiber-Wicke, E. (2006): Mit Ottern stottern, mit Drachen lachen. Thienemann, Stuttgart
Ab 4 Jahre. Verse zum Weiterreimen

Vettiger, S. (2008): Stomatenpagetti oder wie Oscar richtig sprechen lernt. Atlantis, Orell Füssli, Zürich
Ab 4 Jahre. Thema: Stottern

10 Kinder mit Behinderungen

Der Theologe Dietrich Bonhoeffer schlug vor, dass wir viel mehr darauf achten sollten was ein Mensch erlebt und erleidet, als darauf zu schauen, was er kann und nicht kann! Wir werfen nun also einen Blick auf Menschen, die im großen, vielfältigen Puzzle der Menschheit auch Teile des Ganzen sind, obgleich sie manche Dinge nicht oder nur zum Teil können – dafür besitzen sie andere, besonders ausgeprägte Fähigkeiten: Ein blindes Kind hört und tastet intensiver als ein sehendes; ein kognitiv beeinträchtigtes Kind ist zwar langsamer im Denken, dafür besitzt es aber besonders sensible „Antennen", die es spüren lassen, was andere bewegt; ein der Entwicklungsnorm entsprechendes Kind kann das Spüren verlernt haben, und ist somit also „behindert" in seiner Empfindsamkeit.

Nach Ulrich Bleidick gelten „Personen als behindert, die infolge einer Schädigung der körperlichen, geistigen, seelischen Funktionen soweit beeinträchtigt sind, dass ihre unmittelbaren Lebensverrichtungen oder ihre Teilhabe am Leben der Gesellschaft erschwert werden" (zitiert nach Schmutzler 1999, 15). Bleidick verweist hiermit auf drei große Gruppen von Behinderungen und deren besondere Lebenserschwernisse, die ich durch eine vierte Gruppe, nämlich die Sinnesbehinderungen, ergänzen möchte. In diesem Buch haben wir uns bereits mit Formen seelischer Beeinträchtigungen (Verhaltensauffälligkeiten) und Behinderung (Depression) beschäftigt. Nach den bereits im vorangegangenen Kapitel dargestellten Sprach- und Sprechbehinderungen, möchte ich nun mit der Sinnesbehinderung, welche von der Schwerhörigkeit bis hin zur Gehörlosigkeit reicht, fortfahren, da diese beiden Themenkomplexe eng zusammenhängen.

Bleidick gibt zu bedenken, dass fast jede Behinderung eine Mehrfachbehinderung ist: Zu einer so genannten Primärbehinderung, wie zum Beispiel die Hörbehinderung, können eine oder mehrere Sekundär- oder Folgebehinderungen hinzukommen, wie beispielsweise eine Sprachentwicklungsstörung, eine Konzentrations- und Lernstörung und eine Verhaltensauffälligkeit (nach Schmutzler 1999).

Auch bezeichnet er eine Behinderung immer als „relativ", das heißt, sie reicht von funktionsmindernd (leichte Hörschädigung oder Kurzsichtigkeit) bis zum totalen Funktionsausfall (Gehörlosigkeit oder

Blindheit). Somit beeinträchtigt sie auf sehr unterschiedliche Art und Weise, und stellt einen „Prozess" dar: Sie kann sich verschlimmern, zum Beispiel fortschreitender Muskelschwund; sie kann sich ausweiten, beispielsweise wird eine angeborene geistige Behinderung im Laufe der Entwicklung zur Mehrfachbehinderung; sie kann aber auch durch therapeutische und heilpädagogische Maßnahmen gemildert werden, wenn zum Beispiel ein Kind mit Hydrozephalus verspätet laufen lernt; oder, sie kann sogar im seltenen, günstigen Fall ganz verschwinden, wenn beispielsweise nach einem Unfall, durch intensive physiotherapeutische Behandlung, leichte sprachliche und körperliche Ausfälle wieder behoben werden.

Buchempfehlungen zum Weiterlesen:

Kinder- und Jugendbuch:
Härtling, P. (1998): Das war der Hirbel. Beltz und Gelberg, Weinheim
  Ab 8 Jahre. Thema: Lebensproblematik eines behinderten Jungen
Von der Grün, M. (2006): Die Vorstadtkrokodile. Omnibus, Stuttgart
  Ab 10 Jahre. Thema: Gelebte Integration

10.1 Sinnesbehinderungen: Hör- und Sehbehinderung

Wir wenden uns im Folgenden den Sinnesbehinderungen zu, also jenen Beeinträchtigungen, die das Erleben und die Kommunikation mit der Außenwelt erschweren.

In einer Frühförderstelle klingelt das Telefon. Eine bekannte Erzieherin aus der Kindertagesstätte „gleich um die Ecke" bittet in folgender Angelegenheit um Unterstützung: Die Mutter von Elias hat sich zögernd an sie gewandt, da ihr aufgefallen ist, dass sich ihr jüngeres Kind, der zweieinhalbjährige Jonas, sprachlich auffallend anders entwickelt als sein älterer Bruder. Sie hat nun furchtbare Angst, dass Jonas nicht richtig hören kann, denn er ist zwar ausgesprochen lebhaft und nimmt interessiert an allem teil, aber er verhält sich sprachlich außerordentlich „komisch". Auf Nachfrage erklärt die Mutter, dass das Kind mit Händen und Füßen „redet", ansonsten aber nur Laute von sich gibt. Auch ihr Mann hat gestaunt, als kürzlich ein Handwerker mit einer Schlagbohrmaschine einen „Höllenlärm" gemacht hat, sich Elias daraufhin die Ohren zugehalten hat und aus dem Raum gelaufen ist, während Jonas seelenruhig im Zimmer blieb und weiterspielte!

Behinderung ist immer „relativ", sagt Bleidick. Im vorangegangenen Kapitel haben wir von Nina und Alexander gehört: Handelt es sich bei Alexander möglicherweise um ein Kind, das nicht richtig hört? Braucht er länger als andere, um sich in Gespräche „einzuklinken", weil nur Gesprächsfetzen an sein Ohr dringen? Bei Jonas hingegen sieht die Sache deutlicher aus: Die Eltern sind wachsam und vergleichen die Entwicklungsverläufe ihrer kleinen Söhne. Sie beobachten aufmerksam und wenden sich in ihrer Beunruhigung an eine fachlich kompetente Person, nämlich die Erzieherin ihres älteren Kindes. Die Mutter äußert ihre „furchtbare Angst", ihr kleiner Junge könnte eine Hörschädigung haben. Die Erzieherin versteht die Angst der Mutter und vermittelt als erstes einen Kontakt zur örtlichen Frühförderstelle. Nachdem die dort tätige Psychologin das Kind untersucht und die Eltern beraten hat, wird ein Termin in der pädaudiologischen Beratungsstelle der Universitätskinderklinik vereinbart.

Die Angst der Mutter erklärt sich möglicherweise aus einem immer noch beobachtbaren Unbehagen vor einer „Taubstummheit" – so der veraltete Begriff für Gehörlosigkeit. Über Jahrhunderte hinweg galten Menschen mit einer Beeinträchtigung des Gehörs vollkommen zu unrecht als „dumm". Die Bedeutung des Wortes „stumm" entwickelte sich wahrscheinlich von „tumb", was sowohl dumpf heißt, aber auch Ursprung unseres Wortes „dumm" ist. Vielleicht ist vor sehr langer Zeit ein „dummer" Eindruck entstanden, als gehörlose Menschen sich nur brummend mitteilen konnten und deswegen als schwachsinnig galten. Gebärdensprachen entwickelten sich erst ab der Mitte des achtzehnten Jahrhunderts, wobei ihre Anwendung geographisch betrachtet sehr unterschiedlich war: Es gab Länder, in denen die Gebärdensprache als das gesehen wurde was sie tatsächlich ist, nämlich eine der Lautsprache ebenbürtige Sprache. In anderen Regionen war ihr Einsatz jedoch streng verboten.

Überlieferte Sicht- und Denkweisen haben die Eigenart, sich in unseren Köpfen festzusetzen, und lösen, wie im oben beschriebenen Fall, massive Ängste aus. Eltern benötigen hier sensible und zugleich kompetente Begleitung und Beratung, um die, für ihr Kind so notwendigen, Schritte einer Abklärung und Einleitung von Hilfsmaßnahmen gehen zu können.

Damit eine Erzieherin umsichtig mit einer so problematischen Fragestellung umgehen kann, braucht sie zunächst einige Informationen. Welche diese sind, wird im Folgenden dargestellt. Zur Bedeutung des intakten Hörens für die frühe Sprachentwicklung bemerkt Wendtlandt:

„Wichtig ist, dass das Kind bereits im ersten Lebensjahr sein Gehör ganz für seine Sprachentwicklung nutzen kann. Zu diesem frühen Zeitpunkt findet ja die vorsprachliche Entwicklung, zum Beispiel mit dem Lallen und Gurren, statt. Aber auch im zweiten und dritten Lebensjahr sind Organismus, Gehirn und Psyche des Menschen noch ganz auf Lernen eingestellt. Nie mehr später im Leben ist der Mensch so aufnahmebereit" (Wendtlandt 2000, 35 f).

Je früher also Hörschädigungen entdeckt und behandelt werden, desto besser ist es für das Kind! Zumal man heutzutage einen Hördefekt bereits nach der Geburt feststellen kann (siehe auch: Hilfen bei Hörbehinderung).

Was versteht man nun unter einer Hörschädigung? Unterschieden wird hier zwischen Gehörlosigkeit und Schwerhörigkeit: Dabei bedeutet Gehörlosigkeit, dass Sprache auch nicht mehr über ein Hörgerät zu verstehen und die eigene Sprache stark beeinträchtig ist. Man unterscheidet drei Arten von Gehörlosigkeit, wobei der Zeitpunkt des Eintretens dabei ausschlaggebend ist: Die Gehörlosigkeit liegt von Geburt an vor, oder ist vor Erlernen der Lautsprache eingetreten (vorsprachlich gehörlos); das Kind wurde erst nach Erlernen der Lautsprache gehörlos (nachsprachlich ertaubt); bei der letzten Gruppe ist es wichtig, die bereits erworbene Sprache zu erhalten und zu entfalten.

Bei Gehörlosigkeit wird zudem zwischen Volltaubheit (Hörverlust von 120 dB, was dem Lärm eines Flugzeugs beim Start entspricht) und Resthörigkeit unterschieden. Bei Volltaubheit sind keine Hörreste mehr nachweisbar.

Schwerhörigkeit, wie die Gehörlosigkeit auch, beeinträchtigt die sprachliche Entwicklung, gefährdet die kognitive und emotionale Entwicklung und erschwert soziale Kontakte. Es wird dabei zwischen leichter, mittlerer und hochgradiger Schwerhörigkeit unterschieden: Leichte Schwerhörigkeit heißt, der Betroffene hat Schwierigkeiten ein Flüstern zu verstehen; mittlere Schwerhörigkeit bedeutet, dass die Sprache, beziehungsweise das Sprechen im unmittelbaren Umfeld ohne Hörgerät nur noch schwer verstanden wird; man spricht von hochgradiger Schwerhörigkeit, wenn ohne Hörgerät das Verstehen der Sprache überhaupt nicht mehr möglich ist – dies grenzt an Gehörlosigkeit.

Als Ursachen kommen u.a. folgende Umstände in Betracht: Vererbung, Missbildungen, als Folgeerscheinung einer Erkrankung der Mutter in den ersten Schwangerschaftsmonaten (Röteln!), Sauerstoffmangel während der Geburt, Infektionskrankheit des Kleinkindes (Mumps, Mittelohrentzündung, Meningitis, Scharlach), toxische Wirkungen von Medikamenten, Knall- und Explosionstraumen oder Kopfverletzungen.

Was bedeutet eigentlich „hören"? Das Ohr ist eines der kompliziertesten Organe des menschlichen Körpers. Der Mensch ist dazu fähig, sowohl sehr leise Töne und Geräusche zu hören, als auch die Schallwelle eines Presslufthammers auszuhalten. Auch besitzt er zudem die Fähigkeit der selektiven akustischen Wahrnehmung. Das heißt, dass er eine Stimme aus einem Chor heraushören kann oder dass ein Kind aus dem Stimmenwirrwarr seiner Gruppe und den dazugehörigen Geräuschen die Stimme der Erzieherin herausfiltern und hören kann.

Stellt man sich die Frage was wir hören, so zählen hierzu Töne, Klänge und Geräusche: Töne sind hörbare Schwingungen und werden als Frequenz gemessen. Je höher dabei ein Ton ist, desto häufiger schwingt die dazugehörige Schallquelle, wie zum Beispiel der Kehlkopf oder eine Geigensaite. Das junge, gesunde menschliche Ohr ist in der Lage, Frequenzen zwischen 16 und 20000 Hertz zu hören.

Die Lautstärke dessen, was wir hören, ist von der Schwingungsweite (Amplitude) abhängig, wie zum Beispiel die Weite der Lautsprecherschwingung. Die Lautstärke wird in Dezibel (dB) gemessen. Beispiele hierfür sind:

- Blätterrauschen: zirka 10 bis 40 dB.
- Flüstern: zirka 30 dB.
- Sprechen: zirka 60 dB.
- Startendes Flugzeug: zirka 120 dB.

Klänge sind harmonische, Geräusche unharmonische Tongemische aus verschiedenen Frequenzen und anteiligen Lautstärken.

Wie geschieht „hören"? Sehr stark vereinfacht dargestellt, läuft beim Hören der folgende Vorgang ab: Schallwellen treffen auf das Außenohr und werden von dort zum Mittelohr weitergeleitet; über die Organe des Mittelohrs gelangen die Schallwellen zum Innenohr, der Cochlea, auch „Schnecke" genannt; im Innenohr befindet sich übrigens auch das Gleichgewichtsorgan. Im Innenohr werden die Schallwellen in Impulse umgewandelt, welche über die Gehörnerven zum Hörzentrum des Gehirns weitergeleitet und dort verarbeitet werden.

Das Hören ist aber auch ein Wahrnehmungsvorgang, der der Orientierung in der Umwelt dient: Zunächst werden akustische Umweltreize so entschlüsselt, dass ein inneres Bild entsteht, welches zu einem Informationsgewinn und somit zu einer Verhaltenssteuerung führt. Beispiel hierfür: Ich höre ein Geräusch und ordne es einem Strandtag zu; dies signalisiert Gefahrlosigkeit, also entspanne ich mich.

Hörereignisse sind aber auch Schallereignisse und werden durch die Tonhöhe (hoch – tief), die Lautstärke (laut – leise), die Dauer (lang – kurz), die Geräuschqualität (dumpf – schrill) und die Klangfarbe (hell – dunkel) charakterisiert. Diese Fähigkeit der Unterscheidung stellt die wesentliche Leistung unseres Hörsinns dar: So können wir Laute, Töne und Buchstaben auseinander halten und uns merken, indem wir sie speichern, wieder erkennen und wieder abrufen – dies sind die Voraussetzungen für das Lesen lernen. Erst durch das Hören, können wir Sinnbezüge herstellen und verstehen, zum Beispiel Kirsche und Kirche.

Wer also überhaupt nicht oder nur eingeschränkt hören kann, ist auf vielerlei Weise beeinträchtigt – man denke dabei nur an die vielfältigen Funktionen von Sprache und Sprechen. Dennoch sind auch Gehörlose nicht sprachlos! Während nämlich „Hörende" nach wie vor heftig darüber streiten, ob Gehörlose die Lautsprache erlernen sollen oder eine eigene Gebärdensprache benutzen „dürfen", beginnen gehörlose Kinder spontan damit, einfache Gesten zu benutzen. Die Gebärdensprache selbst verfügt über einen eigenen Wortschatz und einen eigenen Satzbau. Linguistisch gesehen stellt sie eine komplette Sprache dar. Da sie sich der Mimik, Handhaltung und Körperhaltung bedient, wirkt sie ausgesprochen lebendig. Gehörlose sollten also als eine Minderheit angesehen werden, deren Sprache interessant und, auch für „Hörende", durchaus erlernenswert ist. Problematisch kann allerdings die Tatsache sein, dass es nicht nur von Land zu Land, sondern sogar von Region zu Region unterschiedliche Gebärdensprachen gibt. Das erschwert die Kommunikation oder macht sie aufgrund unterschiedlicher Sprachen missverständlich. Außerdem ist ein Dolmetscher für jene erforderlich, die die Gebärdensprache nicht beherrschen.

Hilfen bei Hörbehinderung

Für hörbeeinträchtigte Menschen gilt, dass sie alle Unterstützung erfahren sollten, um ihre Lautsprache so umfassend wie möglich nutzen zu können. Art und Schweregrad der Beeinträchtigung bestimmen, welche Hörhilfen jemand erhält. Zusätzlich könnte der Betroffene den Wunsch äußern, die Gebärdensprache zu erlernen und diese gut zu beherrschen. Er wird dann sozusagen „zweisprachig" kommunizieren können.

Nach Hartmann und Hartmann (2002) dauerte es allerdings durchschnittlich 27 Monate, bis eine Hörschädigung überhaupt vermutet wurde – meistens waren es sogar die Eltern, die (wie in unserem Beispiel) stutzig wurden. Danach vergingen ca. neun Monate bis der Verdacht bestätigt und Fördermaßnahmen eingeleitet wurden!

Das Neugeborenen-Hör-Screening zur Erfassung von Hörschädigungen innerhalb der ersten sechs Lebensmonate bietet die Chance zur frühesten Versorgung mit Hörhilfen. Erwähnt sei hier das Cochlea-Implantat, eine Hörprothese für gehörlose und schwer hörgeschädigte Kinder und Erwachsene. Die Entscheidung, ob ein Cochlea-Implantat zur Anwendung kommt oder nicht, ist Angelegenheit von Eltern und Ärzten in der Pädaudiologie einer Klinik.

Dabei könnte es unter Umständen die Erzieherin gewesen sein, die, wie bereits am Ende von Kapitel 9 (Sprach- und Sprechbeeinträchtigungen) betont, die Eltern als Erste auf pädaudiologische Hilfen aufmerksam gemacht hat.

Möglicherweise begleitet auch sie als pädagogische Fachkraft die Eltern in ihrem Entscheidungsprozess und ermutigt sie, mit ihrem Kind neue Wege zu beschreiten. Ich möchte an dieser Stelle hervorheben, dass die Erzieherin Kooperationspartner ist: Als Vertrauensperson und möglicherweise erste Ansprechpartnerin verweist sie Hilfe suchende Eltern z. B. an die Frühförderin einer pädagogisch-audiologischen Frühförderstelle. Im Zusammenhang mit Beratung und Entscheidungsfindung erscheint mir ein Artikel von Szagun (2007) interessant, der auf die Sprachentwicklung bei cochlea-implantierten Kindern eingeht.

Die Notwendigkeit frühestmöglicher Erkennung und Erfassung von Hörschädigungen habe ich mehrfach betont. Interdisziplinäre Fördermaßnahmen folgen, wodurch sprachlichen, kognitiven und sozial-emotionalen Defiziten vorgebeugt werden kann. Gemeinsam mit den Eltern werden gleichzeitig flexible Kommunikationsformen entwickelt, während sie bei der Behinderungsverarbeitung (siehe Kapitel 12) Unterstützung erfahren. Durch all diese Maßnahmen erhalten auch gehörlose Kinder die Chance, Regelkindergärten zu besuchen und gut integriert aufzuwachsen.

Abschließend noch einige Verhaltenstipps für die Kommunikation mit einem schwerhörigen Gesprächspartner:

■ Schwerhörige Kinder erleben sich als respektiert, wenn wir das Wort direkt an sie richten, anstatt über ihre Köpfe hinweg mit Hörenden über sie zu reden!

■ Man leitet das Gespräch immer mit Blickkontakt ein und wendet das eigene Gesicht beim Sprechen dem Schwerhörigen zu. Das Lesen von den Lippen wird leichter, wenn man dabei auf gute Beleuchtung des Gesichts achtet!

- Sollte das Ablesen der Lippen notwendig sein, wird das Verstehen erleichtert, wenn man langsam und deutlich spricht sowie klare und kurze Sätze formuliert.
- Schreien ist dagegen völlig überflüssig – es verzerrt nur die Sprache!
- Wiederholungen sind nützlich und hilfreich – wir Hörende können dadurch Geduld von den Schwerhörigen lernen. Denn, sie wiederholen sich gerne und so lange, bis man sie verstehen kann. Ist eine Mitteilung besonders wichtig, so sollte sie schriftlich erfolgen – vorausgesetzt, das Kind kann bereits lesen.

Buchempfehlungen zum Weiterlesen:

Batliner, G. (2003): Hörgeschädigte Kinder im Kindergarten. Ernst Reinhardt, München/Basel

Diller, S. (2005): Unser Kind ist hörgeschädigt. Ernst Reinhardt, München/Basel

Sacks, O. (1999): Stumme Stimmen. Rowohlt, Reinbek

Kinder- und Jugendbuch:

Gurtner May, S. (2007): Ina hört anders. Atlantis, Orell Füssli, Zürich
Ab 4 Jahren. Thema: Hören mit Hörgeräten

Huainigg, F.-J. (2005): Wir sprechen mit den Händen. Betz, Wien
Ab 4 Jahren. Thema: Gehörlosigkeit und Kommunikation

Sehbehinderung

In der von angehenden Erzieherinnen viel diskutierten Frage, was schlimmer für sie wäre, das Gehör oder Augenlicht zu verlieren, entscheiden sich die meisten spontan für die Blindheit. Gibt man ihnen daraufhin allerdings die Gelegenheit beide Beeinträchtigungen versuchsweise „am eigenen Leib" zu erleben, dann zeigt sich meistens deutlich, dass die Gehörlosigkeit, wegen ihrer massiven Beeinträchtigung der Kommunikationsfähigkeit, schwerer zu kompensieren und ertragen ist.

Die kleine Gemeinde Westdorf ist stolz auf ihren modernen, zweigruppigen Kindergarten. In der wöchentlichen Teamsitzung trägt die Leiterin folgendes Anliegen vor: Die Eltern der vierjährigen Katharina haben sich mit der Bitte an sie gewandt, die Möglichkeit einer Aufnahme ihrer Tochter in eine Nachmittagsgruppe zu prüfen.

Katharina ist hochgradig sehbehindert und wurde bislang von einer Frühförderstelle intensiv betreut. Daher ist sie in ihrer Gesamtentwicklung annähernd altersgemäß entwickelt. Die Familie wohnt in der Gemeinde, sodass viele Kinder Katharina bereits kennen.

Nach intensiver Diskussion ist sich das Team darüber einig, dass es für alle eine gute, bereichernde Erfahrung sein kann, wenn sie aufgenommen wird. Auch soll zur nächsten Teamsitzung die Therapeutin der Frühförderung eingeladen werden. Bis dahin will jedes Teammitglied sein Wissen über sehbehinderte Kinder aufgefrischt haben, um gezielt Fragen stellen zu können.

Unter dem Überbegriff der Sehbeeinträchtigung fassen wir die Begriffe Sehbehinderung und Blindheit zusammen, wobei Blindheit die seltenste unter den kindlichen Behinderungen ist – sie betrifft insbesondere die älteren Menschen. Nach Hudelmayer und Hensle „wird als blind bezeichnet, wer

1. seine Sehfähigkeit nicht mehr wirtschaftlich verwerten kann;
2. sein Weltbild nicht mehr optisch aufbauen kann;
3. sich in unbekannter Umgebung nicht ohne fremde Hilfe zurechtfinden kann;
4. seine Vorstellungen überwiegend mittels Gehör und Tastsinn bildet;
5. auf blindentechnische Hilfen, besonders auf die Braille-Schrift angewiesen ist;
6. bestenfalls noch hell und dunkel unterscheiden kann;
7. auf einen Meter Entfernung nicht mehr die Finger des Untersuchers visuell zählen kann;
8. höchstens noch Lichtschein wahrnimmt" (1994, 86).

Dabei betonen die Autoren jedoch, dass sich „… diese Kriterien als unzureichend erwiesen …" haben (1994, 86).

Nach Eitle unterscheidet man in Deutschland „die praktische Erblindung (die Sehkraft ist auf 1/50 der normalen Sehkraft vermindert) von der absoluten Erblindung (keine Lichtwahrnehmung mehr möglich)" (2003, 52). Unter Sehkraft 1/50 versteht man, dass erst auf einen Meter erkannt wird, was eigentlich auf eine Entfernung von fünfzig Meter erkannt werden müsste. Davon zu unterscheiden sind Menschen mit Sehbehinderung im Bereich 1/3 (auf einen Meter wird erkannt, was auf drei Meter erkennbar sein sollte) bis 1/20. Zwischen dem letztgenannten, oberen Grenzwert und 1/50 spricht man von hochgradiger Sehbehinderung.

Als Ursachen gelten erblich oder genetisch bedingte Erkrankungen. Die Behinderung kann pränatal (Rötelinfektion der Mutter während der Schwangerschaft), perinatal oder postnatal aufgrund von Schädigungen, Erkrankungen und Unfällen entstanden sein. Blinde und sehbehinderte Kinder können mehrfachbehindert sein, das heißt, sie zeigen dann zusätzliche Verhaltensbeeinträchtigungen und/oder Lernstörungen bis hin zur Lernbeeinträchtigung.

Frühförderung

In unserem Eingangsbeispiel finden wir die hochgradig sehbehinderte Katharina, deren Behinderung bedeuten könnte, dass sie nur noch Bewegungen und deutliche Helligkeitsunterschiede sehen kann. Es wurde darauf hingewiesen, dass sie intensiv von einem Frühförderteam betreut worden ist. Jetzt versuchen wir uns an ihrem Beispiel einmal vorzustellen, wie eine solche frühe Förderung ausgesehen haben mag:

Im Mittelpunkt der Förderung wird zunächst die Motorik gestanden haben. Hierbei steht die Schulung normaler Bewegungsabläufe im Vordergrund, denn bei einem hochgradig sehgeschädigten Kind besteht die Gefahr, dass es zwar sitzen, stehen und gehen lernt, ihm aber der Impuls dazu fehlt, aus eigener Initiative aufzusitzen, aufzustehen und irgendwohin zu gehen. Der Grund für den fehlenden Impuls lässt sich leicht nachvollziehen: Wenn es um mich herum mehr oder weniger grau bis dunkel ist, können sich Neugier und Entdeckerlust kaum entwickeln – vielmehr ruft eine starke Beeinträchtigung der Sehfähigkeit Ängstlichkeit und Abwehrhaltung gegenüber Neuem hervor, und sie erschwert das sich Einlassen und Umstellen auf neue Situationen. Folglich muss das sehbehinderte Kind langsam an das Erkunden und Erobern seiner unmittelbaren und später auch weiterer Umgebung herangeführt werden. Dazu benötigt es verständlicherweise mehr Zeit und Geduld als ein sehendes Kind.

Damit sich die Grobmotorik entfalten kann, braucht das Kind zuerst einmal die Gelegenheit, mit dem eigenen Körper und seiner Beweglichkeit vertraut zu werden: Schritt für Schritt kann es sich an Lageveränderungen gewöhnen, seine Kopfkontrolle erlernen, eine aufrechte Kopfhaltung erwerben sowie die Stützfunktion der Hände erleben. Dabei sind ihm intensive akustische Reize, wie beispielsweise die Stimme von Mutter und Therapeutin oder auch tönendes, klingendes Spielzeug, ebenso eine Unterstützung wie der Körperkontakt anstelle des Blickkontakts. Vom Körper der Mutter oder Therapeutin gestützt, kann dem Kind Freude an Bewegung sowie die Erfahrung, dass es sich bei Bewegung wohlfühlen kann, vermittelt werden. Dies kommt dem angeborenen Bewegungsdrang entgegen – denn erst aus dieser positiven Erfahrung heraus kann das Kind dazu ermutigt werden, sich auch auf entferntere Gegenstände oder ein Rufen im Raum, hinzubewegen. Letzteres setzt voraus, dass das Kind bereits gelernt hat, Geräusche zu erkennen und zu lokalisieren. Erst mit der vorsichtigen Fortbewegung erwirbt es eine Vorstellung des Raumes und von Räumlichkeit. Üblicherweise bewegt sich das Kind dabei sehr vorsichtig, und verletzt sich daher nicht öfter als sehende Kinder. Die Aufgabe der Sehenden ist es, gefährliche „Fallen", wie beispielsweise halboffene Türen und Schubladen sowie herumliegende Spielsachen und Gegenstände, sorgfältig zu beseitigen!

Manche Kinder bevorzugen es, einen Raum im Gehen statt im Krabbeln zu erkunden: Dabei kann es hilfreich sein, ein Seil durch den Raum zu spannen, an dem sich das Kind noch festhalten kann. Im Zimmer wie auch im Freien benützen die Kinder gerne einen Puppenwagen, den sie vor sich herschieben können.

Ohne fördernde Impulse von außen, käme es auch zu einem verspäteten zielgerichteten Greifen, was zur Folge hätte, dass das Kind länger passiv bleibt und verspätet eine Beziehung zur Umgebung aufbaut. Hier kommen auch wieder tönende Spielsachen zum Einsatz, welche zum Anstoßen und „in die Hand nehmen" verlocken. Außerdem sollte darauf geachtet werden, dass diese aus unterschiedlichen Materialien und Formen bestehen. Die Koordination beider Hände kann, ähnlich wie bei der Affolter Handführung, über Sing- und Klatschspiele angeleitet werden. Trotz allem zieht sich das Training von Feinmotorik und Beidhandkoordination über Jahre hin und muss durch Sinneserfahrungen ergänzt sein.

Sobald als möglich muss das Gehör geschult werden – doch sollte man dabei nicht übertreiben und das sehgeschädigte Kind keiner „Dauerberieselung", beispielsweise durch Musik, aussetzen, da eine laute, lärmerfüllte Umgebung es eher beunruhigt und zu Passivität und Stereotypen führt. Folgende Entwicklungsschritte wären sinnvoll:

■ Beziehungsanbahnung durch Berührung und Stimme sowie Lokalisierung von Stimmen im Raum, was durch Innehalten und Drehen des Kopfes in die richtige Richtung erkennbar wird,
■ Reagieren auf und Erkennen von Geräuschen,
■ Erzeugen von Tönen, was einen wichtigen Schritt von Passivität zu Aktivität darstellt,
■ Dinge und Tätigkeiten anhand von Geräuschen benennen und be-

zeichnen können: Zum Beispiel klingt eine Holzkugel anders als ein Gummiball, wenn diese auf einen Teppichboden oder einen Holzboden geworfen oder gerollt werden.

Neben dem Hören, und vor dem Greifen, spielt das Tasten für sehgeschädigte Kinder eine entscheidende Rolle. Doch erfordert das Tasten wesentlich mehr Konzentration als das Sehen. Daher sind für kleine Kinder tönende Gegenstände zuerst einmal interessanter, neben solchen, die nur zum Anfassen sind.

Die taktile Stimulation beginnt mit dem Ertasten der unmittelbaren Umgebung: Das Gesicht der Mutter, ihre Haare, ihre Arme, der eigene Körper, die Bettdecke, die Kleider und so weiter. Dabei müssen die Hände des Kindes zunächst äußerst behutsam geführt werden – es fühlt ja zuerst einmal ins Unbekannte. Doch gilt hier der Grundsatz: Je früher sehbehinderte Kinder an die Verschiedenheit von Materialien gewöhnt werden, desto weniger werden sie vor neuen Dingen Angst entwickeln.

Nachdem verschiedenste Materialien erfahren wurden, kann das Diskriminationsvermögen der Hände weitergeschult werden, indem die einfachen Materialerfahrungsspiele mit Wasser, Schaum, Linsen, Reis und so weiter, verändert werden: Beispielsweise das Heraussuchen versteckter Gegenstände aus dem Wasser oder einer Schüssel Reis. Dabei kann der Schwierigkeitsgrad langsam gesteigert werden. Ein nächster Schritt wäre, gleiche Dinge zusammenzusuchen. Hierbei haben sich so genannte Tastsäckchen bewährt, welche sich unterschiedlich anfühlen und ungleich klingen.

Ebenso lassen sich unterschiedliche Strukturen ertasten, wobei neben den Händen auch immer die Füße zum Einsatz kommen können! Und auch das „in den Mund nehmen" von Gegenständen wird unterstützt: Diese Art des Ertastens behalten blinde Kinder ohnehin viel länger bei als sehende, da sie auf diesem Weg ebenfalls Informationen erhalten. Später wandelt es sich in ein Abtasten mit den Lippen um.

Die Förderung von Motorik und Perzeption (Wahrnehmung) wird immer stimmlich begleitet. Stimme und Sprache dienen der Kontaktaufnahme, was zur Folge hat, dass von Anfang an viel mit dem sehgeschädigten Kind gesprochen wird – bevor man das Kind berührt, muss es angesprochen werden!

Sobald das Kind Sprache versteht, können Vorhaben erklärt werden, um es auf Neues vorzubereiten. Dabei ist es wichtig, im Moment vorhandene Dinge richtig zu bezeichnen und gerade aktuelle Handlungen zu erklären: So wird das Ausziehen mit Worten begleitet,

Kleidungsstücke und Körperteile werden benannt. Obwohl das Erarbeiten von Begriffen Jahre dauert, hilft es doch dem Kind, wenn es genügend Zeit hat, um die Begriffe intensiv zu erleben.

Im Gegensatz zum sehenden, benötigt das sehbehinderte Kind auch auf seinem Weg in die Selbständigkeit Anleitung und Begleitung: So lernt es durch sprachliche Begleitung sich selbständig an- und auszuziehen sowie die tägliche Körperpflege und Hygiene. Bald möchte ein blindes Kind lernen selbständig zu essen, erst mit dem Löffel, später dann mit Messer und Gabel: Zur leichteren Orientierung gibt es Teller, deren Fläche in drei Felder eingeteilt ist, wodurch größere Kinder, die die Uhr bereits verinnerlicht haben, wissen, dass das Gemüse auf „zwölf" liegt, die Nudeln auf „drei" und so weiter. Ähnlich wie die sehenden, lernen auch die sehbehinderten Kinder durch Handführung wie man kocht und backt. Auch das Decken, Abräumen und Abwischen des Tisches ist durchaus erlernbar. Und auch das Aufräumen funktioniert, wenn alles einen festen Platz hat und nichts im Weg herumliegt. Lebenspraktische Fähigkeiten sind für sehbehinderte wie für sehende Kinder ein entscheidender Aspekt auf dem Weg zu Selbständigkeit und Unabhängigkeit.

Erzieherische Hilfen

Wenn nun Katharina, aus unserem Fallbeispiel, in den Gemeindekindergarten aufgenommen wird, liegt bereits ein langer Weg hinter ihr. Wir können annehmen, dass sie die oben dargestellten Schritte bereits erfolgreich gegangen ist. Im Team sowie gemeinsam mit den anderen Kindern werden die Erzieherinnen überlegen, wie man Katharina den Alltag in der Gruppe erleichtern kann. So können die Kinder beispielsweise über ein Selbsterfahrungsspiel – „Wie ist es, wenn ich nichts sehe?" – ein Gespür dafür entwickeln, was Katharina brauchen wird: Ordnung auf dem Fußboden, damit sie nicht hinfällt; Ordnung in Regalen und Schränken, damit Katharina Dinge wieder finden und aufräumen kann; Orientierung im Raum durch Aufteilung in Puppenecke, Bauecke, Leseecke und so weiter, wobei taktile oder akustische Wegweiser im Raum nützlich sein können; fühlbare Markierungen auf den Spielsachen, die sich leicht anbringen lassen.

Für ein behindertes Kind ist ein Vor- oder Nachmittag in einer großen Gruppe sehr anstrengend. Daher braucht es regelmäßige Ruhe- und Rückzugsphasen. Nachdem es sich erholt hat, wird es besonders gerne in die Gruppe zurückkehren, wenn es dort musikalische Angebote vorfindet: Sehbehinderte Kinder singen und musizieren sehr gerne und ausgiebig. Geschichten können zu Klanggeschichten umgebaut werden, was den Genuss aller erhöhen wird.

Die sehenden Kinder möchten vielleicht wissen, ob Katharina Farben kennt – vermutlich schon. Entweder hat sie diese über das Geschmackserleben vermittelt bekommen, wie beispielsweise „so rot wie eine Tomate", oder aber sie sieht noch genug, um die Farben wahrzunehmen und spürt gleichzeitig, mit ihrem gesteigerten taktilen Vermögen, dass warme Farben sich anders anfühlen als kalte.

Es ist auch völlig in Ordnung, in Gegenwart einer sehbehinderten Person von „betrachten", „anschauen" oder sogar „sehen" zu sprechen. Für Katharina bedeutet die Formulierung „ein Bilderbuch anschauen" lediglich, dass sie versuchen wird zu tasten, soweit das Buch speziell dazu geeignet ist, oder sie wird es sich mit Hilfe einer starken Lupe ebenfalls anschauen.

Neben der Betreuung von Katharina werden die Erzieherinnen intensive Elternarbeit anbieten: In Gesprächen sollte ein Austausch möglich werden. Katharinas Eltern haben den Erzieherinnen viel Wissen und Erfahrung voraus, die sie in aller Regel gerne als Tipps weitergeben werden. Umgekehrt wird die Erzieherin Fortschritte deutlicher wahrnehmen können, da sie das Kind aus einer größeren Distanz betrachten kann. Der Hinweis auf Fortschritte kann Eltern sehr ermutigen, auch im Hinblick darauf, dass ihr Kind nach und nach losgelassen und selbständiger werden möchte.

Abschließend möchte ich erwähnen, dass es Menschen gibt, die zugleich blind und gehörlos sind. Man spricht hier von Taubblindheit. Wie sich jeder vorstellen kann, handelt es sich hierbei um eine besonders schwere Beeinträchtigung.

Neben den Sinnesbehinderungen, die das Ohr und die Augen betreffen, existieren weitere Formen, die jedoch weniger „populär" sind. Hierzu zählen der Verlust des Geruchs- und/oder Geschmackssinns, oder auch eine Beschädigung des taktilen Bereichs, wenn nämlich nach Verbrennungen die Haut vernarbt ist.

Buchempfehlungen zum Weiterlesen:

Kinder- und Jugendbuch:
Huainigg, F.-J., Ballhaus, V. (2005): Wir verstehen uns blind. Betz, Wien
   Ab 4 Jahre. Ein Blinder lehrt anderen das Sehen
Schindler, R. (2002): Helen lernt leben. Kaufmann, Lahr
   Ab 4 Jahre. Thema: Die Kindheit der taubblinden Helen Keller

10.2 Kinder mit Lernbeeinträchtigungen oder geistiger Behinderung

Lernbeeinträchtigung

Haben wir uns bislang mit jenen Beeinträchtigungen beschäftigt, welche einen Teilbereich menschlicher Entwicklung oder Persönlichkeit betrafen, so wenden wir uns im Folgenden einer umfassenderen und damit schwerwiegenderen Eingeschränktheit kindlicher Lebens- und Leistungsqualität zu, nämlich der Lernbehinderung und der so genannten geistigen Behinderung. Beiden Formen liegt eine kognitive Beeinträchtigung zu Grunde, welche verminderte Intelligenz mit verlangsamtem Denken und Lernen und eingeschränkter Gedächtnisleistung sowie Beeinträchtigungen in Motorik, Sprache und Kreativität umfasst. Die Folgen dieser Beeinträchtigungen sind gravierend, da sie den Menschen in seiner persönlichen Lebensentfaltung hemmen und eingrenzen. Selbständigkeit und Unabhängigkeit sind in einem solchen Ausmaß beschnitten, dass dadurch ein gesundes Selbstbewusstsein, Selbstvertrauen und eine gesunde Selbstakzeptanz lediglich vermindert entwickelt werden können. Hier begegnen uns Mitmenschen, die an ihrer Beeinträchtigung in dem Maße leiden, wie ihre Umgebung ihnen vermittelt, dass sie bedauernswert, weniger liebenswert und weniger wertvoll sind. Daraus hervorgehende Unter- oder Überforderung belegen das Unverständnis derjenigen, die sie erziehen und begleiten sollen.

Pauline freut sich, denn sie hat ohne Mühe die Versetzung in die dritte Grundschulklasse geschafft. Am Ende der ersten Schulwoche erzählt sie ihrer Mutter beiläufig, dass einer „der Großen" zu ihnen in die Klasse gekommen ist. Auf Nachfrage erfährt sie, dass Georg die dritte Klasse wiederholen muss.

Pauline weiß noch nicht wirklich, was sie von Georg halten soll, denn eigentlich findet sie ihn zu laut und zu wild. Die Fernsehgeschichten, die er zum Besten gibt, schrecken sie ab. Auch kann sie nicht verstehen, dass Georg wie ein Erstklässler liest und schreibt und in Mathematik überhaupt nicht „mitkommt".

Trotzdem hat Georg schon Freunde gefunden. Seine Art, nichts und niemanden ernst zu nehmen, empfinden viele als mutig und cool.

Eine Lernbehinderung hat die besondere Eigenheit und Erschwernis, dass sie nicht auf den ersten Blick erkennbar ist. Während andere

Behinderungen bereits unmittelbar nach der Geburt, spätestens jedoch in den ersten Lebensmonaten oder der frühen Kindheit entdeckt, benannt und somit heilpädagogisch und therapeutisch gemildert werden können, wird Lernbehinderung in der Regel erst durch umfassendes Schulversagen entdeckt. Dabei ist auf den ersten Blick nicht erkennbar, ob ein Kind mit einer Lernbehinderung oder einer Lernstörung zu kämpfen hat. Nur eine sorgfältige psychologisch-medizinische Diagnostik kann hier Aufschluss darüber geben, um welche Problematik es sich bei dem betroffenen Kind handelt. Das Problem der Diagnose wird noch zusätzlich dadurch verstärkt, dass als entscheidendes Kriterium für eine Lernbehinderung ein zweijähriger Schulleistungsrückstand gilt – unter diesen Umständen kann man sich leicht ausmalen, wie problematisch die Gesamtentwicklung eines Kindes verlaufen mag, bis endlich eine klärende Diagnose gestellt wird. Selten bemerken die Eltern frühzeitig, dass mit ihrem Kind „etwas nicht stimmt". In einer Gesellschaft, in der es immer mehr Familien mit nur noch einem Kind gibt, fehlt ihnen die Möglichkeit, durch Vergleiche auf Entwicklungsabweichungen ihres Kindes aufmerksam zu werden. Zudem ist Lernbehinderung mit einer hohen sozialen Diskriminierung behaftet, welche wenig Mitleid und Verständnis hervorruft. Stattdessen wird sie mit Annahmen wie „nicht lernen wollen" und „faul sein" gleichgestellt – wer möchte dies schon seinem Kind zumuten! So kann es durchaus leicht passieren, dass sich ein Kind in sechs Jahren durch die vierjährige Grundschule quält, ohne währenddessen sonderpädagogisch erfasst und untersucht zu werden: Hier drängt sich die Frage auf nach dem Ausmaß an Enttäuschung, die es in dieser Zeit erleben und aushalten musste, oder ob wir uns überhaupt vorstellen können, wie hart es sein muss, sich ständig zu bemühen und gleichzeitig aber erleben zu müssen, wie dieses Bemühen unerkannt bleibt – ausgelacht und ausgegrenzt zu werden sind traurige Erfahrungen, denen manches Kind ständig ausgesetzt ist.

Wenn Sie an dieser Stelle an die Auslöser von Verhaltensauffälligkeiten zurückdenken, können Sie sicherlich nachvollziehen, weshalb Kinder mit unerkannter Lernbehinderung über kurz oder lang zusätzlich verhaltensauffällig werden können. So sollte man sich im Fall von Georg fragen, ob der Junge infolge seiner offenkundigen kognitiven Beeinträchtigung sozial weniger angepasst ist, oder ob er sein umfassendes Leistungsversagen mit Clownerie und Großspurigkeit zu verdecken versucht.

In seinem Definitionsversuch führt Kanter jedenfalls beide Beeinträchtigungen, nämlich Verhaltensauffälligkeit und Lernbehinderung, zusammen, indem er dann eine Lernbehinderung vermutet,

„… wenn erhebliche Beeinträchtigungen zu umfänglichen, schwerwiegenden und ausdauernden Verhaltens- und Leistungsauffälligkeiten führen" (zitiert nach Hensle 1994, 130).

Diese Beeinträchtigungen sind umfassend, da die intellektuelle Leistungsfähigkeit, die durch den Intelligenz-Quotienten (IQ) gemessen wird, im Bereich zwischen durchschnittlicher Intelligenz und geistiger Behinderung liegt. Für ein betroffenes Kind bedeutet dies, dass folgende Einschränkungen vereinzelt oder kombiniert auftreten, womit die erhebliche Bandbreite dieser Behinderung, aber auch ihr Ausmaß, als eine sehr schwerwiegende und umfassende Abweichung von der normalen Entwicklung und Leistungsfähigkeit, verdeutlicht wird:

▪ Das Lernen kann verlangsamt sein,
▪ die Konzentrationsfähigkeit kann schwanken,
▪ die Gedächtnisleistungen können geringer sein,
▪ die Abstraktionsfähigkeit kann weniger ausgeprägt sein, – Wahrnehmungsverarbeitungsstörungen und motorische Auffälligkeiten können sich durch Ungeschicklichkeiten und Entwicklungsverzögerungen ausdrücken,
▪ die Sprachentwicklung kann verzögert, und damit die sprachliche Ausdrucksfähigkeit begrenzt sein.
▪ Soziale Unreife mit geringerer Frustrationstoleranz, verminderter Konfliktfähigkeit und folglich unangepasstem Verhalten können ebenso hinzukommen wie herabgesetzte Selbstkompetenz, was sich durch geringere Eigenverantwortlichkeit und größere Passivität äußern würde (Bernitzke 2001, 153).

Kanter geht noch einen Schritt weiter und teilt die Kinder mit Lernbeeinträchtigungen in drei Teilgruppen ein (nach Hensle 1994):

▪ Kinder mit deutlichen Intelligenzausfällen, welche durch schwerwiegendes und andauerndes Schulversagen und deutlich verminderte soziale Reife erkennbar werden.
▪ Kinder mit so genannten Lernschwächen, welche sich als Teilleistungsschwächen in einem, seltener in mehreren Bereichen zeigen.
▪ Kinder, deren Intelligenzwerte kaum von der Norm abweichen. Aufgrund von Milieuschädigungen kommt es jedoch zu Lern- und Leistungsausfällen sowie dissozialem Verhalten.

Diese Dreiteilung erscheint mir gerade auch für Erzieherinnen hilfreich zu sein, da sie Hinweise auf unterschiedliche Erziehungs- und

Förderbedürfnisse der Betroffenen liefert. Hinsichtlich der Ursachen gibt Schmutzler Auskunft:

> „Als lernbehindert im Schulalter gelten Kinder und Jugendliche, die infolge mangelhafter Entwicklung oder einer Schädigung des zentralen Nervensystems oder soziokultureller Deprivation bei erheblich verminderten Intelligenzleistungen vornehmlich in ihren schulischen Lernleistungen soweit beeinträchtigt sind, dass die Aufnahme, Speicherung und Verarbeitung von Lerninhalten nicht in altersentsprechender Weise gelingt" (1994, 283).

Er betont dabei, dass soziale und biologische Faktoren häufig ein derart verknüpftes Netz bilden, dass die Ursachen nicht mehr eindeutig nachweisbar sind.

Diagnose von Lernbehinderung

Hier wurde deutlich, wie vielfältig und vielseitig die Bandbreite von Lernbeeinträchtigungen im Bereich zwischen normaler und deutlich verminderter Intelligenz sein kann. Denkt man sich Abweichungen im Bereich von Verhalten und Wahrnehmungsverarbeitung hinzu, dann ist verständlich, weshalb eine Erzieherin keine Diagnose stellen und mitteilen kann – vielmehr wird sie sehr sorgfältig beobachten und ihre Beobachtungen dokumentieren. Im Rahmen eines Elterngesprächs kann sie dann ihre begründeten Vermutungen weitergeben. Es wird ihre besondere Aufgabe sein, die Eltern so weit zu ermutigen, dass gemeinsam nach Hilfen für das betroffene Kind gesucht werden kann. Darauf möchte ich im letzten Kapitel noch vertieft eingehen.

Hilfe für ein betroffenes Kind wäre zunächst eine sorgfältige Diagnostik, welche eine Messung der Intelligenz einschließen würde. Ich bin bereits in Kapitel sechs auf die gängigen Intelligenzmessverfahren eingegangen. Jetzt haben wir es aber mit Kindern zu tun, deren Intelligenz leicht bis erheblich beeinträchtigt ist. Daher werden bei jüngeren Kindern so genannte Entwicklungstests durchgeführt, welche auf spielerischem Wege Entwicklungsverzögerungen oder Defizite erkennen lassen. Hier denke ich insbesondere an die „Münchener Funktionelle Entwicklungsdiagnostik" nach Hellbrügge, welche vom ersten bis zum dritten Lebensjahr Anwendung findet. Im Bereich der Intelligenzmessung könnte der „Snijders-Oomen Non-verbale Intelligenztest" zur Anwendung kommen, ein Verfahren, das gerade für gehörlose, schwerhörige oder überhaupt kommunikationsbeeinträchtige

Kinder zwischen fünfeinhalb und siebzehn Jahren geeignet ist. Oder auch die „Testbatterie für geistig behinderte Kinder" von Bondy, welche sich bei lernbehinderten und geistigbehinderten Kinder zwischen sieben und zwölf Jahren anbietet.

Diese Verfahren gehören in die Hand der erfahrenen klinischen Psychologin oder Heilpädagogin, welche ihre Ergebnisse mit den Eltern besprechen und weiterreichende Hilfsmaßnahmen einleiten werden.

Erzieherische Hilfen

Im Rahmen einer interdisziplinären Zusammenarbeit sollte die Erzieherin mit einbezogen werden. Sofern es zeitlich und personell möglich ist, könnte sie einzelne Therapieelemente in ihre Angebote spielerisch integrieren. Dem Kind würde damit verdeutlicht werden, dass alle, Eltern, Erzieherin und Therapeutin, „an einem Strang ziehen", womit ihm Klarheit und Orientierungshilfe vermittelt werden. Denkbar wäre jedoch auch, dass die Erzieherin, nach entsprechender Absprache, sich ganz bewusst aus heilpädagogischen oder sogar therapeutischen Maßnahmen heraushält. Damit wird dem Kind sowohl ein Bereich als auch Zeit zur Verfügung gestellt, in welchem beziehungsweise welcher es sein darf wie es ist – mit all seinen Unzulänglichkeiten, aber auch mit seinen Stärken, die es neben seinen Beeinträchtigungen immer aufzuweisen hat.

Obgleich die Veränderungen und Einschränkungen, welche eine Lernbehinderung kennzeichnen, umfassend und tief greifend sein können, kann es, wie bereits erwähnt, lange dauern, bis diese aufgedeckt wird. Dagegen ist eine geistige Behinderung in aller Regel bald erkannt, und auch für Eltern durch Veränderungen im Aussehen und massive Entwicklungsrückstände unübersehbar.

Geistige Behinderung

Jan ist fünf Jahre alt und er hat das Down-Syndrom. Er ist sehr stolz darauf, dass er, zusammen mit seiner jüngeren Schwester Connie, eine Integrations-Kindergartengruppe besuchen darf. In der Eingewöhnungsphase „hing Jan wie eine Klette" an Connie. Ängstlich bemühte er sich an ihrer Seite zu bleiben, und ihr alles „richtig" nachzumachen.
Inzwischen hat Jan sich gut eingewöhnt. Er wird von den anderen Kindern als Spielgefährte angenommen. Wegen seines freundlichen Wesens und seiner Fähigkeit, Kinder liebevoll zu trösten, ist er allseits

beliebt. Während Connie am liebsten mit den Vorschulkindern spielt, hat Jan unter den Dreijährigen zwei beste Freunde gefunden.

Anke ist zweiundzwanzig Jahre alt. Aufgrund einer geistigen Behinderung unklarer Genese (Ursache) arbeitet sie in einer „Beschützenden Werkstätte". Anke ist stolz darauf, seit einem halben Jahr ein eigenes Zimmer in einer Wohngruppe für Behinderte zu haben.

Auch ihr Freund Erik, dreißig Jahre, lebt und arbeitet relativ selbständig. Erik hat das Down-Syndrom. Anke, die eher still und vorsichtig ist, mag Erik deshalb sehr gerne, weil er ihr selbstbewusster Beschützer ist, und auch bei allen anderen äußerst beliebt ist. Dabei ist es für Anke unerheblich, dass Erik sprachlich schwer zu verstehen ist. Manchmal gerät er darüber in Verzweiflung und Wut. Doch Anke kann ihn schnell beruhigen und gemeinsam mit ihm über ihrer beider Unzulänglichkeiten lachen.

Ankes Vertraute ist die Erzieherin ihrer Werkstatt-Gruppe. An sie kann Anke sich mit Fragen zu Freundschaft, Liebe und Partnerschaft wenden. Dadurch hat sie ein gutes Gespür für realistische Möglichkeiten ihres Lebens sowie die wahrscheinlichen Grenzen, die ihr die Behinderung setzt, entwickelt.

Erik hat manchmal „traurige Tage", an denen ihm bewusst wird, dass er trotz seiner Behinderung mehr hätte lernen können. Sein Traum ist der Beruf des Schreiners gewesen. An den traurigen Tagen fällt es ihm dann schwer zu akzeptieren, dass er zu Sortier- und Steckarbeiten eingeteilt ist.

Für geistige Behinderung gibt es unterschiedliche Definitionsversuche, wobei ich an dieser Stelle auf die Empfehlung des Deutschen Bildungsrates von 1973 zurückgreifen möchte:

„Geistig behindert ist, wer infolge einer organisch-genetischen oder anderweitigen Schädigung in seiner psychischen Gesamtentwicklung und seiner Lernfähigkeit so beeinträchtigt ist, dass er voraussichtlich lebenslanger sozialer und pädagogischer Hilfen bedarf. Mit den kognitiven Beeinträchtigungen gehen solche der sprachlichen, sozialen, emotionalen und der motorischen einher. Eine „untere Grenze" sollte weder durch Angabe von IQ-Werten noch durch Aussprechen einer Bildungsunfähigkeit festgelegt werden, da grundsätzlich bei allen Menschen die Bildungsfähigkeit angenommen werden muss" (zitiert nach Eitle 2003, 71).

Damit wurde die alte psychiatrische Einteilung, an die sich auch die

Weltgesundheitsorganisation anlehnte, durch den Aspekt der grundsätzlichen Bildbarkeit aller Menschen erweitert. Trotzdem betont Speck die Problematik dieser Begrifflichkeit und der damit einhergehenden Einteilung, die automatisch zu einer Kategorisierung von Menschen führt.

> „Die Verantwortung für diese Menschen verlangt es, dass wir die eigene Sicht nicht verabsolutieren und Definitionsversuche nur auf der Basis der Achtung vor ihnen vornehmen. Der Andere ist immer ein Anderer, den ich nie ganz „erfassen" oder erkennen kann. Es gibt keinen vollkommenen Zugang zu ihm, so dass ich sagen könnte, ich kenne ihn, ich weiß Bescheid über ihn! Dies gilt zumal gegenüber Menschen, die in spezifischer Weise anders sind, und die nicht über die gleichen Ausdrucksmittel verfügen wie diejenigen, die sie verstehen wollen." (2005, 43)

Es ist meine Absicht, Verstehen von und Verständnis für die Grenzen von Kindern mit einer geistigen Behinderung zu wecken. Erst wenn wir diese Grenzen erkennen und respektieren, können angemessene Hilfen angedacht werden, damit das Leben mit dieser schweren Beeinträchtigung bewältigt werden kann und zwar unter Ausschöpfung aller persönlichen Entwicklungs- und Entfaltungsmöglichkeiten, wozu vor allem das Recht auf möglichst weitgehende Selbstbestimmung zählt.

Es gibt unterschiedliche Definitionen, Erklärungsansätze und Schweregradeinteilungen geistiger Behinderung. Ich beschränke mich im Folgenden auf eine psychiatrische und eine pädagogische Einteilung. Die aktuelle psychiatrische Einteilung nach der ICD-10 benützt den Oberbegriff der „Intelligenzminderung" (Kapitel F7) und teilt ein in

- leichte Intelligenzminderung,
- mittelgradige Intelligenzminderung,
- schwere Intelligenzminderung und
- schwerste Intelligenzminderung.

Anstelle des Begriffs „Intelligenzminderung" lässt die ICD-10 auch „geistige Behinderung" gelten. In der Diagnostik der Intelligenzminderungen spielen verschiedene Fähigkeiten wie Sprachkompetenz, Motorik, Selbstversorgung u.a. eine wichtige Rolle. Leitend ist aber auch der Intelligenzquotient, wenn er mit einem standardisierten Test gemessen werden kann.

Die pädagogische Einteilung, auf die ich mich beziehen möchte, ist für das Handeln von Erzieherinnen richtungsweisender und inhaltsreicher. Sie stammt von G. P. Hahn, hat sich in den letzten Jahren bewährt und gibt für die Praxis auch gut umsetzbare Informationen. Diese Einteilung unterscheidet zwischen:

1. **„Sozial handlungsfähigen, erkenntnisfähigen"** Menschen, deren Sprache zwar beeinträchtigt sein kann, die aber trotzdem in der Lage sind, Kontakte zu anderen herzustellen und Beziehungen aufzubauen. Distanzlosigkeit kann dabei auftreten. Es wird eine relative, oftmals antrainierte, Selbständigkeit erlangt, das heißt, sie finden sich in alltäglichen Situationen zurecht und können bei entsprechender Begleitung selbständig leben. Nach dem Erlernen der Kulturtechniken Lesen, Schreiben und Rechnen und dem Abschluss einer Förderschule sind sie in der Lage, in einer Werkstätte für behinderte Menschen einer regelmäßigen Tätigkeit nachzugehen. Immer häufiger sind die Betroffenen auch außerhalb der so genannten beschützenden Werkstätten tätig: So gibt es Kindertagesstätten, in denen junge Frauen, die ein Down-Syndrom haben, als punktuell eingesetzte Hilfskräfte zuverlässig arbeiten. Auch sind aus dem Gastronomie- und Hotelwesen unterschiedliche Projekte bekannt, in deren Rahmen junge geistig behinderte Frauen und Männer erfolgreich mitwirken.

2. **„Erfahrungsfähigen"** Menschen, deren Sprachverständnis gut ist, und deren Sprache eine Verständigung zulässt. Ihr Kontaktverhalten ist so weit intakt, dass sie gerne Kontaktangebote annehmen, auch wenn sie eher selten von sich aus auf andere zugehen. Sie sind grundsätzlich gruppenfähig. Im lebenspraktischen Bereich erlangen sie Selbständigkeit, darüber hinaus benötigen sie Hilfe und Begleitung. Dadurch, dass sie die Kulturtechniken noch im Ansatz erlernen, können sie Signalwörter wie Namen, Straßennamen und Produktbezeichnungen für die eigene Selbständigkeit nutzen, wie beispielsweise beim Einkaufen.

3. **„Gewöhnungsfähigen"** Menschen, die zwar auf ständige Hilfe angewiesen sind, aber dennoch einfache Fähigkeiten im lebenspraktischen Bereich erlernen und anwenden können. Kontakt wird über Körperkontakt oder bevorzugte Wahrnehmungsbereiche aufgenommen. Kommunikation findet über einzelne Laute oder Wörter sowie über Gesten und Körpersprache statt.

4. **„Ein- und ausdrucksfähigen"** Menschen, welche in lebenslanger Unselbständigkeit bleiben. Da sie in ihrer Motorik häufig stark ein-

geschränkt sind, bleiben sie pflegebedürftig. Sprachlich können sie über Lachen, Weinen oder Lautieren ihre Bedürfnisse oder auch Wohlergehen und Zufriedenheit äußern. Dabei steht die Erfüllung der Grundbedürfnisse nach Essen, Trinken, Körperpflege sowie Geborgenheit im Vordergrund. Werden sie allein gelassen, neigen sie zu Stereotypien, wie beispielsweise sich hin und her wiegen. Obwohl sie eher ich-bezogen erscheinen, sind sie für Körperkontakt empfänglich. Mit einer vertrauten, konstanten Bezugsperson lassen sie sich auch auf stimulierende Körperwahrnehmungserfahrungen ein – entsprechend der Basalen Stimulation nach Andreas Fröhlich.

Da sich diese Einteilung nicht nur an den Defiziten der Betroffenen, sondern auch an ihren Fähigkeiten orientiert, erscheint sie mir gegenwärtig am besten geeignet zu sein. Zugleich vermittelt sie Erzieherinnen, die sich für das heilpädagogische Arbeitsfeld interessieren, eine greifbare Vorstellung dessen, was machbar ist – nämlich, dass wir als Mitglieder einer ausgeprägten Leistungsgesellschaft vielfältige Ziele ins Auge fassen und diese auch erreichen wollen; in dieser Hinsicht bedeutet die Arbeit mit geistig behinderten Menschen eine besondere Chance: In einer Zeit, in der wir von einem rasanten Arbeitstempo und Stress mitgerissen werden, bietet uns die Arbeit mit diesen Menschen die Gelegenheit, unser „Tempo herunterzufahren" und uns auf eine angenehmere Langsamkeit einzustellen. Natürlich erfordert dies Geduld mit, aber auch nicht nachlassendes Interesse an unserem Gegenüber – was gibt es trotz schwerer oder schwerster Beeinträchtigungen zu entdecken und gemeinsam zu erfahren? Der Blick auf die „kleinen Dinge des Lebens" kann so neu geschärft werden. Jean Paul meinte hierzu passenderweise: „Unsere größten Erlebnisse sind nicht die lautesten, sondern unsere stillsten Stunden!" Was jedoch nicht bedeuten soll, dass es bei kognitiv beeinträchtigten Menschen immer still zugeht – im Gegenteil! Lebensfreude und ein lebendiger Ausdruck sind glücklicherweise nicht von einem IQ abhängig!

Trotzdem sollte jede angehende Erzieherin eine Vorstellung davon haben, wie sich kognitive Beeinträchtigungen im Lernen und Verhalten auswirken, denn nur dann kann sie angemessen unterstützend wirken. Zugleich kann sie für sich entscheiden, ob sie in der Lage ist, genügend Geduld, Interesse und Ausdauer aufzubringen, um Kindern und Jugendlichen, die von unseren menschlichen Stärken abhängig sind, gerecht zu werden. Auch außerhalb des heilpädagogischen Arbeitsfeldes sollte diese Grundeinstellung sorgfältig durchdacht sein, da es zunehmend integrative Gruppen und Einrichtungen gibt, die gerne und bewusst ein geistig behindertes Kind in ihre Mitte nehmen, da sie sich dadurch bereichert fühlen.

Formen geistiger Behinderung

Hört man den Begriff geistige Behinderung, so hat man mit hoher Wahrscheinlichkeit das Bild eines Menschen mit den typischen Erkennungsmerkmalen des Down-Syndroms vor sich. Es erscheint mir wichtig sich zu vergegenwärtigen, dass Menschen mit dem Down-Syndrom nur eine Gruppe unter vielen sind, deren Leben ebenfalls von kognitiven Beeinträchtigungen geprägt ist. Ohne den Anspruch auf Vollständigkeit zu haben, möchte ich hier beispielhaft die eine oder andere Form erwähnen:

■ **Mikrozephalie:** Bedingt durch pränatale Ursachen kommt es zu einer pathologischen (krankhaften) Veränderung von Umfang und Inhalt des Schädels. Dadurch sind häufig schwere Deformierungen bedingt. Die kognitive Beeinträchtigung ist mittel bis schwer.

■ **Hydrozephalie,** im Volksmund auch „Wasserkopf" genannt: Durch pränatale Ursachen wird die Gehirnflüssigkeit (Liquor) vermehrt produziert. Die späteren Folgen sind davon abhängig, wie früh die Störung erkannt und erfolgreich behandelt werden konnte: So können sie geringfügig sein, jedoch auch zu Hirnquetschungen mit einhergehender schwerer kognitiver Beeinträchtigung führen. Hydrozephalie geht sehr häufig einher mit Spina bifida, einer Spaltbildung der Wirbelsäule, welche pränatal bedingt ist und die Lähmung einzelner bis mehrerer Körperpartien zur Folge haben kann. Somit reicht diese Form von leichten körperlichen Beeinträchtigungen bis zu schwerer Mehrfachbehinderung.

■ **Alkoholembryopathie:** Aufgrund von Alkoholmissbrauch kann es zu Mikrozephalie, Herzfehler, Gelenkanomalien, Genitalanomalien, Fehlbildungen des Skeletts und der inneren Organe sowie zu leichter bis schwerer geistiger Behinderung kommen.

Die bisher genannten Behinderungen sind bereits durch äußerliche Veränderungen im Aussehen und Erscheinungsbild erkennbar. Anders ist es bei so genannten Impfschäden, also postnatalen Schädigungen, die durch Unverträglichkeit eines Impfserums hervorgerufen werden. Das Aussehen der Betroffenen bleibt in der Regel unberührt. Sie zeichnen sich durch ein eher ruhiges Wesen bis hin zu Lethargie aus.

Der Schweregrad der kognitiven Beeinträchtigung kann von leicht bis schwer reichen.

In Kapitel acht haben wir bereits einen Blick auf den frühkindlichen Autismus geworfen und dabei festgestellt, dass etwa zwei Drittel dieser Kinder kognitive Beeinträchtigungen aufweisen. Auch hier wird die schwere Behinderung eher durch ein auffälliges Verhalten sichtbar als durch das Aussehen der Betroffenen. Im Gegenteil, autistische Kinder gelten häufig als besonders hübsch.

Kognitive Beeinträchtigungen können zu allen Zeitpunkten der menschlichen Entwicklung entstehen: So kann es bereits im Augenblick der Entstehung neuen menschlichen Lebens durch chromosomale Veränderungen zu geistiger Behinderung kommen (Down-Syndrom). Als pränatale Ursachen bezeichnet man negative Einflüsse während der gesamten Schwangerschaft, wie zum Beispiel Infektionskrankheiten der Mutter sowie Alkohol- oder Drogenkonsum. Des Weiteren werden Schädigungen während des Geburtsvorganges, beispielsweise durch Sauerstoffmangel, als perinatale Ursachen bezeichnet. Unter postnatalen Ursachen versteht man all jene Umstände, die während des menschlichen Lebens das zentrale Nervensystem schädigen können, wie zum Beispiel Badeunfälle mit Sauerstoffmangel, schwere Schädelhirnverletzungen nach Verkehrsunfällen oder Auswirkungen einer schweren Infektionserkrankung. Die Folge dieser Schädigungen können rein kognitive Beeinträchtigungen sein, häufig entsteht jedoch eine Mehrfachbehinderung, wenn nämlich kognitive und motorische Beeinträchtigungen einander ergänzen. Diese Mehrfachbehinderung bewirkt wiederum Sprachbehinderungen, wobei oftmals Hör- und Sehfähigkeiten in Mitleidenschaft gezogen sind. Hinzu kommen noch innere Erkrankungen wie Herzschäden, Lungen- und Atemwegserkrankungen.

Es ist nicht möglich, *den* geistig behinderten Menschen zu beschreiben: Zwar gibt es eine Reihe von Defiziten, die die kognitiven Beeinträchtigungen mit hoher Wahrscheinlichkeit begleiten – doch sollte daneben immer der Mensch mit seiner Gesamtpersönlichkeit gesehen werden. So gelten Kinder mit dem Down-Syndrom im Allgemeinen als besonders lernfähig, freundlich und aufgeschlossen. Sicherlich sind dies Merkmale, die sehr häufig auftreten – doch sollte man nicht überrascht sein, wenn man einem eher schüchternen, zurückhaltenden Kind begegnet, das noch mehr Zeit zum Lernen benötigt als andere seiner Gruppe. Kinder mit dem Down-Syndrom sehen sich zwar ähnlich, doch sind sie ansonsten in ihrer Persönlichkeit genauso verschieden wie Kinder ohne Down-Syndrom: So erinnere ich mich gut an einen kleinen Jungen, der als ausgesprochener „Grantler" galt, also eher mürrisch und in sich gekehrt wirkte. Sein Umfeld wartete mit unerschöpflicher Beharrlichkeit darauf, dass das „typische" sonnige Wesen eines Down-Syndrom-Kindes endlich zum Vorschein kommt – und hat ihm damit bestimmt das Leben nicht erleichtert! Wenn wir zukünftig also einen Blick auf die Beeinträchtigungen eines Kindes werfen, sollten wir dabei bedenken, dass diese von Kind zu Kind unterschiedlich vorhanden sein können. Das Wissen über die vielfältigen Defizite und Grenzen dieser Kinder sollte uns trotzdem immer auch wachsam nach Fähigkeiten und versteckten Begabungen Ausschau halten lassen – und, was heute noch nicht vorhanden ist, kann sich ja morgen oder nächstes Jahr langsam entfalten und entwickeln. Der Aspekt der lebenslangen Entwicklung wird berücksichtigt, wenn einerseits geistige Behinderung als irreversibel angesehen wird, und andererseits frühfördernde Maßnahmen empfohlen werden, um vorhandene Fähigkeiten zu nutzen und die Schwere der Behinderung positiv zu beeinflussen. Leider bleiben trotzdem Beeinträchtigungen, und zwar hauptsächlich im Erleben und Lernen, bestehen.

Das Erleben eines geistig behinderten Kindes ist häufig durch Störungen der Wahrnehmungsverarbeitung beeinträchtigt, beispielsweise im visuellen Bereich durch Störungen im Form-Erkennen, in der Figur-Grund-Wahrnehmung, in der Bewegungswahrnehmung, dem Tiefensehen und der Koordination von Sehen und Bewegung. In der auditiven Wahrnehmung sind Schwierigkeiten bei der phonologischen Bewusstheit erkennbar, also der Lautzerlegung von Wörtern (Schmutzler 1999).

Wo die Wahrnehmung beeinträchtigt ist, werden auch Denkprozesse erschwert: Durch massive Verzögerungen in der Entwicklung des Denkens, verharren geistig behinderte Kinder meist in der Phase des so genannten anschaulichen Denkens (analog dem Entwicklungsschema von Jean Piaget (Piaget/Inhelder 1973)). Das heißt, nur anschauliche Begriffe und Denkvorgänge sind begreifbar. So könnten beispielsweise einzelne Früchte richtig erkannt und benannt werden, der Oberbegriff Obst jedoch fehlt – das Denken bleibt also an das Sichtbare gebunden. Als Folge davon ist auch das Erleben des eigenen Seins in Zeit und Raum begrenzt auf das Hier und Jetzt. Es fällt diesen Kindern schwer, Erfahrungen der Vergangenheit auf Gegenwärtiges zu übertragen, oder sogar auf Zukünftiges zu projizieren. Vielmehr bedürfen sie der Anleitung und schrittweisen Begleitung, welche ihnen hilft, Handlungen in kleine überschaubare Schritte aufzuteilen. Mit Aufforderungen, wie zum Beispiel: „Du legst jetzt zuerst einmal die Hose vor dich hin – jetzt schlüpfst du in ein Hosenbein!", und sich daran anschließendes erinnern, wie beispielsweise: „Du weißt doch noch, was danach kommt?", können Handlungsschritte angeleitet werden. Diese Hilfestellung ist unerlässlich, da es den Betroffenen schwer fällt oder überhaupt nicht möglich ist, Aufgaben zu gliedern.

Sind Wahrnehmung und Denken beeinträchtigt, wirkt sich dies auf die Aufmerksamkeit und folglich das Lernen aus. So verknüpfen geistig behinderte Kinder ihre Eindrücke weniger, wodurch kaum geistige Abbildungen der Umwelt entstehen können. Ihre Reaktionsfähigkeit ist an massive Reize gebunden, während leichte Reize unbeachtet bleiben. Dies führt dazu, dass wichtige Kleinigkeiten oftmals übersehen werden und Lernprozesse wesentlich mehr Zeit erfordern – was schnell den Eindruck entstehen lässt, das Kind hätte nicht zugehört oder verstanden, während es tatsächlich noch gedanklich am Sortieren ist, was es gehört und verstanden hat und wie es darauf reagieren soll. Voreiligkeit und Ungeduld unsererseits führen dann dazu, dass einem Kind nicht genügend Zeit zum Überlegen und Handeln eingeräumt wird, wodurch ihm vieles vorschnell abgenommen wird. Das Kind „lernt" dadurch, dass man ihm weniger zutraut als es zu leisten in der Lage wäre.

Die Gedächtnisleistungen sind verzögert oder abgeschwächt, sodass auch einfache Aufgaben regelmäßig wiederholt und eingeübt werden müssen. Durch greifbare Lernerfahrungen wird das Gedächtnis unterstützt: Beispielsweise kann die Form „rund" leichter begriffen werden, wenn das Kind zuerst einmal ausgiebig Gelegenheit dazu hatte, einen großen Kreis, der am Boden aus einem dicken Seil ausgelegt wurde, nachzukrabbeln und dann barfuss nachzulaufen, bevor es kreisrundes Material zum Betasten und Nachfahren in die Hand nimmt.

Bach benutzt bei Lernprozessen den Begriff der „Starrheit im Denken und Handeln" (1976). Das heißt, Transferleistungen werden nur in geringem Umfang vollzogen: Einmal Gelerntes oder Eingeübtes bleibt also isoliert stehen und wird nicht spontan auf neue Situationen übertragen. So kann es in Alltagssituationen dann beispielsweise vorkommen, dass das Kind gelernt hat, seine Jacke im Kindergarten an einen bestimmten Haken, der durch sein Symbol gekennzeichnet ist, zu hängen. Hängt dort nun versehentlich die Jacke eines anderen Kindes, ist das geistig behinderte Kind zuerst einmal ratlos und braucht Hilfe zur Lösung dieses Problems: „Ja, da hängt schon eine Jacke! Was meinst du, wem die gehören könnte?". Erkennt es dann die Jacke und ordnet diese dem richtigen Besitzer zu, könnte man die folgende Hilfestellung geben: „Ja, genau. Was könntest du jetzt mit der Jacke tun?".

Lernprozesse sind also durchaus möglich, jedoch sind sie einfach strukturiert und werden durch eindeutige, klare Impulse erleichtert.

Der Wille zum Lernen ist vorhanden und wird durch viel Lob und Anerkennung verstärkt, auch in Form von körperlicher Zärtlichkeit. Ein Kind, das sich bemüht hat und daraufhin kurz und liebevoll gedrückt wird, wird sicher darauf brennen, es weiter zu versuchen.

Zu allen diesen Lernerschwernissen kommen häufig Sprachentwicklungsverzögerungen und Sprachauffälligkeiten hinzu. Dabei ist die Bereitschaft, sich überhaupt sprachlich zu äußern, stark davon abhängig, ob sich das Kind in seiner Umgebung sicher und geborgen fühlt. Da das Sprachverständnis bei leichterer kognitiver Beeinträchtigung durchaus altersgemäß sein kann, versteht es durchaus abfällige oder abschätzende Bemerkungen und wird sich dementsprechend zurückhaltend zeigen. Doch sollten auch schwer oder schwerst beeinträchtigte Kinder nicht unterschätzt werden: Auch wenn ihnen Sprache und deren Verständnis kaum mehr zur Verfügung stehen, so können sie doch wie Seismographen auf eine kalte Stimme oder eine abfällig klingende Bemerkung reagieren.

Auch wird das Sozialverhalten bei solchen Kindern verändert sein. Abhängig von der Persönlichkeit des betroffenen Kindes und seiner augenblicklichen Befindlichkeit, also davon, ob es sich sicher und wohlfühlen kann oder nicht, erleben wir starke Gehemmtheit und Unsicherheit bis hin zu Hemmungs- und Distanzlosigkeit.

Motorisch ist Bewegungsarmut ebenso wie Unsicherheit in der Bewegungssteuerung denkbar, beispielsweise durch so genannte Muskelhypotonie, also herabgesetzte Muskelspannung. Aber auch motorische Überaktivität oder Störungen der Koordinationsfähigkeit werden festgestellt. Des Weiteren bezieht sich die Beeinträchtigung der Motorik dann eben auch auf die Mund- und Sprechmotorik.

Erzieherische Hilfen

So vielfältig wie die Beeinträchtigungen sind auch die Möglichkeiten der Förderung und Erziehung der betroffenen Kinder und Jugendlichen. Dabei stellt die **emotionale Erziehung** und Beziehung die Basis für jedes erfolgreiche Handeln der Erzieherin dar. So stehen bei kognitiv beeinträchtigten Kindern und Jugendlichen, mehr noch als bei nichtbehinderten Kindern, die Bedürfnisse nach Sicherheit und Geborgenheit im Mittelpunkt. Erst wenn diese zufrieden stellend und zuverlässig erfüllt werden, empfindet das Kind Vertrauen in sich und seine Umwelt – erst dann kann sich die Bereitschaft zur Exploration entfalten, also die Neugier und das Bedürfnis, die Umgebung zu erkunden und zu erfahren. Um dies zu erreichen, brauchen die Kinder einen verlässlichen Alltagsrahmen, in dem eine persönliche Beziehung durch Blickkontakt, Körperkontakt, Ansprache mit Namen und geduldiges Zuhören ebenso selbstverständlich sind wie gewisse Rituale, beispielsweise die tägliche Begrüßung und Verabschiedung, ein gemeinsamer Tagesbeginn und -ausklang sowie ein erkennbarer Tages- und Wochenrhythmus. Selbstverständlich werden besondere Anlässe, wie beispielsweise Geburtstage oder Festtage, individuell gestaltet und begangen. Dabei erfährt das Kind manches über die anderen Kinder seiner Gruppe und darf am Erleben der anderen teilhaben.

Erziehung zu angemessenem Sozialverhalten beinhaltet auch eine Förderung der Ich- und Sozialkompetenzen, wodurch das Kind in seiner Selbstwahrnehmung ermutigt wird: „Wer bin ich, was will ich, wofür entscheide ich mich, wie drücke ich mich aus?". Dies sind grundlegende Selbstkompetenzen, die ein Miteinander, Rücksichtnahme auf den anderen, Hilfsbereitschaft und die Fähigkeit zu teilen überhaupt erst möglich machen. Erst dann, wenn das Kind sich selbst kennt und erlebt, kann es lernen, freundlich und vertrauensvoll auf andere zuzugehen. Dieser Weg kann sehr weit sein und lange dauern – erinnern wir uns aber daran: nichtbehinderte Kleinkinder spielen und leben zunächst auch erst nebeneinander und dann miteinander.

Bei allen Schweregraden geistiger Behinderung, sollte die **lebenspraktische Erziehung** besonders berücksichtigt werden, da sie zu größtmöglicher Selbständigkeit und Unabhängigkeit führen wird. Selbst ein schwerst mehrfachbehindertes Kind wird große Freude und Stolz empfinden, wenn es beim Ankleiden für den Versuch gelobt wird, den Kopf anzuheben oder einen Arm in die richtige Richtung zu strecken – Kleinigkeiten bedeuten hier sehr viel. Je nach Entwicklungsstand umfasst die lebenspraktische Erziehung die gesamte Körperhygiene, von Waschen, Zähne putzen bis hin zur Benutzung der Toilette. Auch das An- und Auskleiden, der Umgang mit Knöpfen und Reißverschlüssen sowie das richtige Anziehen und Schließen der Schuhe, sind vielfältige Fähigkeiten, die auch wir erst nach und nach lernten – und wem auch zunächst noch das Schuhe binden schwer fällt, der kann trotzdem mitmachen, wenn Kleider und Schuhe dann aufgeräumt werden. Selbständig essen können heißt, mit Becher, Tasse und Bestecken umgehen zu können, aber auch selbst bestimmen zu dürfen, was und wie viel man essen will.

Zur lebenspraktischen Erziehung zählen auch die so genannten Alltagshandgriffe, also das richtige Bedienen von Türen, Fenstern und Schubladen, ohne sich dabei selbst zu verletzen. Das Zurechtfinden im Raum, in der Wohnung oder der Einrichtung, alleine den Weg finden zum Bad, zur Toilette, zur Küche, Ein- und Ausgänge finden – all das bedeutet auch Freiräume entdecken und handhaben. Rituale, wie beispielsweise feste Essens-, Spiel- und Ruhezeiten, das Vertraut-Werden mit Wochentagen, Festtagen und Jahreszeiten, vermitteln eine Vorstellung von Zeit sowie von Zeitbegriffen.

Wird das Kind älter, so erweitert man die lebenspraktischen Fähigkeiten auf häusliche Tätigkeiten, wie zum Beispiel die Kleiderpflege, das Einkaufen, Kochen, Decken und Abräumen des Tisches, Abspülen, Putzen, sowie auf handwerkliche Tätigkeiten in Haus und Garten. Allen Tätigkeiten ist gemeinsam, dass das Kind nebenbei eine so genannte Arbeitshaltung erlangt, das heißt, es begreift wie eine Tätigkeit vorbereitet, durchgeführt und zu Ende gebracht wird, wozu eben auch das unbeliebte Aufräumen zählt.

Bei Kindern mit leichten kognitiven Beeinträchtigungen wird die **Erziehung zu größtmöglicher Verkehrssicherheit,** und damit Beweglichkeit und Orientierung außerhalb vertrauter Umgebung, noch hinzukommen.

Um lebenspraktisch tätig sein zu können, benötigt das Kind eine kontinuierliche **Schulung aller Sinne.** Dazu zählen im visuellen Bereich das Fixieren einer Person und der Blickkontakt mit ihr, Hand-Auge-Koordination, das Erkennen von Gegenständen sowie das Erfassen von Situationen und Bildern. Auditiv geht es um das Erkennen der Stimmen bekannter Personen, das Unterscheiden von Geräuschen sowie das Auffinden von Geräuschquellen. Taktil und kinästhetisch steht die gesamte Körperwahrnehmung im Mittelpunkt, wodurch auch die Personenwahrnehmung angeregt wird: „Ich bin ich und du bist du". In diesem Zusammenhang möchte ich nochmals auf die große Bedeutung der Basalen Stimulation und Kommunikation nach Andreas Fröhlich verweisen, da sie für alle behinderten Kinder hilfreich ist! Es versteht sich von selbst, dass auch Spiele zur Förderung von Geruchs- und Geschmackserlebnissen, zum Erkennen, Zuordnen und Unterscheiden notwendig sind.

Zur Förderung der Körperwahrnehmung gehört immer auch die **Bewegungserziehung** – schließlich setzt der Mensch eindrucksvolle Sinneserlebnisse unmittelbar in Bewegung um, wenn er nämlich beispielsweise vor Freude oder Aufregung zu zappeln anfängt oder seine Begeisterung in Laute oder Worte fasst. Mit Hilfe der Basalen Stimulation kann sich ein Gefühl für den eigenen Körper entwickeln, welches später dafür gebraucht wird, diesen beim Aufrichten, Hinlegen, Balancieren und ähnlichem einzusetzen. Ist dies gelungen, werden Hilfsmittel wie Bälle, eine Bank, Sprossenwände, ein Trampolin, eine Schaukel und Rutsche vielfältigste Möglichkeiten bieten, Beweglichkeit und körperliche Fähigkeiten und Grenzen zu üben und zu erfahren.

Während die Kinder ihre Sinne und ihre Bewegungsmöglichkeiten trainieren, werden sie **sprachlich** begleitet: Ob man nun singt oder Personen und Gegenstände benennt, ergibt sich aus der jeweiligen Situation. Doch können, wie bereits erwähnt, kognitiv beeinträchtigte Kinder motorische Probleme haben, sodass die sprachliche Entwicklung in ihren Anfängen stecken bleibt. Dann ist es umso wichtiger, dass Erzieherinnen einige der folgenden Kommunikationsregeln anwenden: Sie sind immer ein sprachliches Vorbild, und werden von den Kindern nachgeahmt; verwenden Sie daher eine möglichst einfache und klare Sprache, und verzichten Sie auf die so genannte Babysprache: So ist Michaels Schnuller kein „Duziduzi". Für das Erfassen und Erlernen ist es wichtig, dass möglichst alle Bezugspersonen die gleichen Symbolbegriffe verwenden. Deshalb sollten auch für Tätigkeiten und Gegenstände alle Personen die gleichen Ausdrücke verwenden: Ein Auto bleibt also ein Auto und wird nicht zum Wagen oder Fahrzeug. Trotzdem kann es vorübergehend sinnvoll sein gebräuchliche Schallnachahmungen zu nutzen, die leichter nachahmbar sind wie beispielsweise „wauwau" für den Hund. Hier sollte man mit den Eltern klare Absprachen treffen. Verniedlichungen und Verkleinerungen, wie zum Beispiel Händchen und Äuglein, entfallen.

Wenn der Aufbau einer aktiven Sprache (noch) nicht möglich ist, sollte das Wortverständnis mittels konkreter Gegenstände trotzdem aufgebaut und erweitert werden. Zur Verbesserung der Kommunikationsmöglichkeiten des behinderten Kindes, sollten charakteristische Gebärden zusammen mit dem Kind entdeckt und genutzt werden. Dabei kommen Gesten, wie beispielsweise Winken für „Komm!" ebenso zum Einsatz wie jene Gesten, die das Kind für sich als bedeutsam festgelegt hat: So kann ein Winken „Auf Wiedersehen!", als auch „Ich will hinaus!", oder „Draußen scheint die Sonne" bedeuten. Erst durch Nachfragen kann dann so manches verständlich werden. Die Freude des Kindes darüber, dass es verstanden wurde, ist unübersehbar! Hier möchte ich auf die Möglichkeiten „unterstützter Kommunikation" verweisen (siehe Kapitel 10.3), welche den Druck reden zu müssen, durch Freude am Sich-Mitteilen-Können ersetzt.

Die **kognitive Erziehung** mit dem Ziel der Vermittlung eines Gegenstandsverständnisses, zum Beispiel: „Ein Messer ist scharf", eines Regelverständnisses, zum Beispiel: „Bei uns wird nicht geschlagen", oder „Wir waschen uns vor dem Essen die Hände", sowie dem Training der Merkfähigkeit und der Hinführung zur Abstraktionsfähigkeit, beispielsweise über die Zuordnung vom Gegenstand zum Bild kommen, erfordern viel Zeit und Geduld. Hierbei werden die Grenzen der Kinder am schnellsten erkennbar – doch gilt auch hier der Grundsatz: Was heute noch nicht gelingt, wird später wieder angeboten und ist vielleicht dann möglich. Denn auch kognitiv beeinträchtigte Kinder machen immer wieder Entwicklungssprünge und können uns überraschen.

Behinderte und nichtbehinderte Kinder haben viel zu lernen – gezielt oder auch nebenbei im **Spiel**. Damit gezielte Förderung nicht in Ermüdung oder sogar Stress ausartet, sollten Freizeit und Spaß sowie „Nichtstun" und Träumen unbedingt ihren festen Platz im Alltag haben. Dabei lassen sich Ernst und Vergnügen durch **musische Elemente** in der Erziehung hervorragend verbinden. Viele kognitiv beeinträchtigte Kinder haben ein sehr gutes Empfinden für Musik und Rhythmus, wodurch sich eine ganze Welt des Erlebens öffnen lässt. Hier erfahren diese Kinder was sie können – allein oder sogar gemeinsam. Musik kann Malen und Zeichnen unterstützen, sie entspannt und befähigt damit vielleicht ein schwerbehindertes Kind, mit Fingerfarben ein „tolles" Bild herzustellen, das später an der Wand zu bewundern sein wird.

Abgesehen von jeglicher Förderung, geht es bei geistigbehinderten Kindern und Jugendlichen vor allen Dingen darum, mit ihnen „gut" zu sein. Das klingt einfach, heißt aber, sie haben wie alle Menschen das Recht, respektvoll, freundlich und gut verständlich angesprochen und behandelt zu werden. Mehr noch, sie haben einen Anspruch darauf, von uns, die wir manche Zusammenhänge eher erkennen als sie, geduldig und wiederholend begleitet zu werden. Es ist unsere Aufgabe, ihnen die Welt so zu vermitteln und verständlich zu machen, dass sie diese begreifen können. Das mag eine hohe Anforderung an unsere Kreativität und Phantasie stellen. Das Gleiche gilt für Situationen, in denen „Brücken" zur Kommunikation gefunden werden müssen, damit sie sich verständlich machen können. Wir sollten ihr Bemühen sowie auch kleinste Leistungen erkennen und anerkennen. Ihre Meinung, ihre Wünsche und ihren Willen sollten wir ebenso ernst nehmen, wie wir das bei uns selbst tun!

Wird dies missachtet, bleibt ein Kind sprachlos und wird früher oder später an seiner Lebenssituation verzweifeln und aggressiv oder depressiv reagieren. Ich werde immer wieder gefragt, weshalb geistigbehinderte Kinder häufig aggressiv oder autoaggressiv sind. Daher möchte ich zum Abschluss noch einen Blick auf diese Problematik werfen. Ich behaupte, dass diese Kinder nicht aggressiver als nichtbehinderte sind, sondern dass sie häufig keine andere Ausdrucksform finden, als herumzuschreien, zu schlagen, Dinge kaputtzumachen oder sogar mit Kot zu schmieren. Zur Verdeutlichung möchte ich auf eine Praxissituation zurückgreifen.

Exkurs: Fallbeispiele zu Aggression und Autoaggression bei Kindern mit geistiger Behinderung:

Eine Erzieherin arbeitet in einer heilpädagogischen Tagesstätte in einer Gruppe mit acht geistigbehinderten Kindern. Im Gruppenalltag wird sie immer wieder mit folgenden Situationen konfrontiert:

1. *Michael hat das Down-Syndrom. Der verschmitzte Vorschuljunge hat sich angewöhnt, bei gemeinsamen Mahlzeiten mit Absicht und im Zeitlupentempo seinen Saftbecher umzuwerfen. Dabei beobachtet er die Reaktion der Erzieherin genau: Wenn sie ihn schimpft, bettelt er zerknirscht um „wieder gut sein". Dabei wirkt er vergnügt und zufrieden mit sich – ganz anders als Florian und Natascha.*

2. *Florian (geistige Behinderung als Folge eines Herzstillstands im Säuglingsalter) ist einerseits ein ausgeglichenes Kind, andererseits braucht er einen überschaubaren, beständigen Alltagsablauf, um in-sich-ruhen zu können. Deutliche Abweichungen von der Routine, wie zum Beispiel Besucher in der Gruppe oder krankheitsbedingter Ausfall einer Betreuerin, lösen bei ihm aggressives Verhalten aus. Er ist dann den ganzen Tag lang schlechter Laune, schimpft laut vor sich hin, schlägt um sich, beißt und zwickt die anderen Kinder oder macht Sachen kaputt. Dennoch weiß die Erzieherin, dass Florian trotz des hohen Erregungsgrades immer ansprechbar bleibt.*

3. *Dagegen kommt es immer wieder vor, dass Natascha, bei der frühkindlicher Autismus mit einer mittelschweren Form von geistiger Behinderung und Mutismus diagnostiziert wurden, restlos die Selbstkontrolle verliert. Die Liste der Auslöser scheint endlos: Verzweiflung darüber, sich nicht verständlich machen zu können, Reizüberflutung, Wetterfühligkeit, Kopfschmerzen, eigene Ungeschicklichkeit, Veränderungen im Tagesablauf, Kritik, Spannungen in der Gruppe, Ausgelacht werden, Zeitdruck und anderes mehr. Auch die „Mahlzeit-Spielchen" von Michael beunruhigen sie offenbar zutiefst. Als Reaktion darauf wirft sich Natascha auf den Boden und schreit laut, intensiv und schrill. Gleichzeitig reißt sie sich selbst schmerzhaft an den Haaren oder wirft den Kopf gegen den Boden. Teilweise fürchten sich die anderen Kinder davor und geraten selbst in Unruhe.*

Die Erzieherin fühlt sich verunsichert und schwankt hin und her zwischen Ignorieren und Geduld verlieren. Sie bittet daher um Klärung und Hilfestellung. In einer Supervisions-Runde werden die Situationen besprochen und Hilfsmaßnahmen entwickelt:

4. *Michaels Verhalten dient offenbar der Provokation. Sein Ziel ist es, Aufmerksamkeit und Zuwendung (auch negativ) zu erreichen. Dabei hatte die Erzieherin wiederholt den Eindruck, dass es Michael auch langweilig ist, und er in der Gruppe unterfordert sein könnte. Da es sich bei seinem Verhalten um gelerntes Verhalten handelt, welches durch seine Erfolgserlebnisse aufrecht erhalten wird, sollen die Erzieherinnen gezielt eingreifen:*

   – *Sie werden Verhaltensregeln aufstellen, welche ihm erklärt und verständlich gemacht werden müssen. Auch müssen ihm die Konsequenzen bei einem Regelverstoß verdeutlicht werden: So wird sein Verhalten zukünftig ignoriert oder er wird wortlos weggeführt, also isoliert.*
   – *Michael muss selbst aufwischen und saubermachen.*
   – *Erwünschtes Verhalten wird gelobt und belohnt, zunächst in kleinsten Schritten, später dann durch ein Punktesystem.*
   – *Ihm werden kleine Aufgaben und Aufträge anvertraut. Werden diese erfüllt, bekommt Michael Lob und Zuwendung.*
   – *Zusätzlich soll mit dem Jungen mehr gespielt, und er wird auch gezielter gefördert werden. Dabei soll er viel Lob, Anerkennung und Körperkontakt erhalten.*

5. *Bei Florian handelt es sich um aggressives Verhalten bei mäßigem Erregungsniveau. Da die Auslöser in seiner Person und in der Umwelt begründet sind, sollte einerseits vorbeugend gehandelt werden, andererseits sind in akuten Situationen konkrete Hilfen nötig:*

   – *Um vorzubeugen, sollten Veränderungen, wann immer möglich, angekündigt und erklärt werden.*
   – *Ist die Situation akut, sollten die Erwachsenen selbst ruhig bleiben – durch Ruhe, Kommunikationsangebote und Verständnis wird zur Entspannung der Situation beigetragen.*
   – *Erklärungen und Ablenkungen werden ihm helfen, seine innere Spannung abzubauen.*
   – *Wie auch bei Michael werden Verhaltensregeln aufgestellt (mit Konsequenzen), da Frustrationstoleranz erlernt werden muss.*
   – *Macht Florian etwas kaputt, muss er es reparieren oder ersetzen.*

6. Bedingt durch ihre schweren Wahrnehmungsstörungen und ihre Unfähigkeit sich sprachlich mitzuteilen, kommt es bei Natascha zu schweren Aggressionen und Selbstverletzungen (Autoaggressionen) bei hochgradiger Erregung und Verlust der Selbstkontrolle.

Hierbei ist es wichtig zu wissen, dass Fragen, Drohungen, Schimpfen, gut gemeinte Tipps, Ablenkungsversuche oder leichte Berührungen die Erregung noch steigern können, da bei einem so hohen Erregungsniveau alle Kontrollmechanismen stillgelegt sind und so genannte Primitivreaktionen auftreten können. Daher werden für Natascha die folgenden Hilfsmaßnahmen beschlossen:

- *Ihre schweren Aggressionen müssen unterbrochen werden, indem man ihre Hände oder Schultern festhält und laut und deutlich „Stopp!" oder „Schluss!" sagt.*
- *Wenn möglich sollte das Kind fest in die Arme geschlossen werden, was jedoch nicht mit der umstrittenen, da nicht wissenschaftlich anerkannten, „Festhalte-Therapie" zu verwechseln ist.*
- *Eventuell sollte das Mädchen in einen ruhigen Raum gebracht werden – ein so genanntes „time-out" – wo es sich beruhigen kann. Dabei muss unbedingt eine vertraute Bezugsperson anwesend bleiben!*
- *Erst dann, wenn das Erregungsniveau deutlich abgesunken ist, kann mit Natascha gesprochen werden.*
- *Sie braucht nun Zuwendung und Hilfe, um ihr angeschlagenes Selbstwertgefühl wieder zu stabilisieren.*

Ihre Autoaggressionen verdeutlichen, dass selbstbeschädigendes Verhalten insbesondere dort auftritt, wo ein Mensch tatsächlich oder im übertragenen Sinne sprachlos ist. Daher müssen Wege gefunden werden, dass sie sich sprachlich oder durch Gesten auszudrücken lernt: So können beispielsweise mit ihr Gesten vereinbart werden, welche darauf hinweisen, dass sie frustriert oder verärgert ist. Dadurch sind Nachfragen und angemessene Reaktionen seitens der Betreuerinnen frühzeitig möglich. Außerdem soll Natascha dabei geholfen werden, ihre heftigen Gefühle über Bewegung und Kreativität auszudrücken. Ihr Selbstbewusstsein und ihre Körperwahrnehmung sollen verstärkt gefördert werden, beispielsweise durch Bürsten, Frottieren, Massieren, Wiegen, Schaukeln, Drehen, Schwingen und so weiter. Ihre Autoaggressionen werden zukünftig ignoriert, wenn sie dazu dienen, Aufmerksamkeit zu erzielen. Entsteht jedoch der Eindruck, dass sie damit Anforderungen ausweicht, sollten die Anforderungen etwas herabgeschraubt werden. Würden die Autoaggressionen zunehmen oder anhalten, so sollte ein Gespräch mit den Eltern gesucht werden, um über psychologische oder psychotherapeutische Hilfe gemeinsam nachzudenken.

Buchempfehlungen zum Weiterlesen:

Hogenboom, M. (2006): Menschen mit geistiger Behinderung besser verstehen, 2. Aufl. Ernst Reinhardt, München/Basel

Krausen, J. (1999): Gespräche führen mit Menschen, die nicht sprechen können. Verlag am Goetheanum, Dornach (CH)

Mall, W. (1997): Sensomotorische Lebensweisen. Edition Schindele, Heidelberg

Mehring, D. (2003): Wieder so ein Tag. Geschichten für besondere Menschen. GwG-Verlag, Köln

Pörtner, M. (2001): Ernstnehmen Zutrauen Verstehen. Klett-Cotta, Stuttgart

Schmidt, S. (Hrsg.) (2002): Miteinander spielen, voneinander lernen. Herder, Freiburg

Speck, O. (2005): Menschen mit geistiger Behinderung. 10. Aufl. Ernst Reinhardt, München/Basel

Speck, O. (2008): Hirnforschung und Erziehung. Ernst Reinhardt, München/Basel

Theilen, U. (2006): Mach doch mit! Lebendiges Lernen mit schwerbehinderten Kindern. 4. Aufl. Ernst Reinhardt, München/Basel

Kinder- und Jugendbuch:

Cadier F., Girel, S. (2002): Ich bin Laura. Oetinger, Hamburg
Ab 4 Jahre. Thema: Ein Mädchen mit Down Syndrom

Fox, P. (2005): Paul ohne Jakob. Carlsen, Hamburg
Ab 10 Jahre. Thema: Down Syndrom; Geschwister

Sansone, A. (2002): Florian lässt sich Zeit. Tyrolia, Innsbruck
Ab 4 Jahre. Thema: Geschwister behinderter Kinder

Szesny, S., Mueller, D. H. (2006): Lukas ist wie Lukas. Ravensburger, Ravensburg
Ab 3 Jahre. Thema: Down Syndrom

10.3 Körperbehinderungen

Carolin und Björn sind Geschwister. Während Carolin sich darauf freut, bald in die Grundschule zu kommen, gibt sich Björn zusammen mit seiner Physiotherapeutin der Frühförderstelle viel

Mühe, seine leichte Hemiplegie noch besser zu beherrschen. Er möchte den Platz seiner Schwester im Gemeindekindergarten übernehmen. Dabei macht ihm schwer zu schaffen, dass er immer wieder erleben muss, wie weit ihm andere Kinder motorisch überlegen sind. Vor Enttäuschung verliert er manchmal die Beherrschung. Er schlägt dann in ohnmächtigem Zorn auf die Hand ein, die ihn „immer im Stich lässt".

Björn hat eine Körperbehinderung in Form einer Behinderung der Bewegungssteuerung und der Bewegungsabläufe. Genau genommen hat er eine Cerebralparese, also eine vom Gehirn ausgehende Bewegungsstörung, die bei ihm allerdings nur eine Körperhälfte (Hemiparese) betrifft. Bei anderen Menschen könnte sich die Cerebralparese auf die Bewegung aller Gliedmaßen, des Rumpfs, des Kopfs, der Atem-, Kau- und Schlingmuskulatur auswirken. Betroffen ist dabei die Muskelspannung. Als Hypertonie, also übermäßige Anspannung oder Verspannung, kommt es zu ungesteuerten und ruckartigen Bewegungen. Diese Form von Körperbehinderung ist besser als so genannte Spastik (Spasmus = Krampf, Zuckung) bekannt. Ihre schwerste Form, die Athetose, betrifft den kompletten Körper, führt zu einer bizarren Körperhaltung und macht eine verständliche Artikulation unmöglich. Es handelt sich dabei um eine schwere Mehrfachbehinderung. Körperbehinderungen lassen sich wie folgt einteilen:

- Körperbehinderung ohne Hirnschädigung: Normale oder hohe Intelligenz, wobei Entwicklungsverzögerungen auftreten können.
- Körperbehinderung durch Hirnschädigung: Diese ist häufig mit Sinnesschäden verbunden, während die Intelligenz im Normbereich liegt.
- Körperbehinderungen, bei denen die Intelligenz leicht bis schwer reduziert ist. Der Zeitpunkt der Gehirnschädigung reicht dabei von pränatal über perinatal bis postnatal.

Sauerstoffmangel während der Geburt (perinatal) könnte Björns Behinderung verursacht haben. Die frühzeitige physiotherapeutische Behandlung könnte einer zusätzlichen Sprach- oder sogar Lernbeeinträchtigung vorgebeugt und somit eine Mehrfachbehinderung verhindert haben. Mit seiner Cerebralparese zählt Björn im Bereich Körperbehinderungen zur größten Gruppe. Andere Formen von Körperbehinderungen können sein:

- Dysmelien (Gliedmaßenfehlbildungen),
- Hüftgelenksfehlbildungen,
- Lähmungen,
- so genannter Muskelschwund (Muskeldystrophie),
- Folgen von Kinderlähmung (Poliomyelitis),
- Skoliose (Wirbelsäulenverkrümmung),
- Amputationsfolgen,
- Klumpfuß und anderes mehr.

Ein Teil dieser Behinderungen sind bereits angeboren, haben jedoch keinerlei negativen Einfluss auf die Intelligenzentwicklung. Andere dagegen entstehen im Laufe des Lebens, beispielsweise durch Unfälle, und wirken sich beeinträchtigend auf die psychische Verfassung und die Lebensgestaltung des Betroffenen aus. Cerebralparese bedeutet auch immer eine Störung der Sensomotorik. Das heißt, das Zusammenspiel der Sinnes- und Bewegungsfunktionen ist gestört, die Wahrnehmung des eigenen Körpers verzerrt. Dadurch ist das ganz frühe Lernen erschwert. Folglich gibt es Schwierigkeiten beim Aufbau und Vollzug präziser, koordinierter und kraftmäßig dosierter Bewegungsformen. Ohne Physiotherapie verharren die betroffenen Kinder in den primitiven Bewegungsmustern der Säuglingsjahre, wodurch es zur verzögerten Entwicklung neuer Bewegungsmuster und folglich auch zur Verzögerung der Gesamtentwicklung kommt. Bei den Kindern bilden sich also Verhaltensweisen aus, die die Entwicklung bremsen:

- Sie halten gerne am bereits Gelernten fest.
- Unterscheidungslernen fällt ihnen schwer, weshalb viele Wiederholungen nötig sind.
- Der Lernprozess ist verlangsamt, das Prinzip kleiner und kleinster Schritte folglich nötig.
- Die Lernentwicklung verläuft, mehr noch als bei nichtbehinderten Kindern, sehr individuell, wobei das Lernen schubweise stattfindet. Dabei sind Still- und Rückstände durchaus normal.

Erzieherische Hilfen

Für Björn bedeutet das soeben Erwähnte folgendes: Er nimmt sich deutlich als „anders" wahr und leidet offensichtlich unter seinen Defiziten. Zugleich erlebt er seinen Körper immer wieder als „Versager", was ihn wütend werden lässt – auf sich selbst und auf andere.

Also benötigt Björn einerseits physiotherapeutische Hilfe, die seine motorische Entwicklung so weit wie möglich fördert. Andererseits benötigt er heilpädagogische, erzieherische Begleitung, um zu lernen, sich in seinem Körper wohlzufühlen und sich als ebenso einzigartig anzunehmen wie jeder andere Mensch auch. Anders ausgedrückt heißt das, die Hilfsmaßnahmen sollen es ihm ermöglichen, irgendwann seine Grenzen zu akzeptieren und zu erkennen, dass es zum Menschsein dazugehört persönliche Grenzen zu haben. Daneben wird er seine besonderen Stärken und Fähigkeiten entdecken und wertschätzen lernen. Gelingt ihm dies, wird er einen Mittelweg zwischen resignierendem Sich-selbst-hängen-lassen und übersteigertem Leistungsstreben finden, wobei er mit dem letztgenannten glaubt, sich und den anderen beweisen zu müssen, dass er ebenso viel wert ist.

Björn kann sich sprachlich artikulieren und daher mitteilen. Viele Kinder mit einer Körperbehinderung sind dazu aufgrund von Fehlstellungen, Missbildungen oder auch schwerer Muskelhypotonie nicht in der Lage. In besonderem Maße betrifft dies natürlich mehrfach behinderte Kinder, Kinder also, die körperlich und kognitiv beeinträchtigt sind. Diesen Menschen fällt es sehr schwer, ihren Willen und ihre Wünsche verständlich auszudrücken. Um ihre Mitteilungsfreude, ihre Kommunikationsbemühungen aufrecht zu erhalten, um Rückzugstendenzen oder gar aggressivem Verhalten entgegen zu wirken, sollte eine Erzieherin kommunikative Brücken bauen können. Das heißt konkret, sie sollte mit Möglichkeiten „Unterstützter Kommunikation" vertraut sein. Gemeint sind damit alle Alternativen zur Lautsprache wie z.B. Gesten, Bilder, Symbole, Gebärden und schließlich technische Kommunikationshilfen.

Die Befürchtung, ein Kind könne durch den Einsatz solcher Techniken „mundfaul" werden, ist unbegründet. Im Gegenteil, es kann immer wieder beobachtet werden, wie sehr die Kinder ermutigt sind sich auszudrücken, wenn sie einmal eine Möglichkeit zur Kommunikation entdeckt haben. Hierbei dürfen wir Erwachsenen uns auch ruhig einmal vom Kind leiten lassen, das in der Regel einfache Gesten bereit hält. Sie zu verstehen und wieder einzusetzen, ist unsere Aufgabe.

Was im Frühförderbereich angebahnt wurde, wird die Erzieherin im Kindergarten fortführen können. Dabei ist es für sie besonders hilfreich, wenn zwischen Therapeuten, Eltern und ihr eine enge Zusammenarbeit gelingt: Einerseits erhält sie von den Eltern notwendige Alltagstipps zum Kind, andererseits nimmt sie das Kind anders wahr und kann so den Eltern Mut machen, wenn diese in einer scheinbaren Stillstandsphase der Entwicklung zu resignieren drohen. Die Ergotherapeutin und die Physiotherapeutin sind unverzichtbar, wenn es um Alltagshilfen geht – und sei es darum, wie das betroffene Kind im Liegen, Sitzen oder Stehen fixiert werden kann, damit es viele Möglichkeiten zum Hantieren hat.

Daneben wird sich die Erzieherin über die gebräuchlichsten neurophysiologischen Therapien informieren lassen, wie beispielsweise die von Bobath, Vojta oder Doman. Es existiert eine Vielzahl von Methoden, mit denen das eine oder andere Kind behandelt werden könnte, wie zum Beispiel die Konduktive Förderung nach Petö, die Psychomotorik nach Kiphard, die Schwimmtherapie, die Reittherapie, die Musiktherapie sowie die Sprach- und Verhaltenstherapie.

Ich möchte in diesem Zusammenhang noch einmal daran erinnern, dass die Erzieherin keine Hilfstherapeutin sein soll. Therapeutische Handgriffe sollten allenfalls dabei helfen, den Alltag für alle zu erleichtern. Ansonsten darf das Kind bei ihr so sein wie es ist – mit seinen begrenzten Fähigkeiten und irgendeiner positiven Besonderheit, die sich in jedem Fall finden lässt.

Buchempfehlungen zum Weiterlesen:

Hachmeister, B. (2006): Psychomotorik bei Kindern mit Körperbehinderungen. 2. Aufl. Ernst Reinhardt, München/Basel
Kitzinger, A., Kristen, U., Leber, I. (2006): Jetzt sag ich's dir auf meine Weise! Erste Schritte in Unterstützter Kommunikation mit Kindern. Von Loeper Literaturverlag, Karlsruhe
Kinder- und Jugendbuch:
Huainigg, F. (2003): Meine Füße sind der Rollstuhl. Betz, Wien
Ab 4 Jahre. Thema: Was heißt Körperbehinderung?
Lemler, K., Gemmel, S. (2005): Kathrin spricht mit den Augen. Edition Zweihorn, Neureichenau
Ab 10 Jahre. Thema: Wortlos kommunizieren
Slepian, J. (2004): Der Sommer mit Alfred. Dressler, Hamburg
Ab 10 Jahre. Thema: Körperbehinderung und Freundschaft

11 „Hilf mir, es selbst zu tun!" – Interdisziplinäre Frühförderung und Integration

Einmal wöchentlich findet in der Frühförderstelle ein Teamgespräch statt. Die Teilnehmer sind eine Psychologin, zwei Physiotherapeutinnen, eine Ergotherapeutin und eine Heilpädagogin. Einmal im Monat kommen noch ein Kinderarzt und eine Logopädin hinzu.

Zu Beginn des Teamgesprächs werden die Neuzugänge besprochen: Ein Säugling mit schwerer Mehrfachbehinderung; eine Vierjährige mit Sprachauffälligkeiten und Verdacht auf Hörbehinderung; ein zweijähriges Kind mit allgemeinem Entwicklungsrückstand.

Beim ersten und letzten Kind haben die behandelnden Kinderärzte den Kontakt vermittelt. Im Falle der Vierjährigen hat die Mutter direkt in der Frühförderstelle angerufen: Im Vergleich zum jüngeren Kind erscheint ihr das ältere massiv auffällig, was der Vater jedoch vehement zurückweist. Daher hat sie sich der Erzieherin beider Kinder anvertraut – diese unterstützte sie und gab ihr die Rufnummer der Frühförderstelle.

Da momentan genügend Behandlungskapazitäten frei sind, sollen alle drei Kinder angenommen werden. Doch muss zuvor eine ausführliche entwicklungspsychologische Untersuchung stattfinden, welche die Basis für Kostenübernahme und Behandlungspläne ist.

Der Säugling soll zunächst physiotherapeutisch behandelt werden, während das zweijährige Kind von der Ergotherapeutin betreut werden wird. Um die Vierjährige und ihre Familie wird sich die Psychologin kümmern und gegebenenfalls eine umfassende Diagnostik an eine pädioaudiologische Beratungsstelle vermitteln.

Nachdem dies besprochen wurde, wird ein Blick auf die laufenden Therapien und Beratungen geworfen. Im Fall der dreijährigen Sina, welche an Hydrozephalus (so genannter „Wasserkopf") und Spina bifida (bei Geburt offener Rückenmarkskanal) leidet und bei der ein Verdacht auf geistige Behinderung vorliegt, berichten Physiotherapeutin und Heilpädagogin Erfreuliches: Sina hat einen großen Entwicklungsschub gemacht. Daher müssen neue Therapieziele besprochen und festgelegt werden. Die Heilpädagogin will außerdem erstmals das Thema Kindergarten mit den sehr besorgten Eltern besprechen. Dabei wünscht sie sich die Unterstützung der Psychologin.

Die Ergotherapeutin hat dagegen unerfreuliche Nachrichten: Okan, zweieinhalb Jahre alt, hatte aufgrund eines Geburtsschadens eine eher düstere Prognose. Intensive Bewegungs- und Wahrnehmungsförderung schlugen aber schnell an und ließen kontinuierliche Entwicklungsfortschritte erkennen. Daran hatten beide Eltern großen Anteil, da sie die Therapien engagiert und optimistisch mit trugen. Jetzt ist in der Türkei die Großmutter gestorben, und seine Mutter wird mit ihm nach Hause zurückkehren, um den Rest der Familie zu versorgen. Die Familie lebt dort auf dem Land, sodass es keine weiteren Frühfördermöglichkeiten für Okan geben wird. Im Team wird daher ein sorgfältiger Entwicklungsplan ausgearbeitet, den man der Mutter mitgeben will.

Obwohl wir es im Frühförderbereich mit Kindern im Alter zwischen null und sechs Jahren zu tun haben, finden wir, wie das Beispiel verdeutlicht, hier zuerst einmal keine Erzieherin. Wenn sie dagegen in einer Kindertagesstätte, welche mit einer Frühfördereinrichtung kooperiert, arbeitet, dann nimmt sie immer wieder an den gemeinsamen Teamgesprächen teil. Des Weiteren gibt es große Frühfördereinrichtungen, welche zur behutsamen Vorbereitung auf die Kindergartensituation Spielgruppen anbieten, in denen neben einer Heilpädagogin auch die eine oder andere Erzieherin tätig ist.

Grundsätzlich gilt „Frühförderung" als Sammelbegriff für Früherkennung, Früherfassung, Frühberatung und Früherziehung sowie Frühtherapie. Hierzu fordert Speck, „Frühförderung so zu gestalten und zu organisieren, dass sie kleinen Kindern in dieser besonders wichtigen Entwicklungs- und Lernphase hilft, trotz ihrer Lernhindernisse und -erschwerungen eine tragfähige Grundlage für weiteres Lernen im Sinne letztlich gelingenden Lebens zu bilden" (2007, 49).

Frühförderung wird von Frühförderstellen angeboten, die in allen Bundesländern der Bundesrepublik flächendeckend ausgebaut sind. Sie können von den Eltern unproblematisch kontaktiert werden. Adressen können im Internet leicht gefunden werden. Erzieherinnen in Krippen und Kindergärten sollten mit den nächstgelegenen Frühförderstellen Kontakte pflegen. Im Folgenden möchte ich einige Erläuterungen zu den o. g. Begriffen geben:

Bevor Frühförderung angeboten werden kann, muss die Behinderung oder der Entwicklungsrückstand und möglichst deren Ursachen, erkannt werden. In der Regel wird die *Diagnose* von Kinderärzten im Rahmen der anfallenden Vorsorgeuntersuchungen gestellt. Dabei klären sie, ob es sich um eine Schädigung handelt, beispielsweise eine Hirnschädigung, ob eine Funktionsanomalie vorliegt, die zu Sigmatis-

mus (Lispeln) führen würde, wie zum Beispiel bei einer Kieferfehl-
stellung, oder ob eine Aufwuchssituation erkennbar ist, die aufgrund
äußerer Umstände, wie beispielsweise geringes Einkommen, ungüns-
tige Wohnverhältnisse, gestörte Familienverhältnisse, Krankheit der
Eltern und so weiter, geringe positive Reizangebote für die Entwicklung des Kindes bietet.

Leider gehen nicht alle Eltern mit ihren Kindern zu den kostenlosen
Vorsorgeuntersuchungen, sodass Schäden viel zu lange unerkannt bleiben können. Der hoffnungsvolle Wunsch: „... das wächst sich noch
aus ...!", lässt allzu oft kostbare Zeit ungenutzt verstreichen.

In solchen Fällen sollten die Erzieherinnen einerseits erkennen, dass
„etwas nicht stimmt", und andererseits handeln, indem sie die Eltern
behutsam ansprechen und beraten. Ich denke dabei an Situationen, in
denen das Kind bereits eine Kinderkrippe oder einen Kindergarten besucht. Eine Variante dessen wäre ein Kind, das der erfahrenen Erzieherin auffällt, weil es regelmäßig beim Abholen des Geschwisterchens
dabei ist. Noch häufiger sind es aber die Mütter, Väter und Großeltern
selbst, die mit der Erzieherin eines Kindes gute Erfahrungen gemacht
haben, und sich nun mit ihrem sorgenvollen Verdacht bezüglich eines
anderen Kindes an diese wenden. Dann sollte Zeit und Raum für ein
Gespräch gefunden werden. Falls notwendig, wird die Erzieherin sie
an einen Kinderarzt, der eventuell sogar eine Zusatzqualifikation in
Neurologie besitzt, oder an eine Kinderklinik, ein so genanntes Kin-
derzentrum, verweisen, wo sorgfältige Diagnostik geleistet und gegebenenfalls eine Frühtherapie eingeleitet werden wird.

Wenn eine Diagnose gestellt und Frühfördermaßnahmen empfohlen worden sind, dann müssen Eltern wissen, wo sie die entsprechende Einrichtung finden können. Dabei benötigen sie ebenso Unterstützung, wie sie zuerst einmal von der Notwendigkeit früher Maßnahmen überzeugt werden müssen. Während dieser Überzeugungsarbeit
sollte insbesondere der Aspekt der Entlastung verdeutlicht werden:
Das heißt, die Eltern müssen erfahren, dass ihnen neben der aufwän-
digen Betreuung ihres beispielsweise behinderten Kindes keine zusätzlichen Lasten aufgebürdet werden, sondern, dass sie, im Gegenteil,
durch therapeutische Hilfen entlastet werden. So sind die Eltern eines
mehrfachbehinderten Kindes aufgrund der Information erleichtert,
dass eine Physiotherapeutin nicht aufgesucht werden muss, sondern
diese auch ins Haus kommt. Und, dass sie nicht nur Mitarbeit in den
einzelnen therapeutischen Schritten erwartet, sondern auch Hilfe-
stellungen gibt, beispielsweise wie ein Kind mit spastisch bedingten
Schluckbeschwerden gelagert werden kann, damit das Füttern einfacher wird. Hat die Familie mehrere und kleine Kinder, dann müssen

so genannte stützende Hilfen, wie Kostenregelung oder eine Haushaltshilfe, mit den Eltern eingeleitet werden.

Erzieherinnen können eine beratende und ermutigende Funktion haben, wenn sie nämlich den Eltern Adressen vermitteln und den Sinn und Zweck der Frühförderung erklären können.

Die *Beratung der Eltern* ist ein Kernstück der Frühförderung. In ihr geht es zunächst darum, den Eltern zu verdeutlichen, was ihr Kind an besonderer Unterstützung und Erziehung braucht und was ihm hilft, in seinem Alltag und mit seinen Entwicklungsaufgaben besser zurechtzukommen („Entwicklungsberatung"). In der Beratung geht es aber auch darum, die Eltern in ihren Sorgen und Nöten ernst zu nehmen und sie in ihrer Erziehungsaufgabe zu begleiten.

Früherziehung und *Frühtherapie* sind das Kernstück der Frühförderung. Dabei ist Früherziehung eine besondere Erziehung, die möglichst früh nach einem ganzheitlichen Förderplan erfolgt und damit vorliegende oder drohende Schäden berücksichtigt. Das Kind soll in seiner Gesamtpersönlichkeit und in allen Entwicklungsbereichen erfasst werden. Dabei arbeiten die Eltern Hand in Hand mit einer, beziehungsweise mehreren speziell dafür ausgewählten Therapeutinnen der Frühförderstelle. Natürlich könnte bei einer allein erziehenden Mutter eines kleinen Jungen beispielsweise auch einmal ganz bewusst ein männlicher Therapeut gewählt werden, der neben seinen entwicklungsfördernden Angeboten auch noch als männliche Identifikationsperson dem Jungen zur Verfügung steht.

Weniger schwer beeinträchtigte oder ältere Kinder besuchen, neben den Frühfördermaßnahmen, noch zusätzlich Kinderkrippen oder Spielgruppen. Dort werden sie von Erzieherinnen begleitet, die das Recht des Kindes auf absichtsloses Spielen und ungestörte Eigenbeschäftigung bedenken, dieses fördern und notfalls verteidigen. Hierdurch bieten sie dem Kind auch die Gelegenheit und die Zeit, seine Stärken auszuleben, also das, was es kann, intensiv einzusetzen: So kann sich beispielsweise ein Mädchen mit einer Hemiplegie (spastische Halbseitenlähmung) im besonders phantasievollen Spiel an einem Puppenhaus, auch mit einer Hand als gleichwertig neben anderen erleben und sich beim Spielen verlieren und vergessen.

Innerhalb der Früherziehung gehen pädagogische und therapeutische, also behandelnde, Maßnahmen ineinander über. Therapie kann natürlich durch Medikamente oder chirurgische Eingriffe erfolgen. Doch dort, wo sie über Worte und Bewegung wirksam wird, muss auf der Basis einer vertrauensvollen Beziehung die Mitarbeit des Kindes gesichert sein, um Lernprozesse in Gang zu bringen. Erzieherisches und therapeutisches Handeln müssen aufgrund dessen in der Frühförderung häufig miteinander verbunden werden, sodass die einzelnen Fachkräfte und die Eltern dazu angehalten sind, ihre Zielsetzungen und Maßnahmen aufeinander abzustimmen. Erzieherinnen sind kaum im therapeutischen Bereich zu finden, es sei denn, sie verfügen über spezielle Zusatzqualifikationen.

Medizinische Therapien (Physiotherapie, Logopädie, Ergotherapie) spielen in der interdisziplinären Frühförderung eine wichtige Rolle, besonders dann, wenn sie auf neurophysiologischen Erkenntnissen aufgebaut sind. Spezialisierte Therapeuten haben sehr viel Kenntnis über die normale, vor allem sensomotorische Entwicklung von Kindern und viel Erfahrung mit Abweichungen von dieser Entwicklung. Sie sollten deshalb möglichst früh in die Frühförderung mit einbezogen sein.

Ziel ist immer eine möglichst normale Entwicklung von Wahrnehmung und Motorik, damit diese sich positiv auf die Denk-, Sprach- und Sozialentwicklung auswirken kann. Deshalb ist eine möglichst früh einsetzende Behandlung wichtig. Diese ist allerdings nur unter der Voraussetzung möglich, dass Eltern und Angehörige ihre Notwendigkeit nachvollziehen konnten und aktiv mitarbeiten. Wie wir im letzten Kapitel sehen werden, ist diese Einsicht für Eltern, welche gerade erst erfahren haben, dass ihr Kind krank oder behindert ist, nicht so ohne Weiteres zu erlangen. Häufig sind dann noch neben den Maßnahmen für das Kind, begleitende psychologische oder psychotherapeutische Maßnahmen für die Eltern erforderlich. Diese Maßnahmen dienen der Unterstützung der einzelnen Person, die nach einem solchen Schicksalsschlag unter dem Eindruck leiden könnte, in eine aussichtslose Situation geraten zu sein, oder die durch die Beeinträchtigung des Kindes eine persönliche, seelische Verletzung erlitten hat. Mögliche Folgen davon könnten Depressionen, Ängste, Panikattacken und psychosomatische Störungen sein. Gesprächspsychotherapie nach Carl Rogers, Verhaltenstherapie, tiefenpsychologische oder familientherapeutische Maßnahmen wären dann dringend angezeigt. Zusammenfassend kann man Frühförderung auf einen Nenner bringen: interdisziplinär, ganzheitlich, Eltern-orientiert und integrativ.

Erzieherische Hilfen

An dieser Stelle möchte ich nochmals zum Kind zurückkehren, welchem die Frühfördermaßnahmen helfen sollen, einen günstigeren Start in sein Leben zu finden – obgleich es oft nicht möglich ist, an der grundsätzlichen Schädigung etwas zu ändern, weil sie die Ursache der Behinderung ist, wie zum Beispiel die Chromosomenanomalie beim

Down-Syndrom. In Anbetracht dieser Absicht kann dafür gesorgt werden, dass die Umstände abgebaut werden, die einem Kind das Leben erschweren, sodass es keine oder möglichst geringe psychosoziale Entwicklungsabweichungen erleidet. Daran ist die Erzieherin wieder beteiligt, wenn sie durch frühes Erkennen und frühe Erziehung präventiv handelt. Auf die Bedeutung des *präventiven*, erzieherischen *Handelns* habe ich bereits im Zusammenhang mit Legasthenie verwiesen.

Ein weiteres Beispiel für präventiv erzieherisches Handeln könnte das Folgende sein: Ein fünfjähriges Kind zeigt eine beginnende Verhaltensauffälligkeit (Aggressivität) bei Verdacht auf Lernbehinderung – hier handelt es sich also um ein Kind, das von einer Behinderung bedroht ist. Nun kann die Erzieherin allgemeine, entwicklungsfördernde Angebote machen, indem sie dem Kind mehr Zeit widmet, mehr mit ihm spielt und dabei viel mit ihm spricht. Auch kann sie beim Spielen Elemente aus Sensorik und Motorik, wie man sie aus der Psychomotorik kennt, integrieren. Bei der Psychomotorik werden Kindern Räume für Bewegung und eigenständiges Spiel zur Verfügung gestellt, wobei Erzieherin oder Therapeutin sich an den Bedürfnissen der Kinder orientieren.

Des Weiteren wird die Erzieherin in einer Gruppe darauf achten, dass das Kind weder überfordert noch unterfordert wird. Beides würde es nämlich verständlicherweise frustrieren und somit den Boden für weitere innere Anspannung schaffen. Außerdem sollte es lernen, über Bedürfnisse und Probleme zu reden, anstatt nach „handgreiflichen" Lösungen zu suchen.

Wäre die Behinderung bereits vorhanden, so würde nach dem *Prinzip der Korrektion*, also Verbesserung, gehandelt werden. Man würde nach Restfunktionen oder mangelhaft genutzten Funktionen suchen, um diese zu aktivieren. Beispiele hierfür wären ein Hörtraining bei hörgeschädigten Kindern oder ein Mobilitätstraining bei schwer sehgeschädigten Kindern. Diese Trainings orientieren sich an einem Plan und sind in die Alltagsverrichtungen und das Spiel der Kinder integriert, sodass sie die Erzieherin hierbei begleiten und anleiten kann.

Eine korrektive, also verbessernde, Erziehung beinhaltet aber auch die verhaltensverändernde Einflussnahme auf ein Fehlverhalten. So ist zwar eine geistige Behinderung als Behinderung irreversibel, aber bestimmte Verhaltensabweichungen, zu denen Kinder mit einer geistigen Behinderung leicht neigen, können ihm durch Erziehung erspart werden: So kann ein Kind mit Down-Syndrom lernen, seine Zunge im Mund zu behalten und die Lippen zu schließen.

Bei schwerer Beeinträchtigung, wie beispielsweise Gehörlosigkeit, käme noch das *Prinzip der Kompensation* (Ausgleich) zum Tragen. Eine Erzieherin wird immer bemüht sein, kompensatorisch zu handeln. Bei der Gehörlosigkeit wären Bewältigungstechniken erforderlich, um die Schwere und die Folgen der Behinderung zu mildern: So würde sie Kommunikationshilfen finden und vermitteln, damit die Distanz zwischen dem gehörlosen Kind und seiner Umwelt verringert werden kann – Lippenlesen und Angebote der Unterstützten Kommunikation (Bild- und Buchstabiertafeln, entsprechende technische Geräte, Kassettenrekorder und mehr) sind hier denkbar. Für ein schwer mehrfachbehindertes Kind wären hier wieder Basale Stimulation und Kommunikation zu erwähnen. In einer alltäglichen Streitsituation kompensiert die Erzieherin dadurch, indem sie beiden Streitparteien zuhört und Impulse dafür gibt, Wege zu entdecken, um anders miteinander umzugehen.

Über all diesen Maßnahmen steht *Integration* als oberstes Ziel erzieherischen und heilpädagogischen Handelns. Integration steht für ein selbstverständliches, gleichwertiges „Miteinander leben aller" – ungeachtet ihrer Schwächen – und sie beugt gleichzeitig einem Aussonderungsprozess vor. Bei drohender oder vorhandener Behinderung müssen Erziehung und Therapie darauf abzielen, dass das Kind sich so anzunehmen lernt wie es nun einmal ist: „Ich bin so, und ich bin so okay!" ist kein flotter Slogan, sondern eine innere Einstellung, die von ihm langsam erworben werden kann. Erst dann wird es auch bereit sein zu lernen, wie es in einer Gruppe Nichtbehinderter seinen gleichwertigen Platz finden, also seine Ansprüche anmelden und behaupten kann. Natürlich muss es auch dazu fähig werden, sich einer Gruppe anpassen zu können, was voraussetzt, dass es soziale Regeln kennt, anerkennt und beachtet.

Doch auch seitens der Menschen ohne Behinderung sind Anstrengungen notwendig: Damit Kinder mit und ohne Beeinträchtigungen „von klein auf" selbstverständlich miteinander spielen und leben lernen, ist bereits im dritten Lebensjahr ein gemeinsames Lernen und eine gemeinsame Sozialisation in den Kindertagesstätten sinnvoll und notwendig. Dies ist ein Alter, in dem das Interesse an anderen Kindern unbeschwert ausgelebt wird, weil die Kleinen noch völlig offen für alle Varianten des menschlichen Erscheinungsbildes sind: So hat der eine Beine zur Fortbewegung und der andere hat Räder – eine simple Beobachtung, die Kinder in diesem Alter allenfalls aufregend, vielmehr aber normal finden. Denn, Vorurteile entstehen erst später. Für diejenigen, die aber schon älter und häufig eben auch mit Vorurteilen behaftet sind, ist Aufklärung über Ursachen von Behinderungen nötig.

„Behinderung als Strafe Gottes" – das sollte doch endlich der Vergangenheit angehören. Begegnungen in der Freizeit, in den Bildungsstätten und später auch im Arbeitsbereich bieten Möglichkeiten mit beeinträchtigten Menschen „normal" umgehen zu lernen, aber auch deren Grenzen nachvollziehen zu können.

Noch hängt allerdings die Begegnung zwischen Menschen mit und ohne Behinderung stark von folgenden Faktoren ab: Wie viel weiß jemand über Behinderungen und ihre Ursachen; wie sichtbar ist die Behinderung (unsichtbare Behinderungen, wie beispielsweise die Lernbehinderung und die Epilepsie, gelten immer noch als „unheimlich"); und inwieweit verletzt und stört das äußere Erscheinungsbild der Behinderung das gegenwärtig gültige Schönheitsideal und den Sinn für Ästhetik, also für Schönheit und Harmonie: So können Entstellungen und Verzerrungen Gefühle von Ekel und Angst hervorrufen – Angst wurzelt hier in dem Wissen, dass kein Mensch gegen Krankheit und Behinderung gefeit ist. So möchte dann manch einer dieses Wissen schnellstmöglich wieder aus seinem Denken verdrängen!

Bei körperlichen Entstellungen und Störungen der Bewegungskoordination wird Körpersprache leicht fehl interpretiert – es kommt zu Missverständnissen und schnell zum Abbruch der Kommunikation.

Wo Unwissenheit, Angst oder sogar ein Gefühl von Bedrohung vordergründig sind, wuchert soziale Diskriminierung. Dazu zählen Ausgrenzung und Kontaktvermeidung genauso, wie die Anwendung der so genannten „Irrelevanzregel", nämlich Behinderung zu übersehen und im schlimmsten Fall so zu tun, als wäre der Mensch mit Behinderung überhaupt nicht anwesend. Betroffene erleben dann, dass man wegsieht und den Blickkontakt mit ihnen meidet. In einem Gespräch werden nicht sie angesprochen und gefragt, sondern man spricht mit der Begleitperson über sie!

Viele Menschen mit Behinderung wehren sich gegen Mitleid und so genanntes „Spenden-Mitleid", da sie sich und ihr Leben als durchaus Norm entsprechend und zufrieden stellend ansehen. Trotzdem erleben sie Stigmatisierung (aus dem Griechischen, Stigma: das Mal, Zeichen, Brandmal). Wegen ihres veränderten Aussehens und geringerer Leistungsfähigkeit werden sie ausgegrenzt. Zusätzlich schreibt man ihnen Faulheit und gesteigerte Aggressivität zu, ohne jedoch zu verstehen, dass Aggressivität ein wortloser Ausdruck für „nicht verstanden werden" und „sich nicht verständlich machen können" sein kann. Es liegt mir jedoch fern, Aggressivität hier schönzureden. Doch kann sie schnell hilfloses Ausdrucksmittel vieler ungesagter oder ungehörter Worte sein – was übrigens für alle kleinen und großen Menschen gilt.

Abschließend möchte ich nochmals hervorheben, dass Integration und Normalisation die Ziele aller Arbeit mit beeinträchtigten Menschen sind. Bereits Maria Montessori forderte „Normalisation" für alle Kinder. Durch Beseitigung von Entwicklungshemmnissen und durch Optimierung der Entwicklungsförderung und der Lernfähigkeit sollte es zur Unabhängigkeit von Erwachsenen kommen. „Hilf mir, es selbst zu tun!", ist einer ihrer wohl meist zitierten Aussprüche (Montessori 1952).

Der dänische Pädagoge Bank-Mikkelsen hat den Begriff der Normalisation weiterentwickelt, als er forderte, Menschen mit geistiger Behinderung anzuerkennen, sie mit den anderen Menschen gleichzustellen, und ihnen das gleiche Recht auf Behandlung, Unterricht und Ausbildung zuzugestehen.

Gemeinsames Spielen, Leben und Lernen in der Gruppe kann zu „Ent-Stigmatisierung" führen. Menschen mit Behinderung erfahren hierbei Unabhängigkeit und soziale Teilhabe. Menschen ohne Behinderung erleben, wie sie unbefangener, vorurteilsfreier und solidarisch mit behinderten Menschen zusammensein, und sie in ihrem „So-sein" anerkennen können. Beides ist Voraussetzung dafür, dass der Mensch mit einer Behinderung sich selbst achten und annehmen kann, was schließlich zur Entwicklung einer eigenen Identität führt.

Diese Prozesse werden erleichtert, wenn für alle Menschen normale Lebensbedingungen gelten, wie es der schwedische Wissenschaftler Nirje gefordert hat: Normaler Tagesrhythmus, normaler Wochenrhythmus, normaler Jahresrhythmus, normaler Lebenslauf, Anerkennung der Rechte, Wünsche, Eigenheiten, Entscheidungen des Behinderten, normale heterosexuelle Beziehungen und Anerkennung der Sexualität Behinderter, normale wirtschaftliche Standards durch Existenzsicherung aufgrund eigener Arbeit, eigenem Einkommen und so weiter, normale Einrichtungsstandards, wie beispielsweise ein eigenes Kinderzimmer oder später eine altersentsprechende Wohnung (Nirje 1974).

Vergleicht man die heutigen Lebenssituationen von Menschen mit geistiger Behinderung mit denen von vor sechzig Jahren, wird schnell deutlich, dass manche dieser Forderungen erfüllt wurden und inzwischen gelebte Realität sind. Dafür haben Menschen mit und ohne Beeinträchtigungen gemeinsam gekämpft. Dennoch wäre es nicht reell, mancherlei Realisierungsprobleme hier unerwähnt zu lassen:

- Kindergärten und Schulen haben personelle Probleme;
- bauliche Voraussetzungen müssen erfüllt, und können somit unerschwinglich sein;

175

- nicht alle Eltern und Erzieher befürworten integratives Lernen, denn je schwerer die Behinderung ist, desto mehr benötigt der Betroffene den Schutz und die Geborgenheit besonderer Gruppen und Einrichtungen;
- Erziehungs- und Unterrichtskonzepte sowie didaktische Mittel, die ein gemeinsames Lernen erst möglich und sinnvoll machen, fehlen weitgehend;
- Die Sicherung von zusätzlichen Therapien wäre notwendig, damit behinderten Kindern einerseits das gleiche Lernangebot zur Verfügung steht wie nichtbehinderten Kindern, sie andererseits aber ein zusätzliches Lernangebot erhalten, da dies aufgrund ihrer behinderungsspezifischen Defizite erforderlich ist.

Buchempfehlungen zum Weiterlesen:

Palmowski, W., Heuwinkel, M. (2000): Normal bin ich nicht behindert! borgmann, Dortmund

Straßmeier, W. (2007): Frühförderung konkret. 6. Aufl. Ernst Reinhardt, München/Basel

Kinder- und Jugendbuch:

Huainigg, F.-J. (2007): Gemeinsam sind wir Klasse! Betz, Wien

Ab 4 Jahre. Thema: Wie Integration gelingen kann

12 Gespräche können Brücken bauen – Elternarbeit und Gesprächsführung

Den größten Teil ihrer täglichen Arbeitszeit verbringt die Erzieherin mit „ihren" Kindern. Doch bereits am Morgen, in der „Bringphase", begegnet sie in der Kindertagesstätte den Eltern und es entsteht, gewissermaßen zwischen „Tür und Angel", so manches Gespräch: Das eine Mal verläuft dieses angenehm, und das andere Mal fühlt man sich danach unbehaglich und stellt sich die Frage: „Was ist falsch gelaufen? Was hätte ich bedenken sollen, was anders machen können?".

Ich möchte mich in diesem Kapitel auf die Gesprächssituation mit einem Elternteil oder einem Elternpaar konzentrieren, und jene Gespräche, die im Rahmen eines Elternabends stattfinden, außer Acht lassen. Denn gerade dann, wenn es um heilpädagogische Inhalte geht, kommt dem professionellen Gespräch eine besondere Bedeutung zu. Die Regeln, die dabei hilfreich sein können, gelten sowohl für Gespräche in der Einrichtung, als auch für jene, die im Rahmen eines Hausbesuchs stattfinden.

Hierbei macht es einen Unterschied, ob die Eltern um ein solches Gespräch gebeten haben – dies setzt Vertrauen in die Erzieherin voraus, oder ob ihr „endlich einmal die Meinung gesagt werden soll" – auch dafür muss eine Basis vorhanden sein, auf der man sich das „trauen" kann! Alternativ dazu bittet die Erzieherin die Eltern um ein Gespräch, um Erfreuliches oder weniger Erfreuliches zu besprechen – dies ist Gegenstand der nun folgenden Überlegungen. Zuvor möchte ich jedoch ein paar Gedanken zur Beziehung zwischen Eltern und Erzieherin äußern.

Die Beziehung zwischen Eltern und Erzieherin

Grundsätzlich ist es für das Verstehen und die Förderung des Kindes notwendig, mit den Eltern ins Gespräch zu kommen, da diese die wichtigsten Bezugspersonen des Kindes sind. Im Idealfall respektieren sich Eltern und Erzieherin sind gegenseitig und arbeiten partnerschaftlich zusammen: Eine gute, einander wertschätzende Beziehung verleiht dem Kind Sicherheit. Auch ist bekannt, dass Kinder „scharfe"

Beobachter sind und genau spüren, ob die beiden Parteien sich verstehen oder nicht.

Diese gegenseitige Wertschätzung ermöglicht im Idealfall, dass die Eltern dann zum Nachdenken angeregt werden, wenn ihnen mitgeteilt wird, wie die Erzieherin aus ihrer beruflichen Distanz und ihrem Fachwissen heraus mit anderen Sichtweisen, Erwartungen und Einschätzungen auf das Kind zugeht. Dennoch gibt es niemanden, der das Kind schon so lange und so gut kennt wie seine Eltern. Deswegen darf auch die Aussage: „Daheim ist mein Kind aber ganz anders!" zuerst einmal als gültig und wahr angesehen werden. Möglicherweise ergeben sich daraus interessante Perspektivenwechsel.

Obgleich beide Seiten, Eltern und Erzieherin, in der Regel das Beste für ein Kind wollen, entsteht in der Realität sehr häufig ein konkurrierendes, „einander übertrumpfen wollendes" Verhältnis: Unausgesprochen wollen beide Seiten beweisen, dass sie die jeweils „bessere" Erzieherperson sind. Ein derartiges „Kräftemessen" entspringt häufig einer grundlegenden Unsicherheit: So steht auf der einen Seite die Frage, ob ich als Mutter (oder Vater) meine Sache gut mache und dies auch anerkannt wird; seitens der Erzieherin besteht die Hoffnung, dass die fachliche Kompetenz doch gesehen und anerkannt werden möge. Der Wunsch nach respektvoller Anerkennung findet sich also auf beiden Seiten. Daher sollten die Erziehungsziele der Eltern, wie auch die der Erzieherin, gut durchschaubar sein. Jeder sollte nachvollziehen können, wozu der andere etwas macht und weshalb er es gutheißt. Erst dann ist es auch möglich, sich gegenseitig zu ergänzen, was dem Kind dabei hilft, beide Seiten besser in Einklang zu bringen.

Selbstverständlich benötigt eine vertrauensvolle Beziehung viel Zeit um zu entstehen, zu wachsen und zu reifen. Im Grunde, und wenn alles gut läuft, leisten beide Seiten hier „Aufbauarbeit": Die Annäherungsphase sollte von der Überzeugung geprägt sein, dass man sich erst dann eine vorsichtige Meinung über den anderen bilden sollte, wenn man sich richtig kennen gelernt hat. Dabei hilft es sich in Erinnerung zu rufen, wie viele Dinge man vom anderen nicht weiß, dass man Hintergründe nicht kennt und es Missverständnisse geben kann. Insbesondere wenn man sich lediglich morgens und nachmittags kurz begegnet, lernt man den anderen auch nur in Bruchstücken und Teilansichten kennen.

Es sollte berücksichtigt werden, dass man sich nicht nur als Individuen begegnet, sondern auch, dass diese Begegnung durch das Umfeld geprägt ist: Befindet sich die Kindertagesstätte in einer ländlichen Region, so können die Eltern durch ihre landwirtschaftliche Arbeit unter einem hohen Zeitdruck stehen oder unter massiven Existenzsorgen leiden. In einer „Betonvorstadt" trifft man dagegen auf Klein-familien, die in Isolation und Anonymität leben, und in denen oft beide Elternteile voll berufstätig sein müssen. Des Weiteren bringen allein erziehende Elternteile ihre ganz eigene Problematik mit: Ihre zeitlichen und wirtschaftlichen Zwänge wollen erkannt und respektiert sein. Unabhängig von der jeweiligen Familienform mag sich auch so manch ein Elternteil in der eigenen Lebenssituation überfordert und ausgebrannt fühlen. Außerdem wird in Gemeinden oder Stadtteilen mit einem hohen Ausländeranteil verlangt, dass man Vorurteile erkennen und damit umgehen lernt. Sprachbarrieren sind hier zu beachten, und die Frage, wer geht wie auf wen zu, steht im Raum.

So werden Erzieherinnen mit vielfältigen Anforderungen, bezüglich ihres Verständnisses und ihrer Flexibilität, konfrontiert. In der täglichen Arbeit mit Gruppen von bis zu fünfundzwanzig Kindern werden sie nicht selten an die Grenzen ihrer körperlichen und seelischen Belastbarkeit geführt. Hält man sich dazu noch die unterschiedlichsten Bedürfnisse und Nöte einzelner Kinder vor Augen wird deutlich, dass Erzieherinnen, ähnlich wie Lehrkräfte, wahre Kompetenz-Jongleure sein müssen.

Unabhängig davon wie nun die konkreten, einzelnen Umstände aussehen mögen, machen sie eine regelmäßige Beratung und Reflexion mit Kolleginnen oder einem Supervisor erforderlich. Dabei können jene Gesprächstechniken und eine grundsätzliche Gesprächshaltung hilfreich sein, welche bereits vor Jahrzehnten von Carl Rogers durch seinen personzentrierten Ansatz im professionellen Gespräch vermittelt worden sind. Reinhard und Annemarie Tausch haben dieses Konzept in Deutschland bekannt gemacht (1990). Carl Rogers hat uns auf seine unvergleichliche Art gezeigt, wie Empathie (Einfühlungsvermögen) oder Transparenz (Verständlichkeit, Erkennbarkeit des Gegenüber) zu einem Gesprächsklima führen, in dem Sicherheit und Angenommensein erlebt werden (2001). Die sich dadurch entwickelnde Offenheit ermöglicht erst ein Miteinander und ein gegenseitiges Geben und Nehmen. Wenn man sich vor Augen hält, dass Rogers Grundhaltungen dabei helfen, in einem Gespräch die Selbststeuerung und Selbstwirksamkeit des Menschen zu fördern, dann versteht man, dass hierdurch die beratende Gesprächsarbeit erleichtert wird. Denn anstatt sich für den anderen Lösungen einfallen zu lassen und diese ihm trickreich „verkaufen" zu müssen, anstatt im Extremfall den anderen in irgendeiner Art und Weise zu erziehen, darf Einblick in seine Welt und Sichtweisen gewonnen werden.

Begleiten und begreifen was im anderen vorgeht – das setzt natürlich auch Offenheit voraus sowie die Bereitschaft zuzulassen, dass mancher manches anders tut als man es selbst tun würde. In einer solchen Situation helfen Wissen und Kompetenz dann dabei, manches „seltsame" Verhalten eines anderen nachvollziehen zu können: Wenn beispielsweise eine Erzieherin im heilpädagogischen Bereich miterlebt, wie Eltern mit ihrem behinderten Kind zum x-ten Male einen neuen Facharzt aufsuchen, in der Hoffnung doch noch Heilung zu finden, dann kann die Erzieherin dieses Verhalten besser verstehen, wenn sie die „Phasen der Verarbeitung von Schicksalsschlägen" von der Psychiaterin Elisabeth Kübler-Ross bereits kennt. Diese hat wissenschaftlich untersucht, wie Menschen mit schicksalhaften Ereignissen umgehen, wie zum Beispiel mit der Diagnose einer lebensbedrohlichen Krankheit, dem Tod eines geliebten Menschen sowie der Geburt eines behinderten Kindes – also mit Lebensereignissen, die eine lang- oder kurzfristige Lebensplanung völlig über den Haufen werfen. Dabei muss man sich vor Augen halten, dass die Geburt eines Kindes mit einer Behinderung eine komplexe Lebensveränderung darstellt, die mit psychischen, physischen und sozialen Belastungen einhergehen kann.

Ich möchte im Weiteren Erkenntnisse von E. Kübler-Ross nur kurz und zusammengefasst darstellen, mit der Absicht, auf diesem Wege „kuriose" Verhaltensweisen mancher Eltern verständlicher und damit erst nachvollziehbar zu machen.

Die Verarbeitung von Schicksalsschlägen

1. Die Schockphase: Unmittelbar nach einem schockierenden Ereignis durchlebt der Betroffene die so genannte „Schockphase", welche dadurch gekennzeichnet ist, dass er das Geschehene noch nicht wahrhaben kann. Die emotionalen Reaktionen darauf können sein: Entweder der Betroffene ist überwältigt von seinen Gefühlen und drückt dies durch Tränen, lautes Klagen und Verzweiflung aus, oder er empfindet völlige innere Leere, spürt nichts, ist wie betäubt und erlebt alles wie „im dicken Nebel".

In dieser Situation kann Carl Rogers Vorstellung von angemessener Empathie durch eine Begleitperson, also eine Erzieherin, wie folgt umgesetzt werden: Zunächst sollte Verständnis für die oben genannten Reaktionen zum Ausdruck gebracht und dem Betroffenen gestattet werden, sich so zu zeigen, wie ihm jetzt im Moment zu Mute ist – man gibt ihm also zu verstehen, dass man ihn in seinem „So-Sein" annimmt. Trost kann es in dieser Phase ohnehin noch nicht geben. Doch kann die Aussage: „Ja, das, was Sie gerade durchmachen, was Sie erleben, muss für Sie schrecklich sein!" tröstlich wirken, weil sie dem Betroffenen zu verstehen gibt, dass da jemand ist, der sich in das Geschehen hineinversetzen mag.

2. Die Phase der Auflehnung: Irgendwann, früher oder später, verliert sich der Schock und die Phase der Auflehnung beginnt. Sie ist dadurch gekennzeichnet, dass der Betroffene sich nicht seinem Schicksal beugen will. Auch hier kommt es wieder zu unterschiedlichen Reaktionen und Verhaltensweisen, welche von der Persönlichkeit des Betroffenen abhängig sind: So ist der eine enttäuscht vom Leben und hat das Gefühl, den Boden unter den Füßen verloren zu haben. Der andere lehnt dieses Schicksal oder sogar sein behindertes Kind ab, was Wut gegen die Welt, gegen Gott, das Schicksal, das behinderte Kind und, eventuell, gegen sich selbst entstehen lässt. Mütter geben sich in dieser Phase gerne selbst die Schuld an der Krankheit oder der Behinderung ihres Kindes: „Wäre ich nur eine bessere Mutter gewesen! Hätte ich nur bessere Geburtsarbeit geleistet!". Verhängnisvollerweise wird hier eigenes Versagen erlebt.

Unterschiedliches Denken und Empfinden führen dann zu unterschiedlichen Reaktionen: So finden sich einige in einer Art Hyper-Aktivität wieder – wenn sie nämlich etwas wiedergutmachen wollen. Sind diese Menschen dazu noch religiös orientiert, verhandeln sie mit Gott: „Wenn du mein Kind gesund machst, dann werde ich dieses oder jenes tun!". Andere hingegen, die weltlich oder naturwissenschaftlich orientiert sind, wenden sich an möglichst viele Fachleute, wandern von Klinik zu Klinik und vertrauen im Extremfall so genannten „Wunderheilern". Des Weiteren gibt es Menschen, die nach dem Prinzip „Wissen ist Macht" leben, die also gelernt haben, dass durch Nachdenken und Intellektualisierung Probleme zu lösen sind. Solche Menschen stürzen sich in alle Angebote, um Wissen anzuhäufen und das beruhigende Gefühl zu bekommen, nichts übersehen, und somit noch alles unter Kontrolle zu haben. Empathie bedeutet auch hier wieder Verständnis zu zeigen: „Ja, würde ich vielleicht nicht ähnlich handeln?". Gleichzeitig ist vorsichtiges, behutsames „Bremsen" erlaubt.

3. Die Phase der Resignation: Nach so viel Aktivität kommt unweigerlich eine Zeit der Passivität – die Phase der Resignation. Man muss der Tatsache ins Auge blicken, dass der Machbarkeit Grenzen gesetzt sind. Dies kann so schmerzlich sein, dass die damit verbundene Hilflosigkeit verdrängt und in Enttäuschung über Ärzte, den Partner und sich selbst ausgedrückt wird: Verbitterung kann sich breit machen, oder jemand kann sogar in eine Depression abgleiten. Bei instabilen partnerschaftlichen Beziehungen besteht die Gefahr, dass diese daran zerbrechen.

Viele Betroffene suchen in dieser Phase psychotherapeutische Hilfe, zu welcher eine Erzieherin den Anstoß gegeben haben kann. Doch leistet auch sie professionelle Hilfe, wenn sie, beispielsweise bei einem Entwicklungsstillstand des Kindes, die Eltern dadurch ermutigt, dass sie diese an bereits erreichte Fortschritte erinnert. Mit dieser Erinnerung kann dann der Blick wieder nach vorne gelenkt werden, weil nun die Hoffnung besteht, dass erfreuliche Dinge sich auch wiederholen können. Wie Antoine de Saint-Exupéry sagte: „Das, worauf es ankommt, können wir nicht vorausberechnen. Die schönste Freude erlebt man immer da, wo man sie am wenigsten erwartet!".

Kübler-Ross hat immer wieder darauf hingewiesen, dass diese Phasen in unterschiedlichen Zeiten durchlaufen werden, da jeder Mensch natürlich individuell reagiert. In der Regel braucht der Einzelne zwei Jahre oder mehr Zeit, wobei es jedoch auch zu Rückfällen kommen kann. Verharrt man in einer dieser drei bereits beschriebenen Phasen, sind seelische Hilferufe wie psychosomatische Störungen, Ängste oder Depressionen wahrscheinlich.

4. Die Phase der Adaption: Im günstigeren Falle wird aber die vierte und letzte Phase erreicht, die der so genannten Adaption. Die Akzeptanz des Schicksals ist dann vordergründig: Jetzt werden die positiven Seiten des Geschehenen entdeckt, sinnvolle Behandlungs- und Therapiemöglichkeiten genutzt und die Tatsache akzeptiert, dass manche Dinge unabänderlich sind. So wird beispielsweise ein behindertes Kind in dieser Phase nicht mehr nur als ein Mensch mit Defiziten betrachtet, sondern vielmehr als Bereicherung angenommen.

In all diesen Phasen, in welchen die Erzieherin entweder stetige Begleiterin war oder aber auch nur ein Elterngespräch geführt haben kann, finden bestimmte Regeln der Gesprächsführung ihre Anwendung. Diese Regeln der personzentrierten Gesprächsführung möchte ich nun im Einzelnen darstellen.

Die personzentrierte Gesprächsführung nach Rogers

Als so genannte Faustregel sind die vier Grundsäulen des partnerschaftlichen Gesprächs bekannt: *Zeit nehmen – Zuhören – Anerkennen – Ermutigen.* Auf die Praxis übertragen heißt das: Die Erzieherin wird darauf achten, dass der Zeitpunkt des Gesprächs für alle Beteiligten günstig ist. Außerdem wird sie genügend Zeit dafür einplanen. Des

Weiteren schafft sie einen angemessenen Rahmen, indem sie für eine freundliche, ansprechende Atmosphäre und damit für das Wohlbefinden aller Beteiligten sorgt. Im Gespräch lässt sie die Eltern spüren, dass sie deren Kompetenz schätzt, sie akzeptiert und ihnen wohl gesonnen ist. Außerdem respektiert sie die Schwierigkeiten der Eltern: So haben allein Erziehende nicht immer Geld für einen Babysitter und können folglich nicht jederzeit zu einem Gespräch oder Elternabend kommen. Dagegen sind berufstätige Eltern, die auch noch einen Haushalt versorgen müssen, abends sehr müde, was ein regelmäßiges Fehlen bei Elternabenden nach sich zieht. Dem gegenüber stehen ausländische Mitbürger, die mit Sprachproblemen und Angst vor Vorurteilen zu kämpfen haben. Diese suchen überhaupt nicht das Gespräch, da sie verschüchtert oder misstrauisch sind.

Während des Gesprächs mit den Eltern, beschreibt und begründet die Erzieherin ihre Beobachtungen – stellt aber keine Diagnosen. Ein Begriff wie „Verhaltensauffälligkeit" sollte hier besser vermieden werden, da er verletzt und Versagensängste hervorruft. Die sachliche Verhaltensbeschreibung ist also zu empfehlen, da man dabei auch auf Erfreuliches eingehen kann: So klingt es in den Ohren eines Vaters freundlicher, wenn die Erzieherin berichtet, dass sich sein Kind inzwischen in der Gruppe gut eingelebt und Freunde gefunden hat. Im weiteren Verlauf des Gesprächs würde sie dann zu einem regelmäßig beobachteten Verhalten seines Kindes, welches sie in der Gruppe ändern möchte, überleiten, und den Vater dabei um Hilfe und Unterstützung bitten. Damit wird sein Kind nicht in eine Schublade gesteckt, die mit einem Stigma gekennzeichnet ist. Vielmehr handelt es sich in der Gruppensituation um ein Verhalten unter vielen, welches mit seiner Hilfe korrigiert werden soll. Dabei ist sein Wissen und seine Erfahrung mit dem Kind gefragt.

Da Anerkennung ein so genannter „Türöffner" ist, sollte sie viel häufiger angewandt werden als Kritik. Das heißt, Eltern hören viel lieber zu, wenn ihr Kind als sehr lebhaft, anstatt als sehr wild oder sogar chaotisch, beschrieben wird. Als Mutter nimmt man beispielsweise die positive Aussage: „Ihr Kind bringt in unsere Gruppe ein Element von Ruhe!" offener an, als den Vorwurf: „Ihr Kind macht einfach nie den Mund auf! Was ist mit ihm los?".

Ist das Gespräch „im Gange", kann den Eltern vermittelt werden, dass keiner alleine „kämpfen" muss. Man könnte formulieren: „Was könnten wir gemeinsam versuchen oder tun (oder auch lassen)?". Der im Vorangehenden bereits erwähnte Aspekt – „wir suchen gemeinsam nach Lösungen zum Besten des Kindes" – wird hierdurch immer wieder in den Blickpunkt gerückt.

Das Stellen von Fragen ist notwendig und hilfreich, wenn diese dem Gesprächspartner vermitteln, dass es dabei um ein besseres Verstehen geht: Fragen nach den Wünschen des anderen – liegt doch in einem Wunsch oft schon die Lösung verborgen. Aber auch Fragen nach Kompetenzen führen weiter: So ist beispielsweise die Aufforderung: „Erzählen Sie doch einmal, was schon geklappt hat, obwohl dieses und jenes schief ging!" ein Wegweiser in Bereiche, in denen der Gesprächspartner sich bereits als jemand erleben konnte, der trotz „Pannen" sein Leben meistern kann. Hingegen gibt es hier auch so genannte „Sackgassen", wie beispielsweise die Frage nach dem „warum": Diese führt in die Vergangenheit und somit zu Umständen, die meist nicht mehr veränderbar sind. Deshalb leitet eine solche Frage auch in der Regel Rechtfertigungen ein, da man glaubt versagt zu haben oder nicht „gut genug" gewesen zu sein. Besser wäre es, verstehen zu wollen, zu welchem Zweck und mit welcher Absicht etwas geschah.

An dieser Stelle möchte ich noch ausdrücklich auf die scheinbare Zustimmung „ja, aber" hinweisen, welche in vielen Gespräche zu hören ist: Im Nachhinein beklagen sich die Gesprächspartner dann darüber, dass man nicht vorankam. „Ja, aber!" ist nur eine scheinbare Zustimmung, da sie zugleich einen Widerspruch beinhaltet: „Ja, ich stimme zu, aber, ich habe eine bessere Idee". Also wird hier in Wahrheit argumentiert – es geht um ein „Kompetenzgerangel", darum also, wer mehr Recht hat und besser Bescheid weiß. Eine bessere Formulierung wäre: „Ja. Und ...", also zwei Meinungen, Ansichten nebeneinander stellen, sodass sich dann jeder für eine entscheiden oder aber feststellen kann, dass beide sogar kombinierbar sein könnten.

Zu den grundsätzlich verwendeten Gesprächstechniken gehört es selbstverständlich auch, so genannte „Ich-Botschaften" anzuwenden, wie beispielsweise: „Ich möchte gerne verstehen, weshalb Sie Ihre Tochter geohrfeigt haben!", anstatt: „Sie sollten Ihr Kind niemals schlagen!". Ich denke das Beispiel hat verdeutlicht, dass diese Ich-Botschaften ein Bemühen um Verstehen ausdrücken, im Gegensatz dazu aber so genante „Du-Botschaften" schnell in „Besserwisserei" umschlagen können.

Auch wenn es selbstverständlich erscheint – das A und O eines guten Gesprächs liegt in der Bereitschaft zuhören zu wollen: Man sagt „Ich bin ganz Ohr", und signalisiert gleichzeitig durch Aufmerksamkeit und passende Körpersprache, dass man sich für den anderen Zeit nehmen will. Wer dem anderen diese Zeit zur Verfügung stellt, der kann ausreden lassen – wenn es auch manchmal schwer fällt.

Wer anderen ein aufmerksamer Zuhörer ist, wird immer als empathisch und unterstützend wahrgenommen. Die Technik des aktiven

Zuhörens, die Carl Rogers bewundernswert beherrschte, gibt dem Gesprächspartner einerseits Zeit und Raum, sich selbst und sein Denken oder Handeln besser verstehen zu können, andererseits kann er aber daran auch erkennen, ob er wirklich von seinem Gegenüber verstanden worden ist: Wenn also eine Mutter berichtet, „Als meine Tochter nur noch laut und schrill schrie, da sind mir die Sicherungen durchgebrannt und ich habe ihr eine geknallt!", dann wäre es möglich mit aktivem Zuhören zu antworten: „Sie haben die Kontrolle über sich verloren, als Ihre Tochter unerträglich laut wurde!". Dadurch fühlt sich die Mutter verstanden und akzeptiert und wird fortfahren: „Genau, diese Lautstärke hat mir richtig wehgetan!".

Auch sind Pausen im Gespräch wichtig, da man währenddessen Zeit hat, seine Gedanken zu sortieren oder das Gesagte noch nachklingen lassen kann.

Das primäre Ziel des Gesprächs sollte immer sein, gemeinsam eine Lösung zu finden, oder eine gemeinsame Entscheidung zu fällen – zum Besten des Kindes. Wie schon oben erwähnt, sollte dabei die Möglichkeit akzeptiert werden, dass sich ein Kind an einem anderen Ort oder in einer anderen Situation tatsächlich anders verhält. Also, anstatt Energien damit zu verschwenden, die Eltern vom Gegenteil zu überzeugen, lassen Sie diese lieber berichten was genau anders ist. Interessant wäre dann auch noch zu erfahren, was die Eltern tun (oder lassen!), dass sich das Kind so verändert zeigen kann.

Und letztendlich darf immer auch die Möglichkeit erkannt werden, dass Erzieherin und Mutter, Vater, Eltern auch einmal hilflos sind: „Wer könnte uns jetzt helfen?", das ist dann die Frage, welche weiterführt.

Buchempfehlungen zum Weiterlesen:

Egan, G. (1996): Helfen durch Gespräch. Beltz, Weinheim
Hintermair, M., Hulser, G. (2004): Familien mit mehrfach behinderten Kindern. Median, Heidelberg
Krause, M. P. (2002): Gesprächspsychotherapie und Beratung mit Eltern behinderter Kinder. Ernst Reinhardt, München/Basel
Weber, W. (2000): Wege zum helfenden Gespräch. Ernst Reinhardt, München/Basel

Auf ein letztes Wort:
Der Ruf nach der idealen Erzieherin

Eine Reise durch die unterschiedlichsten Bereiche der Heilpädagogik neigt sich nun dem Ende zu. Auch wenn vieles nur gestreift worden ist und manches ganz unerwähnt blieb, so denke ich doch, dass ein Eindruck von der Vielfalt heilpädagogischer Themen und den damit verbundenen Anforderungen an eine Erzieherin entstanden ist.

Im Unterricht und in der Gruppenarbeit machen sich die angehenden Erzieherinnen häufig zu der folgenden Frage Gedanken: „Wie sieht die ideale Erzieherin aus?". Als Antwort darauf werden traumhafte Persönlichkeiten und Idole mit den edelsten Eigenschaften und Tugenden ausgestattet. Im Nachhinein stellt sich jedoch schnell heraus, dass niemand eine solche „ideale", Erzieherin ernst nehmen würde, wenn es sie denn tatsächlich gäbe. Stattdessen macht sich Nachdenklichkeit breit, wenn die jungen Studierenden feststellen, dass die Erzieherpersönlichkeit tatsächlich erst durch ihre menschlichen Seiten vollkommen ist – und dazu zählen auch Schwächen.

Unbestritten ist, dass eine Erzieherin heutzutage mehr fachliches Wissen als je zuvor benötigt. Die vorhandenen Ausbildungsinstitutionen unterstützen die Aneignung dieses Wissens durch eine hohe Ausbildungsqualität in Theorie und Praxis. Die Erzieherin muss wissen, wie sie mit diesem umgehen kann, das heißt, wie sie es im Interesse „ihrer Kinder" mit größtmöglichem Nutzen einsetzen kann: Die Grundvoraussetzungen für ein Verständnis durch Verstehen sind Menschlichkeit und Reife. Daneben muss in einem langsamen und geduldigen Prozess die Fähigkeit erworben werden, Stärken, sowohl bei anderen als auch bei sich selbst zu achten und insbesondere den Schwächen, bei sich selbst und den anderen, nachsichtig zu begegnen.

Auch wenn sich in den zurückliegenden Jahrzehnten vieles gründlich verändert hat, so brauchen Kinder immer noch Zeit, Ruhe, Geborgenheit und Überschaubarkeit, damit sie ungestört wachsen und groß werden können.

Nach wie vor gilt der Grundsatz, dass Eltern unbedingt die erste Erziehungsinstanz bleiben müssen. Sie werden durch Erzieherinnen kompetent ergänzt und unterstützt. In den unterschiedlichsten Tageseinrichtungen kommen, wie dieses Buch deutlich machen wollte, vielfältigste Anforderungen auf die Erzieherinnen zu. Darüber hinaus treffen sie dort auf Kinder mit den unterschiedlichsten Bedürfnissen. Dafür sollten den Erzieherinnen und Erziehern bestmögliche Arbeitsbedingungen zur Verfügung gestellt werden. Für ihre vielfältigen, verantwortungsvollen Leistungen verdienen sie unsere volle Unterstützung und Anerkennung.

Literatur

Angehrn, W., Perrin, L.-E., Kraemer, R. (1987): Wir haben ein Asthma-Kind. Kösel, München

Ayres, A. J. (1998): Bausteine der kindlichen Entwicklung. Springer, Berlin

Bach, H. (1976): Sonderpädagogik 3: Geistigbehinderte, Lernbehinderungen, Verfahren der Aufnahme. Klett-Cotta, Stuttgart

Baude, B. (1998): Affolter-Therapie. In: Autistische Kinder brauchen Hilfe! Elternverband „Hilfe für das autistische Kind", Regionalverband München e. V.

Batliner, G. (2003): Hörgeschädigte Kinder im Kindergarten. Ernst Reinhardt, München/Basel

Bayerisches Staatsministerium für Arbeit und Sozialordnung, Familie und Frauen. Staatsinstitut für Frühpädagogik München (2007): Der Bayerische Bildungs- und Erziehungsplan für Kinder in Tageseinrichtungen bis zur Einschulung. Cornelsen, Berlin/Düsseldorf/Mannheim

Bernitzke, F. (2001): Heil- und Sonderpädagogik. Bildungsverlag EINS, Troisdorf

Blech, J. (2007): Bewegung. S. Fischer, Frankfurt a. Main

Bleuler, E. (1911): Dementia praecox oder Gruppe der Schizophrenien. In: Aschaffenburg, G. (Hrsg.): Handbuch der Psychiatrie. Deuticke, Leipzig

Brandau, H., Pretis, M., Kaschnitz, W. (2006): ADHS bei Klein- und Vorschulkindern. 2. Aufl. Ernst Reinhardt, München/Basel

Bundschuh, K. (2000): Behindertenhilfe in Bayern, Gestützte Kommunikation (FC) bei Menschen mit schweren Kommunikationsbeeinträchtigungen. Bayerisches Staatsministerium für Arbeit und Soziales, München

Bunk, U. (2004): Spiel. Methoden in Heilpädagogik und Heilerziehungspflege. Bildungsverlag EINS, Troisdorf

Delfos, M. (2004): Sag mir mal ... Gesprächsführung mit Kindern. Beltz, Weinheim

Diller, S. (2005): Unser Kind ist hörgeschädigt. Ernst Reinhardt, München/Basel

Döpfner, M., Frölich, J., Lehmkuhl, G. (2000): Hyperkinetische Störungen. Hogrefe, Göttingen

Egan, G. (1996): Helfen durch Gespräch. Beltz, Weinheim

Eitle, W. (2003): Basiswissen Heilpädagogik. Bildungsverlag EINS, Troisdorf

Enders, U. (1995): Zart war ich, bitter war's. Handbuch gegen sexuelle Gewalt. Kiepenheuer und Witsch, Köln

Firnhaber, M. (2000): Legasthenie und andere Wahrnehmungsstörungen. Fischer, Frankfurt am Main

Frei, K. (1993): Sexueller Mißbrauch. Ravensburger, Ravensburg

Fröhlich, A. (1998): Basale Stimulation. Verlag selbstbestimmtes leben, Düsseldorf

Fröhlich-Gildhoff, K., Dörner, T., Rönnau, M. (2007): Prävention und Resilienzförderung in Kindertageseinrichtungen – PRiK. Ernst Reinhardt, München/Basel

Füssenich, J., Geisel, C. (2008): Literacy im Kindergarten. Ernst Reinhardt, München/Basel

Gerlinghoff, M., Backmund, H. (2001): Was sind Ess-Störungen? Ein kleines Handbuch zur Diagnose, Therapie und Vorbeugung. Beltz, Weinheim

–, –, Mai, N. (2004): Magersucht und Bulimie. Verstehen und bewältigen. Beltz, Weinheim

Gordon, Thomas (1989): Familienkonferenz. 29. Aufl. Heyne, München

Gotard, A. von, Lehmkuhl, G. (2002): Enuresis. Hogrefe, Göttingen

Hachmeister, B. (2006): Psychomotorik bei Kindern mit Körperbehinderungen. 2. Aufl. Ernst Reinhardt, München/Basel

Hagemann (Hrsg.) (2004): Pädagogik/Psychologie. Bildungsverlag EINS, Troisdorf

Hahn, G. P. (1993): Hilfen für das Zusammenleben mit geistig Behinderten. Marhold, Berlin

Hartmann, H., Hartmann, K. (2002): Zum Stand der Früherkennung hörgeschädigter Kinder in der Bundesrepublik Deutschland. Spektrum Hören 3

Hell, D. (2007): Seelenhunger. Herder, Freiburg i. Br.

Hellrung, U. (2002): Sprachentwicklung und Sprachförderung. Herder, Freiburg i. Br.

Hensle, U. (1994): Einführung in die Arbeit mit Behinderten. Quelle & Meyer, Heidelberg

Herpetz-Dahlmann, B., Resch, F., Schulte-Markwort, M., Warnke, A. (2003): Entwicklungspsychiatrie. Schattauer, Stuttgart

Hintermair, M. (2008): Neugeborenen-Hör-Screening (NHS) und Behinderungsverarbeitung von Eltern früh erfasster Kinder. Zeitschrift für Heilpädagogik 5, 183–189

–, Hulser, G. (2004): Familien mit mehrfach behinderten Kindern. Median, Heidelberg

Hobmair, H. (Hrsg.) (1997): Psychologie. Stam, Troisdorf

Hogenboom, M. (2006): Menschen mit geistiger Behinderung besser verstehen. 2. Aufl. Ernst Reinhardt, München/Basel

Holle, B. (2000): Die motorische und perzeptuelle Entwicklung des Kindes. Beltz, Weinheim

Internationale Klassifikation psychischer Störungen, ICD-10, Kapitel V (F), Hans Huber, Bern/Göttingen, 1991

Janert, S. (2003): Autistischen Kindern Brücken bauen. Ernst Reinhardt, München/Basel

Jansen, H., Mannhaupt, G., Marx, H., Skowronek, H. (2002): Bielefelder Screening zur Früherkennung von Lese-Rechtschreib-Schwierigkeiten (BISC). Hogrefe, Göttingen/Bern/Toronto/Seattle

Kaiser, Th. (2002): Das Wut weg Buch. Christophorus-Verlag, Freiburg i. Br.

Keenan, J. P. (2005): Das Gesicht im Spiegel. Ernst Reinhardt, München

Kehrer, H. (1995): Geistige Behinderung und Autismus. Trias, Stuttgart

Kindergarten heute spezial (1998): Wahrnehmungsstörungen bei Kindern. Hinweise und Beobachtungshilfen. Herder, Freiburg

Kitzinger, A., Kristen, U., Leber, I. (2006): Jetzt sag ich's dir auf meine Weise! Von Loeper Literaturverlag, Karlsruhe

Krause, M. P. (2002): Gesprächspsychotherapie und Beratung mit Eltern behinderter Kinder. Ernst Reinhardt, München/Basel

Krausen, J. (1999): Gespräche führen mit Menschen, die nicht sprechen können. Verlag am Goetheanum, Dornach

Küspert, P., Schneider, W. (2000): Hören, lauschen, lernen. Das Würzburger Trainingsprogramm. Vandenhoeck und Ruprecht, Göttingen

Leinhofer, G. (1992): Verhalten als Botschaft. Auer, Donauwörth

Lösslein, H., Deike-Beth, C. (1998): Hirnfunktionsstörungen bei Kindern und Jugendlichen. Deutscher Ärzte-Verlag, Köln

Mall, W. (1997): Sensomotorische Lebensweisen. Edition Schindele, Heidelberg

Mannhard, A., Braun, W. (2008): Sprache erleben – Sprache fördern. Ernst Reinhardt, München

Mehring, D. (2003): Wieder so ein Tag. Geschichten für besondere Menschen. GwG-Verlag, Köln

Melchers, U., Preuß, U. (2001): Deutsche Version der K-ABC. Testzentrale, Göttingen

Menzen, K.-H. (1996): Kids' Problems. Luchterhand, Neuwied

Montessori, M. (1952): Kinder sind anders. Klett, Stuttgart

Mosebach, M. (2002): Mein Frankfurt. Frankfurt/M., Insel

Murphy-Witt, M. (2001): Spielerisch im Gleichgewicht. Christophorus-Verlag, Freiburg i. Br.

Münchener Funktionelle Entwicklungsdiagnostik (MFED). Von T. Hellbrügge, 4. Aufl. Testzentrale, Göttingen/Bern

Myschker, N. (1993): Verhaltensstörungen bei Kindern und Jugendlichen. Kohlhammer, Stuttgart

Neuhaus, C. (1997): Das hyperaktive Kind. Ravensburger, Ravensburg

Neumann, S. (2001): Ganzheitliche Sprachförderung. Beltz, Weinheim

Nirje, B. (1974): Das Normalisierungsprinzip und seine Auswirkungen in der fürsorglichen Betreuung. In: Kugel, R. B., Wolfensberger, W. (Hrsg.): Geistig Behinderte – Eingliederung oder Bewahrung. Thieme, Stuttgart
Nolting, H.-P. (1997): Lernfall Aggression. Rowohlt, Reinbek

Opp, G., Peterander, F. (Hrsg.) (1996): Focus Heilpädagogik – Projekt Zukunft. Ernst Reinhardt, München/Basel
Oy, C. M. von, Sagi, A. (1997): Lehrbuch der heilpädagogischen Übungsbehandlung. Edition Schindele, Heidelberg

Palmowski, W., Heuwinkel, M. (2002): Normal bin ich nicht behindert! borgmann, Dortmund
Petermann, F. (1997) (Hrsg.): Fallbuch der klinischen Kinderpsychologie. Hogrefe, Göttingen
–, Döpfner, M., Schmidt, M. H. (2001): Aggressiv-dissoziale Störungen. Hogrefe, Göttingen/Bern/Toronto/Seattle
Piaget, J., Inhelder, B. (1973): Die Psychologie des Kindes. Walter, Olten
Pighin, G. (2005): Kindern Werte geben – aber wie? 2. Aufl. Ernst Reinhardt, München/Basel
Poustka, F., Bölte, S., Feineis-Matthews, S., Schmötzer, G. (2004): Autistische Störungen. Hogrefe, Göttingen/Bern/Toronto/Seattle
Pörtner, M. (2001): Ernstnehmen Zutrauen Verstehen. Klett-Cotta, Stuttgart

Reinhardt, D. (2004): Therapie bei Krankheiten im Kindes- und Jugendalter. Springer, Berlin
Reul, J. (2008): Auditive Verarbeitungs- und Wahrnehmungsstörungen. Spuren 2. Verband Sonderpädagogik, Landesverband Bayern e.V., Nürnberg
Rogers, C. R. (2001): Entwicklung der Persönlichkeit. Klett-Cotta, Stuttgart
– (2002): Therapeut und Klient. Fischer, Frankfurt am Main

Sacks, O. (1999): Stumme Stimmen. Rowohlt, Reinbek
Schaarschmidt, U., Ricken, G., Kieschke, U., Preuß, U. (2004): BIVA (Bildbasierter Intelligenztest für das Vorschulalter). Testzentrale, Göttingen
Schmidt, S. (Hrsg.) (2002): Miteinander spielen, voneinander lernen. Herder, Freiburg
Schmutzler, H.-J. (1999): Handbuch heilpädagogisches Grundwissen. Herder, Freiburg
Schramm, K.-H. (1996): Einführung in die Heilpädagogik. Stam, Köln
Sellin, B. (1995): Ich will kein Inmich mehr sein. Kiepenheuer und Witsch, Köln
Senckel, B. (1994): Mit geistig Behinderten leben und arbeiten. C. H. Beck, München
Snijders-Oomen Non-verbaler Intelligenztest (SON-R 5,5–17), 2. Aufl. von J. Th. Snijders, P. J. Tellegen und J. A. Laros. Testzentrale, Göttingen/Bern
Speck, O. (2005): Menschen mit geistiger Behinderung. 10. Aufl. Ernst Reinhardt, München/Basel

– (2007): Editorial. Frühförderung interdisziplinär 2, 49–50
– (2008): Hirnforschung und Erziehung. Ernst Reinhardt, München/Basel
Stöcklin-Meier, S. (2003): Was im Leben wirklich zählt. Mit Kindern Werte entdecken. Kösel, München
Straßmeier, W. (2007): Frühförderung konkret. 6. Aufl. Ernst Reinhardt, München/Basel
Szagun, G. (2007): Wunderwerk Cochlea-Implantat? Sprachentwicklung bei jungen Kindern mit Cochlea-Implantat. Das Zeichen 75, 110–121

Tausch, R., Tausch, A. (1990): Gesprächspsychotherapie. 9. Aufl. Hogrefe, Göttingen
Testbatterie für geistig behinderte Kinder (TBGB). Von C. Bondy, R. Cohen, D. Eggert, G. Lüer. Hrsg. von K. Ingenkamp. 3. Aufl. Testzentrale, Göttingen/Bern
Tewes, U., Schallenberger, U., Rossmann, K.: HAWIK III. Testzentrale, Göttingen
Theilen, U. (2006): Mach doch mit! Lebendiges Lernen mit schwerbehinderten Kindern. 4. Aufl. Ernst Reinhardt, München/Basel
Tröster, H., Flender, J., Reineke, D. (2004): DESK 3–6. Dortmunder Entwicklungsscreening für den Kindergarten. Hogrefe, Göttingen/Bern/Toronto/Seattle/Oxford/Prag

Warnke, A., Hemminger, U., Roth, E., Schneck, S. (2002): Legasthenie. Leitfaden für die Praxis. Hogrefe, Göttingen
Weber, W. (2000): Wege zum helfenden Gespräch. 12. Aufl. Ernst Reinhardt, München/Basel
Weltgesundheitsorganisation (1991): Internationale Klassifikation psychischer Störungen (ICD-10). Hans Huber, Bern/Göttingen/Toronto
Wendtlandt, W. (2000): Sprachstörungen im Kindesalter. Thieme, Stuttgart
Wilken, E. (1998): Neue Perspektiven für Menschen mit Down-Syndrom. Selbsthilfegruppe für Menschen mit Down-Syndrom. Rückersdorf, Erlangen
Winner, A., (2007): Kleinkinder ergreifen das Wort. Cornelsen, Berlin

Zimbardo, P. (1995): Psychologie. Springer, Berlin/Heidelberg
Zimmer, R. (1999): Handbuch der Sinneswahrnehmung. Herder, Freiburg
Zwenger-Balink, B. (2004): Komm, wir finden eine Lösung. Ernst Reinhardt, München/Basel

Kinder- und Jugendbuch

Bauer, J., Boie, K. (2005): Juli und das Monster. Beltz, Weinheim
Baumbach, M. (2006): Und Papa seh ich am Wochenende. Gabriel, Stuttgart
Boie, K. (2004): Mit Kindern redet ja keiner. Oetinger, Hamburg

Braun, G., Wolters, D. (1991): Das große und das kleine NEIN. Verlag an der Ruhr, Mülheim a. d. Ruhr

Cadier, F., Girel, S. (2002): Ich bin Laura. Oetinger, Hamburg
Cave K., Riddell, C. (1994): Irgendwie anders. Oetinger, Hamburg
Cole B. (2005): Prinzessin Pfiffigunde. Carlsen, Hamburg

Fox, P. (2005): Paul ohne Jacob. Carlsen, Hamburg
Funke, C. (1997): Prinzessin Isabella. Oetinger, Hamburg

Getz, D. (2000): Dünne Luft. dtv, München
Gurtner May, S. (2007): Ina hört anders. Atlantis, Orell Füssli, Zürich

Härtling, P. (2000): Lena auf dem Dach. Beltz, Weinheim
– (2002): Das war der Hirbel. Beltz, Weinheim
Hesse, K. (2000): Nennt mich einfach Jule. dtv, München
Huainigg, F.-J. (2003): Meine Füße sind der Rollstuhl. Betz, Wien
– (2005): Wir verstehen uns blind. Betz, Wien
– (2005): Wir sprechen mit den Händen. Betz, Wien
– (2007): Gemeinsam sind wir Klasse. Betz, Wien

Lemler, K., Gemmel, S. (2005): Kathrin spricht mit den Augen. Edition Zweihorn, Neureichenau
Lobe, M. (1972): Das kleine Ich bin Ich. Jungbrunnen, Wien/München

MacLachlan, P. (2005): Schere, Stein, Papier. Süddeutsche Zeitung (Bibliothek), München
Masini, B., Valentitis, P. (2004): Da ist ein Nilpferd in meinem Bettchen. Ennsthaler, Steyr
McKee, D. (1986): Du hast angefangen! Nein, du. Sauerländer, Düsseldorf

Nöstlinger, C., Nöstlinger, C. (2008): Anna und die Wut. Sauerländer, Düsseldorf

Oram, H., Kitamura, S. (1993): Der wütende Willi. Verlag an der Ruhr, Mülheim a. d. Ruhr

Pressler, M. (1997): Stolperschritte. Ravensburger, Ravensburg
– (2001): Nun red doch endlich! Beltz, Weinheim
– (2002): Kratzer im Lack. Beltz, Weinheim
– (2006): Bitterschokolade. Beltz, Weinheim
–, Timm, J. (2002): Das Ding. Ellermann, Hamburg

Sansone, A. (2002): Florian lässt sich Zeit. Tyrolia, Innsbruck
Schäfer, U. (2003): Tim Zippelzappel und Philipp Wippelwappel. Hans Huber, Bern

Scheffler A., Donaldson, J. (2007): Der Grüffelo. Beltz & Gelberg, Weinheim
Schindler, R. (2002): Helen lernt leben. Kaufmann, Lahr
Schneider, P., Schartmann, G. (2007): Was ist ein U-U-Uhu? Natke, Neuss
Schreiber-Wicke, E. (2006): Mit Ottern stottern, mit Drachen lachen. Thienemann, Stuttgart
Sendak, M. (1967): Wo die wilden Kerle wohnen. Diogenes, Zürich
Slepian, J. (2004): Der Sommer mit Alfred. Dressler, Hamburg
Spathelf, B., Szesny, S. (1999): Der kleine Zauberer Windelfutsch. Albarello, Wuppertal
Steinhöfel, A. (2004): Trügerische Stille. Carlsen, Hamburg
Szesny, S., Mueller, D. H. (2006): Lukas ist wie Lukas. Ravensburger, Ravensburg
Theiling, S. u. a. (2001): Der Luftikurs für Kinder mit Asthma. Trias, Stuttgart
Tuckermann, A. (2007): Das verschluckte Lachen. Sauerländer, Düsseldorf
Vettiger, S. (2003): Stomatenpagetti. Oder wie Oskar auf dem Piratenschiff richtig sprechen lernt. Atlantis, Orell Füssli, Zürich
Von der Grün, M. (2006): Die Vorstadtkrokodile. Omnibus, Stuttgart
Zöller, E. (2004): Und wenn ich zurückhaue? Carlsen, Hamburg

Sachregister

Leseprobe

Anja Mannhard / Kristin Scheib:
Was Erzieherinnen über Sprachstörungen wissen
müssen

1 Meilensteine der Sprachentwicklung

> *„Das Geheimnis der Menschwerdung und*
> *Sprachwerdung ist eins"*
> *(Martin Buber)*

Die Fähigkeit, Sprache verstehen und als Kommunikations-
möglichkeit nutzen zu können, ist eine der faszinierendsten
und komplexesten Leistungen in der Entwicklung von Kindern. Die Kinder meistern sie mit einer erstaunlichen Selbst-
verständlichkeit.

In Kapitel 1.1 geben wir einen Überblick über einige Grund-
lagen des kindlichen Spracherwerbs sowie über dessen
Voraussetzungen. Dann folgt in Kapitel 1.2 eine Fokussie-
rung auf die frühkindliche Sprachentwicklung nach Zollin-
ger.

Grundlagen der Sprachentwicklung

Die kindliche Sprachentwicklung ist keine isoliert stattfin-
dende Entwicklung. Sie vollzieht sich als Teil der kindlichen
Gesamtentwicklung, die wiederum in den Sozialisationspro-
zess des Kindes eingebettet ist. Die sprachlichen Fähigkeiten entwickeln sich dabei „wie eine kleine Pflanze, die
zum Baum wird. Zuerst müssen die Wurzeln wachsen und
festen Halt im Boden finden, dann entwickelt sich der

Stamm, um später eine ausladende Krone entfalten zu können" (Wendlandt 1998, 9f).

Stellen Sie sich einen solchen gut entwickelten „Sprachbaum" vor. Er steht gut und sicher in der Erde verwurzelt, er
hat einen kräftigen Stamm gebildet, aus dem heraus eine
mächtige, weitverzweigte Krone aus Ästen, Zweigen und
Blattwerk erwachsen ist. Seine Nahrung erhält unser Baum
durch das Licht der Sonne und deren Wärme, durch das notwendige Wasser und aus der Erde, in der er wurzelt.

Das Bild eines solchen Baumes kann helfen, die kindliche
Sprachentwicklung zu veranschaulichen. So stellt im Bild des
Sprachbaumes (Wendlandt 1998) die Baumkrone die einzelnen sprachlichen Fähigkeiten des Kindes dar: seinen Wortschatz, seine Aussprache und seine grammatischen Fähigkeiten.

Damit das Kind einen Wortschatz entwickeln kann, muss es
begreifen, dass jedes Ding einen Namen hat. So erwirbt es
zunächst Wörter für konkrete Dinge und später für
Abstraktes. Es lernt Wörter für Gegenstände, dann aber auch
Wörter für Tätigkeiten und Eigenschaften. Je mehr Erfahrungen ein Kind macht, desto mehr wird sich auch sein Wortschatz erweitern und differenzieren. Es lernt, dass es Wörter
gibt, die zwei verschiedene Bedeutungen haben können, wie
zum Beispiel das Wort „Bank", dass es zwei verschiedene
Wörter gibt, die aber dasselbe bedeuten können, wie beispielsweise die Wörter „Samstag" und „Sonnabend". Und es
lernt seinen Wortschatz nach Ober- und Unterbegriffen zu
ordnen. D. h., es lernt, dass unter den Oberbegriff „Obst" so
unterschiedliche Begriffe fallen wie Kirsche, Ananas, Kiwi,
Melone etc.

Im Bereich der Artikulation lernt das Kind, Wörter richtig
auszusprechen. Mit der Zeit kann es dann auch komplizierte
Wörter wie „Xylophon" richtig aussprechen. Der Bereich der
Grammatik startet mit so genannten Einwortäußerungen,
die jedoch schon für einen ganzen Satz stehen: Ein Kind sagt
beispielsweise: „Ball" und kann damit meinen: „Guck mal,
Mama, da ist ein Ball!" oder: „Ich will den Ball jetzt haben".
Die grammatischen Fähigkeiten von Kindern erweitern sich

über Zweiwortäußerungen („Ball haben") hin zu Mehrwort-
äußerungen, in denen nach und nach auch die einzelnen
Satzteile immer besser aneinander angepasst werden. So
können Kinder mit der Zeit die verschiedenen Endungen von
Verben korrekt gebrauchen (ich male – du malst etc.), sie
können Pluralformen bilden und verschiedene Zeitformen
verwenden, sie können Fragesätze formulieren sowie Haupt-
und Nebensätze miteinander verbinden. Das Kind erwirbt
also in erstaunlich kurzer Zeit das komplexe grammatische
Regelsystem seiner Muttersprache.

Der Stamm des Sprachbaumes steht für Voraussetzungen,
die für einen gelingenden Spracherwerb notwendig sind: das
Sprachverständnis sowie die Sprechfreude. Sprachverständnis bedeutet zu verstehen, was gesprochen wird. Es entwickelt sich zunächst aus der Verknüpfung von Situationen
mit Sprache. Ein Kind wird den Satz: „Gleich gibts was zu
essen" anfangs deshalb verstehen, weil die Mutter in der
Küche gerade dabei ist, das Essen zuzubereiten. Erst später,
wenn das entsprechende Wortverständnis und die Fähigkeit,
grammatische Strukturen zu analysieren, hinzukommen,
sind die Kinder in der Lage, Sprache losgelöst von konkreten
Situationen zu verstehen. Sprachproduktion und Sprachverständnis entwickeln sich parallel, wobei das Sprachverständnis in der Regel der Sprachproduktion immer ein klein wenig
voraus ist.

Die Entwicklung der sprachlichen Fähigkeiten ist in grundlegenden anderen Entwicklungsbereichen fest und tief verwurzelt. Die für die Sprachentwicklung wesentlichen Wurzeln sind:

- die Wahrnehmungsbereiche des Sehens, Hörens und
  Spürens,
- die Entwicklung der motorischen Fähigkeiten, der Gro-
  bund
- Feinmotorik sowie der sprechmotorischen Fähigkeiten,
- die körperlichen Voraussetzungen und deren Entwicklung,
- besonders im Hals-Nasen-Ohren-Bereich,

- die angeborene, spezifische Lernfähigkeit des Kindes,
- die kognitive Entwicklung des Kindes und
- seine soziale und emotionale Entwicklung.

Sie alle liefern Voraussetzungen dafür, dass das Kind mit sich, seinem Körper und seiner Umgebung Erfahrungen machen kann, diese adäquat verarbeitet und speichert, um sie dann kommunizieren zu können.

Damit es zum „Output" Sprache kommen kann, ist aber auch „Input" und „Feedback" notwendig. Dies wird im Bild des Sprachbaumes auf der einen Seite durch die Sonne symbolisiert, die sich in Form einer stabilen, vertrauensvollen und verlässlichen Beziehung des Kindes zu seinen wichtigsten Bezugspersonen widerspiegelt. Sie vermittelt dem Kind Wärme, Akzeptanz und Sicherheit sowie das Gefühl, auch Fehler machen zu dürfen. „Input" wird aber auch durch die tägliche Kommunikation mit dem Kind mit all ihren sprachlichen Anregungen, ihren sprachlichen Vorbildern und Fördermöglichkeiten angeboten. Diese Kommunikation stellt das lebensnotwendige Wasser für den Baum dar. Bezugspersonen nutzen dabei in Abhängigkeit vom Alter des Kindes verschiedene unterstützende Sprachlehrstrategien, die es dem Kind erleichtern, die komplexe Aufgabe des Spracherwerbs zu meistern: Im Säuglingsalter ist dies beispielsweise

die so genannte „Ammensprache" oder der „Babytalk". Er ist charakterisiert durch eine ausgeprägte Sprachmelodie, eine hohe Sprechstimme, einfache Sätze und einen kindgemäßen Wortschatz. Ab dem 24. Lebensmonat ist es dann die so genannte „lehrende Sprache", die dem Kind im Spracherwerb hilft. Sie ist charakterisiert durch vielfältige sprachliche Anregungen, durch Fragen und bestätigende und verbessernde Rückmeldungen. Bei dieser Form der Rückmeldung bekräftigt die Bezugsperson den Inhalt der kindlichen Äußerung und gibt gleichzeitig ein korrigiertes Modell, das sich auf den Wortschatz, die Grammatik und die Aussprache der kindlichen Äußerung beziehen kann. Trotz dieser vielfältigen Sprachlehrstrategien, die intuitiv verwendet werden, steht eindeutig die soziale und kommunikative Funktion der Sprache im Vordergrund.

Im Wechselspiel all dieser Komponenten erwirbt das Kind seine Muttersprache und beherrscht sie innerhalb von drei bis vier Jahren in ihren Grundzügen.

Auch wenn die Entwicklungsschritte im Spracherwerb für alle Kinder weitgehend identisch sind, ist das Entwicklungstempo der Kinder doch sehr unterschiedlich. Ein Zeitplan darüber, wann Kinder welche sprachlichen Fähigkeiten besitzen, ist deshalb nur dann sinnvoll, wenn die Angaben als grobe Richtwerte verstanden werden.

Meilensteine der Sprachentwicklung in Kürze

- Die ersten Wörter werden in der Regel mit 10 bis 14 Monaten gesprochen.
- Mit 18 Monaten wird die „magische" 50-Wörter-Marke erreicht, danach „explodiert" der Wortschatz, sodass 2-jährige Kinder schon um die 200 Wörter beherrschen.
- Mit ca. 2 Jahren beginnen Kinder einzelne Wörter zu 2- und 3-Wort-Äußerungen zu kombinieren.
- Zwischen 4 und 5 Jahren beherrschen die Kinder die wichtigsten Satzmuster ihrer Muttersprache.
- Am Ende der Vorschulzeit beherrschen sie die korrekte Aussprache der Laute.

Aus dem Verständnis der kindlichen Sprachentwicklung, das durch den Sprachbaum nahe gelegt wird, lassen sich folgende Grundprinzipien für die Sprachförderung ableiten:

- Schaffung sprachanregender Situationen und sprachanregenden Verhaltens: Stellen Sie viele gemeinsame Kommunikationssituationen, z. B. in Erzählkreisen, im Freispiel und beim Anschauen von Bilderbüchern, her. Nutzen Sie Spiele, bei denen die Kinder zum Sprechen angeregt werden, wie beispielsweise Spiele mit Handpuppen, Rollenspiele, Lieder, Verse, Fingerspiele, Abzählverse und Ähnliches.

- Handlungsbegleitendes Sprechen und sprachbegleitendes Handeln: Begleiten Sie Ihre eigenen Handlungen und die des Kindes sprachlich, stellen Sie offene W-Fragen wie: „Ich sehe, dass du malst. Was wird das denn?" anstelle von Ja/Nein-Fragen wie: „Malst du einen Käfer?". Verbinden Sie sprachliche Inhalte mit entsprechenden Handlungen und Sinneseindrücken, indem Sie bspw. eine Geschichte anhand von Bildern erzählen.
- Das eigene sprachliche Modell: Berücksichtigen Sie, dass Sie für die Kinder ein sprachliches Modell sind. Sprechen Sie deutlich, in einem angemessenen Sprechtempo, verwenden Sie vollständige und korrekte Sätze, die möglichst an den Entwicklungsstand des Kindes angepasst sind, sodass sie das Kind weder über- noch unterfordern. Holen Sie das Kind sprachlich dort ab, wo es steht.
- Umgang mit fehlerhaften kindlichen Äußerungen: Unterbrechen Sie den Sprechfluss des Kindes möglichst nicht. Reagieren Sie auf den Inhalt und nicht auf die fehlerhafte Form. Nutzen Sie die Möglichkeiten des korrektiven Feedbacks, indem Sie die Äußerung des Kindes aufgreifen, beiläufig korrekt wiederholen und gegebenenfalls erweitern, ohne dass das Kind direkt auf seinen Fehler aufmerksam gemacht wird. Dies ist auf allen sprachlichen Ebenen möglich: der Aussprache, der Grammatik und dem Wortschatz.

Leseprobe (S. 12-16):

Anja Mannhard / Kristin Scheib
Was Erzieherinnen über Sprachstörungen wissen müssen
Mit Spielen und Tipps für den Kindergarten
Mit einem Geleitwort von Ulrike Franke
2., überarb. Aufl. 2007. 143 Seiten. 8 Abb.
(978-3-497-01919-9) kt

Anja Mannhard / Wolfgang Braun
Sprache erleben – Sprache fördern

Praxisbuch für ErzieherInnen
Mit einem Geleitwort von Armin Krenz und einem Beitrag von
Silvia Hüsler
2008. 215 Seiten. 53 Abb. 13 Tab. Innenteil zweifarbig
(978-3-497-02029-4) kt

Dieses Buch bietet eine Fundgrube von Spielen und Anregungen zur Sprachförderung in Kindertagesstätten. Die Angebote können leicht in den Alltag jeder Kita eingebaut werden und eignen sich für Kinder zwischen vier und zehn Jahren. Die Autoren geben außerdem Hinweise zum methodisch-didaktischen Vorgehen. Es gelingt Ihnen, neueste Erkenntnisse aus der Forschung praxisnah darzustellen und Erfahrungen aus eigener Praxis zu integrieren. Sprachförderung für alle Kinder in der Gruppe heißt nicht, viel zu üben und zu besprechen, sondern sich vor allem aktiv mit der Welt auseinanderzusetzen. Ob Dosentelefon, Gummibärmassage, Zaubern mit Sprache oder Megaphon-Dialog: Kinder können auf Entdeckungsreise gehen! Mitteilungsbedürfnis und sprachliche Fähigkeiten werden so einfach und alltagsorientiert gefördert. Ein lust- und erlebnisvolles Praxisbuch zur Sprachförderung!

ᴇᐯ reinhardt
www.reinhardt-verlag.de

Max Kreuzer / Borgunn Ytterhus (Hg.)
„Dabeisein ist nicht alles" – Inklusion und Zusammenleben im Kindergarten

2008. 307 Seiten. 7 Abb. 6 Tab.
(978-3-497-01960-1) kt

Wie kann Inklusion im Kindergarten gelingen? Die AutorInnen präsentieren in diesem Buch den aktuellen Stand der Integrationsentwicklung und den Paradigmenwechsel zum neuen Konzept der Inklusion. Dabei stehen die Tageseinrichtungen für Kinder von drei bis sechs Jahren, die Aufnahme von Kindern mit Behinderungen und ihre Teilhabe an der „Peer-Kultur" im Mittelpunkt. Schließlich werden Modelle beschrieben, die sich im Umgang mit schwierigen Situationen in integrativen Gruppen bewährt haben.

ℝ/ reinhardt
www.reinhardt-verlag.de

Walter Straßmeier
Frühförderung konkret

260 lebenspraktische Übungen für entwicklungsverzögerte und
behinderte Kinder
Geleitwort von Otto Speck
6., aktual. Aufl. 2007. 296 Seiten. Zahlr. Illustrationen und Abb.
(978-3-497-01942-7) kt

Ein bewährtes, instruktives Arbeitsbuch zur Frühförderung.
Die Förderanregungen ermöglichen eine gezielte erzieherische und therapeutische Arbeit mit entwicklungsverzö-
gerten und behinderten Kindern im Alter von 0 bis 5. Zu
jeder Aufgabe werden Ziel, Material, methodisches Vorgehen und Querverbindungen detailliert beschrieben.

ℰⱽ reinhardt

www.reinhardt-verlag.de

Karlheinz Barth
Die Diagnostischen Einschätzskalen (DES) zur Beurteilung des Entwicklungsstandes und der Schulfähigkeit

Handanweisung – Aufgabenteil – Auswertungs- und
Einschätzbogen – Entwicklungsprofilbogen
5., durchges. Aufl. 2008. 48 Seiten. Zahlr. Abb. Format DIN A4
(978-3-497-02022-5) geh

Dieser Test wurde von Karlheinz Barth entwickelt und
erprobt, um Kinder im Übergangsfeld Kindergarten/Schule
möglichst früh und gezielt fördern zu können. Bisweilen
werden Kinder, die "irgendwie" auffällig sind, einfach "rund-
um" therapiert: heute zur Ergotherapeutin, morgen zur
Logopädin, übermorgen zur Mototherapie ...
Wenn aber früh eingrenzbar ist, was dem Kind wirklich fehlt,
kann man gezielter und oft viel gelassener darauf reagieren.
Dieses Arbeitsheft im Großformat zeigt die Aufgaben und
Abbildungsvorlagen in der Originalgröße und ist zur prak-
tischen Durchführung des Test zu benutzen.

ᴇʀ/ reinhardt

www.reinhardt-verlag.de

Veronika Verbeek
Trierer Beobachtungs- und Förderbogen

Veronika Verbeek
Trierer Beobachtungs-
und Förderbogen
Ein praktischer Leitfaden für
die Kindertagesstätte

Ein praktischer Leitfaden für die Kindertagesstätte
2006. 59 Seiten. 9 Tab. DIN A4. 8 Kopiervorlagen.
(978-3-497-01797-3) kt

Veronika Verbeeks Leitfaden zur Beobachtung und Förderung orientiert sich am Alltag in der Kindertagesstätte. Erzieherinnen können sich mit Hilfe eines differenzierten Beobachtungsbogens einen Überblick über das Verhalten der Kinder in den wichtigsten Entwicklungsbereichen verschaffen und daraus effektive Fördermaßnahmen ableiten. Dieser Leitfaden gehört zur Grundausstattung jeder Kindertagesstätte, weil er ermöglicht, pragmatische Beobachtung, effektive Dokumentation und fachlich begründete Förderung zu verknüpfen.

ℰℛ reinhardt
www.reinhardt-verlag.de

Gisela Batliner
Hörgeschädigte Kinder im Kindergarten

Gisela Batliner
Hörgeschädigte Kinder
im Kindergarten
Ein Ratgeber für den Gruppenalltag

Ein Ratgeber für den Gruppenalltag
2003. 101 Seiten. 12 Abb.
(978-3-497-01669-3) kt

Anschaulich schildert die Autorin Wissenswertes über Mittel- und Innenohrstörungen, Diagnostik und technische Hörhilfen. Im Hauptteil des Buches werden praktische Tipps für den Gruppenalltag gegeben. Sie erfahren, wie die Kommunikation mit dem Kind am besten klappt, was im Umgang mit den Hörgeräten und Cochlea Implantaten zu beachten ist, und wie die Zusammenarbeit mit den anderen Fachleuten gut verlaufen kann. Wichtige Bestandteile der Elternarbeit und Ratschläge für das Verfassen von Förderplänen und Entwicklungsberichten runden diesen Ratgeber ab.

ℰ⁄ **reinhardt**
www.reinhardt-verlag.de